Der Krieg der Panzerschiffe

Richard Hill

Der Krieg der Panzerschiffe

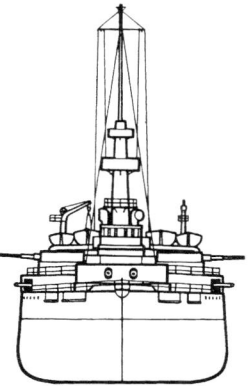

Aus dem Englischen übersetzt von
Klaus-Dieter Bosse

Brandenburgisches Verlagshaus

Die Deutsche Bibliothek –
CIP-Einheitsaufnahme
Der Titeldatensatz für diese Publikation ist bei der
Deutschen Bibliothek erhältlich.

ISBN 3-89488-139-9

Erstveröffentlichung bei: Cassell & Co., Wellington House,
125 Strand, London, WC2R OBB
Titel der englischen Originalausgabe:
War at Sea in the Ironclad Age
© 2000 Text: Richard Hill

Übersetzung in die deutsche Sprache: Klaus-Dieter Bosse,
Dardesheim

© der deutschen Übersetzung 2001 by Brandenburgisches
Verlagshaus in der Dornier Verlagsgruppe GmbH Berlin

Die Verwertung der Texte und Bilder, auch auszugsweise,
ist ohne Zustimmung des Verlages urheberrechtswidrig und
strafbar. Dies gilt auch für die Vervielfältigungen, Überset-
zungen, Mikroverfilmungen und für die Verarbeitung mit
elektronischen Systemen.

Umschlaggestaltung: Behrend & Buchholz, Hamburg
Koordination und Bearbeitung der deutschen Ausgabe:
Neumann & Nürnberger, Leipzig
Satzherstellung: XYZ-Satzstudio, Naumburg
Printed in Italy
Gedruckt auf alterungsbeständigem Papier mit
chlorfrei gebleichtem Zellstoff.
Die Schreibweise entspricht den Regeln der
neuen Rechtschreibung.
04 03 02 01   4 3 2 1

DANKSAGUNG

Dieses Buch wäre ohne die Hilfe vieler anderer Menschen nicht entstanden. Mein Dank gilt Andrew Lambert für seine Untersuchungen zur Marinestrategie in der Viktorianischen Zeit, John Winton für die Informationen über das Leben und die Ausbildung in den Marinen der damaligen Epoche und David K. Brown für seine meisterhafte Analyse der technischen Entwicklung. Für diese drei Koryphäen hatte ich mich auch vor zehn Jahren entschieden, als es darum ging, Autoren zu finden, die über diese Ära in der von mir herausgegebenen *The Oxford Illustrated History of the Royal Navy* schreiben. Schon dort zeigten sie ihr großes Können und auch dieses Buch verdankt jedem von ihnen sehr viel.

Darüber hinaus wurde mir Unterstützung von vielen Archivaren und Bibliothekaren überall im Lande zuteil. In der neu eingerichteten Abteilung der Admirality Library und in der King Alfred Library des Königlichen Marinemuseums von Portsmouth fand Allison Wareham verschiedene interessante Arbeiten aus jenem Zeitalter und späteren Zeiten über das Thema „Panzerschiffe". Auch Jenny Wraight von der Naval Historical Branch in London stellte mir einige seltene Bücher zur Verfügung, die ich nirgendwo sonst bekommen hätte. Vom Nationalen Meeresmuseum und insbesondere von dessen Abteilung für historische Fotografien und Schiffbaupläne erhielt ich große Unterstützung bei der Auswahl und Zuordnung der Fotos aus dem reichlich vorhandenen Material. Auch die britischen Marineattachés in Rom und Moskau halfen mir, indem sie mir eine Information lieferten, die zur Vervollständigung der Kurzbiografien wichtig und interessant war.

Beim Verlag gilt mein Dank Nicholas Chapman, denn er hat dieses Projekt gestartet und mir nach der ersten Lektüre des Textes wertvolle Hinweise gegeben. Auch Caroline Knight danke ich für ihre Hilfe und ihren aufmunternden Frohsinn sowie Penny Gardiner für das abschließende Lektorat und Elaine Willis für ihre sachkundigen Fotorecherchen. Im Übrigen ist es nur recht und billig hier auch John Keegan meinen Dank dafür auszusprechen, dass er an mich als Autor für dieses Buch dachte, obgleich das Thema für mich neu war. Und auch Malcolm Swanston möchte ich danken, denn er hat seinem guten Ruf mit den erstklassigen Karten und Übersichten alle Ehre gemacht.

Schließlich muss ich wie immer meiner Frau Patricia danken für ihre Liebe und Nachsicht während der Zeit, als ich nicht nur die Arbeit an diesem Buch abschloss, sondern ungeplant ein anderes großes Publikationsprojekt übernahm. Es war eine harte Zeit und ich hoffe nur, dass das vorliegende Ergebnis all das rechtfertigt. Wie immer liegen alle Fehler bei mir selbst.

RICHARD HILL
Bishop's Waltham

Das japanische Schlachtschiff Mikasa *im Trockendock zu Beginn des 19. Jahrhunderts.*

Inhalt

Danksagung 5
Legende zu den Karten 8
Kartenverzeichnis 9
Zeittafel 10

Einleitung Technischer und Strategischer Kontext

Zeitliche Grenzen der Epoche der Panzerschiffe; Philosophien des Nationalismus und des Krieges; Elemente der Seemacht 15

1 Technische Grundlagen

Technik als Motor; Kontinuierliche Entwicklung; Rumpfaufbau und -konstruktion; Antrieb; Bewaffnung; Bewährungsproben; Kommunikationsmittel; Operative Fähigkeiten 23

2 Marinen und ihr Personal

Anfänge der organisierten Ausbildung, Entwicklung von Offiziers- und Mannschaftsstrukturen; Der Maschinist; Vergleich des Personals der großen Marinen; Bedeutung der Kohle als Brennstoff für die Marine 69

3 Theorien der Kriegführung zur See

Britische Strategietheorie; Gegenströmungen in Frankreich: Die *Jeune École*; Alfred Mahan; Beherrschung der Meere und Entscheidungsschlachten oder *guerre de course*; Deutsche Philosophie; Taktiktheorie: Geschütz, Rammsporn und Torpedo 89

4 Amerikanischer Bürgerkrieg

Hintergrund; Stärken, Schwächen und Strategien der Konföderation und der Union; Hampton Roads; Mississippi-Feldzug; Kaperei und Blockade; *Matériel* und taktische Entwicklung 113

5 Marinen und imperialistische Expansion

Seemacht als Motor; Die indische Meuterei; Ferner Osten; Krieg in Neuseeland; 2. Aschanti-Krieg; Sudan-Feldzug; Französische Expansion; Buren-Kriege; Boxer-Aufstand; Marinebrigaden im Zeitalter der Panzerschiffe 141

6 Flottenoperationen

Kriege in Europa, 1864–1870; Lissa; Salpeterkrieg; Drei Übungen in britischer Vorherrschaft zur See, 1878–1885; Chinesisch-Japanischer Krieg und die Schlacht am Yalu; Spanisch-Amerikanischer Krieg und Santiago; Russisch-Japanischer Krieg; Gelbes Meer und Tsushima 169

Kurzbiografien 214
Weiterführende Literatur 218
Register 219
Bildnachweis 224

LEGENDE ZU DEN KARTEN

Militärische Operationen

Angriff

Rückzug

Schlacht

Schiffstypen

Kanonenboot

Turmschiff

Zentralbatterieschiff

Schwimmende Batterie

Schaluppen

Schaufelrad-Kanonenboot

Linienschiff

Geografische Symbole

Stadtgebiete

Straße

Fluss

zeitweise Wasser führender Fluss

Kanal

Grenze

Eisenbahnlinie

KARTENVERZEICHNIS

1.	Das Schwarze Meer, 1853–1855	16–17
2.	Kinburn, 17. Oktober 1855	26–27
3.	Sveaborg, 8.–10. August 1855	46–47
4.	Kontrollstützpunkte und Handelswege um 1885	100–101
5.	Hampton Roads, 8.–9. März 1862	118
6.	Mobile Bay, 3.–5. August 1864	133
7.	Die Peiho-Mündung, 25. Juni 1859	146
8.	Der Aschanti-Krieg, 1873–1874	152
9.	Der 2. Burenkrieg, 1899–1902	161
10.	Ladysmith, 1899–1900	162–163
11.	Modder River und Magersfontein, November 1899	165
12.	Lissa, 20. Juli 1866	174
13.	Kap Angamos, 8. Oktober 1879	178–179
14.	Alexandria, 11. Juli 1882	186
15.	Gebiet des Gelben Meeres, 1894–1905	190–191
16.	Yalu, 17. September 1894	192–193
17.	Santiago, Kuba, 3. Juli 1898	201
18.	Die Schlacht im Gelben Meer, 10. August 1904	206–207
19.	Weg der Russischen Ostseegeschwader in den Fernen Osten, 1904–1905	210
20.	Russisch-Japanischer Krieg, 1904–1905	211
21.	Tsushima, 27. Mai 1905	212–213

ZEITTAFEL

1855
Mai — Krieg gegen Russland (Krimkrieg). Kampfhandlungen im Asowschen Meer.
August — Bombardierung von Sveaborg.
Oktober — Beschuss von Kinburn, erster Einsatz gepanzerter Schiffe durch Frankreich.

1856
Januar — Russland akzeptiert Friedensbedingungen wegen drohender Bombardierung von Kronstadt nach dem Vorbild Sveaborgs.
März — Pariser Seerechtsdeklaration. Verbot der Freibeuterei.
April — Schiffsparade im Spithead.
Oktober — Ausbruch des 2. Chinesischen Krieges.

1857
Februar–Mai — Kampf gegen Piraterie vor Hongkong.
Juni — Schlacht am Foshan.
August — Schiffe der Royal Navy treffen zur Unterdrückung der Meuterei in indischen Gewässern ein; Bildung von Marinebrigaden.
Dezember — Besetzung Kantons durch britische und französische Truppen.

1858
März — Französisches Panzerschiff *Gloire* wird auf Kiel gelegt.
Mai — Englisch-französische Truppen erobern die Taku-Forts.
Juni — Vertrag von Tientsin.
Juli — Bereitstellung von Geldern für die *Warrior*, das erste britische Panzerschiff.

1859
Januar — Berichte der Britischen Königlichen Kommission zur Bemannung von Marineschiffen.
Mai — Die *Warrior* wird auf Kiel gelegt.
Juni — Weitere Probleme mit China: Britischer Angriff auf die Peiho-Forts scheitert.
August — Zustimmung zur Bildung der Naval Reserve.

1860
März — Kampfhandlungen in Neuseeland.
April — Neue Urlaubsregelungen in der Royal Navy.
August — 20 000 Mann starke britisch-französische Truppen erobern die Taku-Forts. Gründung der Royal Institution of Naval Architects. Königliche Kommission für Marineverteidigung unterstreicht die Bedeutung der Sicherheit der Stützpunkte.

1861
April — Beginn des Amerikanischen Bürgerkrieges.
Mai — Indienststellung der *Warrior*. Waffenstillstand in Neuseeland.
November — *Trent*-Zwischenfall: Empörung über das Entern des britischen Postschiffs durch die Unionisten.

1862
März — Schlacht bei Hampton Roads (*Virginia* und *Monitor*), erstes großes Gefecht zwischen gepanzerten Kriegsschiffen.
April — Farragut erobert New Orleans.
August — Kaperschiff *Alabama* der Konföderation beginnt 2-jährige Kreuzfahrt.
Oktober — Ende der britischen Unterstützung für die kaiserliche Regierung Chinas.

1863
Januar–April — Erfolglose Angriffe der Union auf Charleston.
Mai — Erneuter Ausbruch des Krieges in Neuseeland.
Juli — Reed wird Chefkonstrukteur bei der Royal Navy.
Juli — Kapitulation von Vicksburg: Mississippi unter Kontrolle der Unionisten.
August — Beschuss von Kagoshima: Unfälle mit Hinterladern führen dazu, dass Vorderlader in der Royal Navy beibehalten werden.

1864
Mai — Dänische Flotte schlägt österreichisch-preußische Truppen vor der Elbemündung, bleibt jedoch dank preußischer Siege zu Lande ohne Folgen.
Juni — Die CSS *Alabama* wird durch die USS *Kearsarge* vor Cherbourg versenkt. Die USS *Housatonic* und die CSS *Albemarle* werden durch Spierentorpedos versenkt.
August — Farragut siegt in der Schlacht von Mobile Bay.
September — Gründung der School of Naval Architecture der Royal Navy. Französische, holländische, amerikanische und britische Marineverbände erzwingen die Durch-

ZEITTAFEL

	fahrt durch die Straße von Shimonoseki (Japan).	
1865		
Januar	Eroberung von Fort Fisher durch Unionstruppen. Die *Bellerophon* wird als erstes Zentralbatterieschiff in Dienst gestellt.	
April	Grant nimmt die Kapitulation von Lee entgegen.	
Mai	Ende des Amerikanischen Bürgerkrieges.	
1866		
Juni	Preußen und Italien im Krieg gegen Österreich. Italien wird zu Lande bei Custoza besiegt.	
Juli	Seeschlacht bei Lissa: taktischer Sieg der österreichischen Flotte unter Tegetthoff; italienisches Schlachtschiff wird durch Rammangriff versenkt. Die *Captain* und die *Monarch*, miteinander konkurrierende britische Turmschiffe mit voller Segeltakelage, werden auf Kiel gelegt. Niederlage Österreichs in der Schlacht bei Königgrätz.	
1867	John Colomb kritisiert die britische Strategie zum Schutz der Marinestützpunkte.	
1868		
Januar	Marinebrigade nimmt am britischen Feldzug gegen Abessinien teil.	
1869	Grivel veröffentlicht sein Werk „*De la Guerre Maritime*", das als Vorläufer der *Jeune École* gilt.	
1870		
Juli	Französisch-Preußischer Krieg. Französische Seeblockade von Hamburg bleibt dank schneller preußischer Siege zu Lande ohne Folgen.	
September	Die *Captain* geht in einem Sturm auf dem Atlantik verloren.	
1871	Die *Devastation*, das erste mastlose Schlachtschiff, wird in Dienst gestellt. Stapellauf etlicher kleinerer Schiffe der Monitor-Klasse zur Hafenverteidigung für die britische und andere Marinen. Admiralitätskommission empfiehlt die Einführung von Verbundmaschinen.	
1872	Commander „Jacky" Fisher wird zum Torpedo Instructor ernannt. Großbritannien und Frankreich erwerben die Technologie zur Herstellung von Fischtorpedos.	
September	Die *Vanguard* wird durch die *Iron Duke* versehentlich gerammt und versenkt.	
1873		
April	Einfall von Aschanti-Truppen in das Gebiet der Fanti (Goldküste); besetzte Gebiete werden zunächst nur durch Flotte und Marineinfanterie gehalten.	
Oktober	Landung eines britischen Expeditionskorps unter Wolseley an der Goldküste; Teilnahme einer Marinebrigade.	
1874		
Februar	Schlacht von Amoaful. Britische Truppen ziehen sich nach der Besetzung von Kumasi zur Goldküste zurück.	
1875	Turmschiffe mit Takelage werden weiterhin als Hauptkampfschiffe in der Royal Navy gebaut, jedoch verlieren Masten und Segel in der Praxis immer mehr an Bedeutung; nur Frankreich, Russland und Italien sind ernsthafte Konkurrenten Großbritanniens im Marinebereich, obwohl keines dieser Länder annähernd so viele Schiffe wie Großbritannien hat.	
1876	Die *Lightning*, ein Torpedoboot, wird von Thornycroft für die Royal Navy gebaut. Entwicklung der Seemine mit Herzhorn-Zünder.	
Mai	Ergebnisloses Gefecht zwischen dem britischen Kreuzer *Shah* und dem Turmschiff *Huascar* der peruanischen Aufständischen.	
Juni	Weitere kleine Operationen und Kanonenbootpolitik an der westafrikanischen Küste.	
1878		
Januar	Mittelmeerflotte passiert die Dardanellen um Russland zur Lösung der Probleme im Osten zu drängen.	
Mai	Erste Aufführung der Oper „HMS Pinafore" des englischen Komponisten Sir Arthur Sullivan.	
Juni/Juli	Berliner Kongress: Billigung der kolonialen Expansion aller europäischen Mächte.	
1879		
Januar	Die Explosion eines Vorderladers auf der *Thunderer* führt zur langsamen Wiedereinführung von Hinterladern in der Royal Navy.	
März	Beginn des Salpeterkrieges zwischen Chile und Peru/Bolivien.	

Mai	Niederlage schwacher chilenischer Truppen vor Iquique.	
Oktober	Schlacht bei Kap Angamos: Die peruanische *Huascar* kapituliert vor einem überlegenen chilenischen Flottenverband. Chile erobert die Seeherrschaft.	

1880
November — Ausbruch des 1. Burenkrieges.

1881
Januar — Lima fällt an chilenische Truppen. Britische Truppen in Südafrika unter Colley werden mit Unterstützung durch eine Marinebrigade bei Laing's Nek geschlagen.
Februar — Erneute Niederlage und Tod Colleys bei Majuba Hill.
März — Transvaal erlangt Unabhängigkeit.
Mai — Revolte unter Führung von Arabi Pascha in Ägypten.

1882
Juli — Bombardierung von Alexandria durch die britische Mittelmeerflotte. Ägypter werden nach hartnäckigem Widerstand aus ihren befestigten Stellungen vertrieben; Held des Kampfes ist Beresford, der Kommandeur des Kanonenbootes *Condor*; anschließend Landung starker britischer Truppen.

1883
Verstärkte Aktionen der Mahdisten im Sudan.
Oktober — Truppen des Hicks Pascha werden durch die Mahdisten geschlagen. Frankreich errichtet Teilherrschaft über Madagaskar.

1884
Januar — Gordon bricht nach Khartoum auf.
Februar — Truppen des Baker Pascha werden durch Mahdisten geschlagen; britische Truppen landen mit Unterstützung durch Marinebrigade an der ägyptischen Küste des Roten Meeres und schlagen Osman Digna.
Oktober — Britische Entsatztruppen unter Wolseley ziehen nilaufwärts. Gründung des Naval War College in den USA. Gründung des Royal Corps of Naval Constructors. Französische Marineeinheiten unter Courbet errichten Herrschaft in Indochina und auf den Pescadores-Inseln.

1885
Januar — Die Marinebrigade überschreitet den großen Nilbogen. Beresford fährt mit der *Safieh* den Nil hinauf; Wilsons Fahrt flussaufwärts dauert zu lange um Gordon zu retten.
März — Pendjeh-Zwischenfall: Offene britische Vorbereitungen für einen Angriff auf Kronstadt halten Russland vom weiteren Eindringen in Afghanistan ab. Weitere Operationen gegen Osman Digna im Ostsudan. Britische Admiralität lehnt Einsatz von Geleitzügen zum Schutz der Handelsschifffahrt ab und richtet stattdessen Kontrollstützpunkte ein.

1886
Januar — Aube wird französischer Marineminister und versucht, die *Jeune École* in die Praxis umzusetzen, wobei er sich vor allem auf leichte Schiffe und den Stopp der Schlachtschiffprogramme konzentriert. William White wird Director of Naval Construction in Großbritannien.

1887
In Frankreich, Großbritannien und den USA wird mit U-Booten experimentiert. Die Britische Kolonialkonferenz stimmt der Aufstellung eines Handelsschutzgeschwaders für australische und neuseeländische Gewässer zu.

1888
Machtantritt Kaiser Wilhelms II. in Deutschland.
September — Tryons erfolgreicher Einsatz von Angriffsschiffen bei jährlichen Flottenmanövern beunruhigt die britische Öffentlichkeit.

1889
Die französische Marine führt Belleville-Wasserrohrkessel ein. Erster Einsatz von Dreifachexpansionsmaschinen auf britischen Schlachtschiffen. Gründung des Institute of Marine Engineers. Veröffentlichung des überarbeiteten Signalbuchs der Royal Navy. Im britischen Naval Defence Act wird festgelegt, dass die Stärke der Royal Navy mindestens der gemeinsamen Stärke der beiden nächstgrößeren Flotten entsprechen muss.

1890
Mahan veröffentlicht „The Influence of Sea Power upon History". Flottenbau aller Großmächte wird stark beschleunigt. Überall wird jetzt Vollstahlpanzerung eingesetzt.

ZEITTAFEL

1891 — Große Schlachtschiffe (über 10 000 t) befinden sich in der britischen, chinesischen, französischen, italienischen, japanischen, russischen und amerikanischen Marine im Bau oder im Dienst.

1892 — Die Royal Navy bestellt Belleville-Kessel für große Kreuzer. Einführung optischer Entfernungsmesser.

1893 — Französische Kolonialverwaltung wird durch Marineministerium aufgegeben.

Juni — Die *Victoria* wird durch die *Camperdown* bei einem Manöver versehentlich versenkt; Tryon ertrinkt.

1894

August — Ausbruch des Chinesisch-Japanischen Krieges.

September — Schlacht am Yalu: Ito schlägt chinesische Flotte; anschließend Eroberung von Port Arthur und Wei-hai-wei durch Japan.

1897 — Tirpitz wird Staatssekretär des Reichsmarineamtes.

Juni — Flottenparade im Spithead anläßlich des Diamantenen Kronjubiläums von Königin Viktoria; erste Vorführung der *Turbinia*.

1898

Januar — Aufstand in Kuba, der durch amerikanische Öffentlichkeit unterstützt wird.

Februar — *USS Maine* wird im Hafen von Havanna in die Luft gesprengt.

April — Die USA erklären Spanien den Krieg.

Mai — Dewey schlägt spanische Flotte in der Bucht von Manila (Philippinen); Cerveras Geschwader trifft in Santiago (Kuba) ein.

August — Schlacht vor Santiago: Spanisches Seegeschwader unter Cervera wird durch überlegene US-Flotte vernichtet.

September — Gefecht bei Fashoda: Französische Eroberungsversuche in Afrika werden durch britischen Widerstand aufgehalten.

1899

Juli — Fisher, britischer Oberbefehlshaber im Mittelmeer, initiiert weitreichende Reformen.

Oktober — Ausbruch des 2. Burenkrieges; Entsendung von Marinebrigaden nach Ladysmith zur Unterstützung der Entsatztruppen unter Buller und für Kimberley.

1900 — Marinebrigaden kämpfen weiter in Südafrika. Von Percy Scott initiierte Fortschritte in der Geschütztechnik setzen sich zunehmend durch.

Juni — Boxeraufstand in China; Eroberung der Taku-Forts.

August — Befreiung des Gesandtschaftsviertels in Peking.

1901 — „Battle of the Boilers" (Wasser- oder Flammrohrkessel) innerhalb der Royal Navy (bis 1904).

1902 — Corbett wird als Dozent an das Royal Naval War College berufen.

Januar — Englisch-Japanisches Bündnis. Einführung des Fisher-Selborne-Programms für die Offiziersausbildung in der Royal Navy. Philip Watts wird Director of Naval Construction im Vereinigten Königreich.

1903 — Deutsches Schiffsbauprogramm wird forciert und löst britisches Gegenprogramm aus.

1904

Februar — Japanischer Angriff auf russische Flotte in Port Arthur.

April — Beim russischen Ausfall aus Port Arthur läuft die *Petropawlowsk* auf eine Mine; Oberbefehlshaber Makarow kommt dabei ums Leben.

Mai — Schwere Verluste der japanischen Flotte durch Blockademinen.

Juni — Schlacht im Gelben Meer. Tod des Oberbefehlshabers Vitgeft; russische Flotte wird zur Rückkehr nach Port Arthur gezwungen.

September — Eröffnung des Royal Naval College in Osborne.

Oktober — Russische Ostseeflotte unter Roschestwenskij wird in den Fernen Osten geschickt.

1905

Mai — Schlacht bei Tsushima: Roschestwenskijs Flotte wird durch die Japaner unter Togo vernichtet.

Oktober — Die *Dreadnought* wird auf Stapel gelegt: Ende des Zeitalters der Panzerschiffe.

EINLEITUNG

Technischer und strategischer Kontext

Französische Besatzung eines frühen Torpedobootes. In den 70-er und 80-er Jahren des 19. Jahrhunderts versuchte die französische Jeune École *mit schnellen, leichten Schiffen die britische Vorherrschaft auf See zu brechen. Jedoch konnte diese Strategie aufgrund interner Streitigkeiten und technischer Mängel nie voll umgesetzt werden.*

DER KRIEG DER PANZERSCHIFFE

TECHNISCHER UND STRATEGISCHER KONTEXT

Als man mich bat, ein Buch mit dem Titel „Der Krieg der Panzerschiffe" zu schreiben, war ich der Versuchung ausgesetzt, ein Manuskript mit vier Worten abzugeben: „Es gab nicht viel."

Wie nähere Untersuchungen dann zeigten, wäre eine solche Feststellung nicht nur unangemessen, sondern sogar falsch gewesen. Während der fünfzig Jahre, die wir als Zeitalter der Panzerschiffe bezeichnen können, d.h. von 1855 bis 1905, wurden Flotten, die mit ihnen verbundenen Waffensysteme und ihre „natürlichen" Gegner am Ufer auf jede erdenkliche Art, die der Stand der Technik zuließ, eingesetzt, zu unterschiedlichen Zeiten und an verschiedenen Orten. Es ist richtig, dass die Royal Navy während dieser Zeit kaum in größere militärische Auseinandersetzungen verwickelt wurde. Aber es wäre wohl sehr unkorrekt deswegen die Krieg-

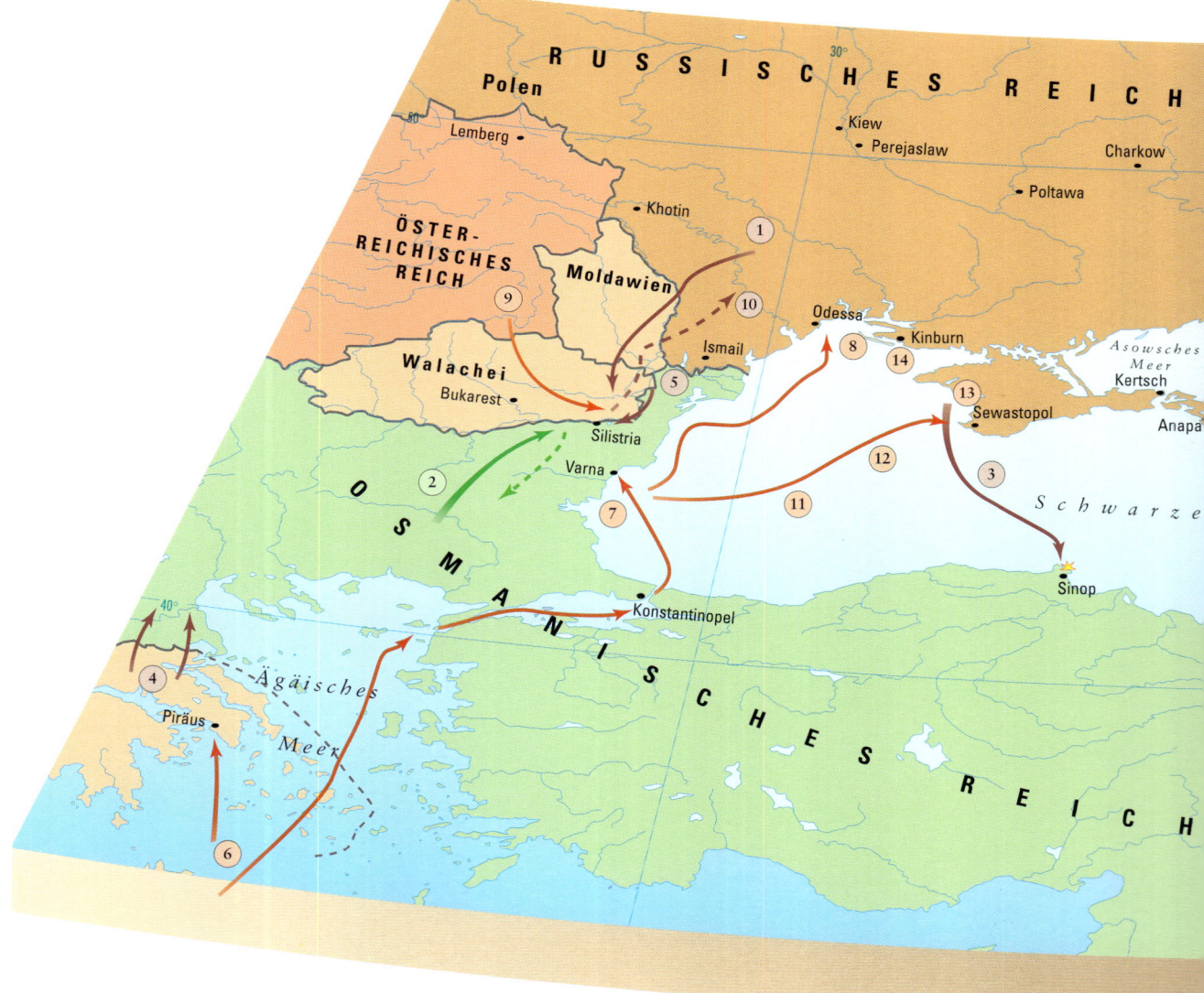

TECHNISCHER UND STRATEGISCHER KONTEXT

führung zur See während dieser Zeit zu ignorieren. Wie aus den nachfolgenden Kapiteln hervorgeht, gab es damals zahlreiche Beispiele für Operationen anderer Seemächte. Die ständige Zurückhaltung der britischen Marine ist darauf zurückzuführen, dass sie mächtig genug war um die nationalen Interessen durch Abschreckung und ohne direkte Kampfhandlungen zu schützen.

Die Grenzen des Zeitalters der Panzerschiffe sind ziemlich leicht zu definieren. Das typische Instrument der Seemacht, das Kampfschiff, hatte drei wesentliche Merkmale: einen metallbeschichteten Rumpf, einen Dampfantrieb und eine Hauptbewaffnung aus Kanonen, mit denen explodierende Granaten verschossen werden konnten. Nur wenn alle drei Merkmale vorhanden sind, kann man ein Kampfschiff wirklich als Panzerschiff bezeichnen. Davon ausgehend waren die ersten Panzerschiffe, die in Operationen eingesetzt wurden, die französischen „schwimmenden Batterien", die an der Bombardierung der Forts in Kinburn im Jahre 1855 teilnahmen. Auch das Ende dieser Ära ist relativ leicht zu bestimmen, denn im Jahre 1905 leitete die *Dreadnought*-Klasse mit ihren ausschließlich großkalibrigen Geschützen eine neue Etappe im Bau von Kampfschiffen ein und schon zehn Jahre später wurde mit Schlachtflot-

UMSEITIG: *Ein britisches Schlachtschiff schießt 1886 Salut im Spithead. Solche bewussten Demonstrationen von Größe, Disziplin und militärischer Macht fanden häufiger statt als Schlachten zwischen großen Flotten, was jedoch in keiner Weise die Bedeutung der Stärke zur See schmälerte.*

DAS SCHWARZE MEER, 1853–1855

Obwohl sie hauptsächlich mit Linienschiffen und Segeltransportern im Stil der vorangegangenen zwei Jahrhunderte operierten, nutzten die Alliierten bei den Seegefechten vor der Halbinsel Krim auch in großem Umfang mit Dampf angetriebene Schiffe. Der Einsatz von leichten und unkonventionellen Schiffen war von großer Bedeutung für die Zerstörung der Küstenbefestigungen und die Unterbrechung der russischen Nachschublinien im Asowschen Meer. Durch diese Maßnahmen und Landschlachten mit hohen eigenen Verlusten konnten die russischen Truppen auf der Krim abgeschnitten werden.

Das Schwarze Meer, 1853–1854
- Anfängliche türkische Vormarschbewegungen und Angriffe
- Anfängliche russische Vormarschbewegungen und Angriffe
- Alliierte Angriffe
- Russisches Reich
- Prorussische Gebiete
- Osmanisches Reich, Gebiete der Alliierten
- Proalliierte Gebiete
- Neutrale Gebiete

1. Juli 1853: Russland fällt in rumänische Fürstentümer ein.
2. 4. Oktober 1853: Das Osmanische Reich erklärt den Krieg und greift die russische Armee auf der Donau an.
3. 30. November 1853: Ein russisches Marinegeschwader greift türkische Schiffe bei Sinop an und zerstört sie vollständig.
4. Januar/Februar 1854: Griechenland fällt in das Osmanische Reich ein.
5. 20. März 1854: Die Russen überqueren die Donau und belagern Silistria.
6. April 1854: Englisch-französische Truppen besetzen Piräus.
7. 10. April 1854: Englisch-französische Truppen landen in Varna um die Türken zu unterstützen.
8. 16. April 1854: Englisch-französische Truppen bombardieren Odessa.
9. April – Juni 1854: Österreich stellt eine Armee zusammen und fällt mit osmanischer Zustimmung in die Walachei ein um die russischen Truppen zu bedrohen.
10. Angesichts der gemeinsamen Bedrohung durch Österreich, Großbritannien, Frankreich und das Osmanische Reich zieht sich die russische Armee zurück.
11. 7. September 1854: Zur Besetzung von Sewastopol laufen 150 Schiffe der Alliierten aus Varna aus.
12. 13. – 18. September 1854: Alliierte Truppen landen 50 km nördlich von Sewastopol.
13. 20. September 1854 – 9. September 1855: Die Alliierten belagern Sewastopol und es kommt dort zu mehreren großen Landschlachten.
14. 17. Oktober 1855: Englisch-französische Truppen bombardieren unter erstmaligem Einsatz von Panzerschiffen die russischen Forts in Kinburn und erzwingen deren Kapitulation.
15. September – November 1855: Kars wird von der russischen Armee belagert und kapituliert schließlich am 26. November.

DER KRIEG DER PANZERSCHIFFE

TECHNISCHER UND STRATEGISCHER KONTEXT

ten gekämpft, die ganz anders aussahen als Panzerschiffe, obwohl sie sich aus ihnen entwickelt hatten. Auch durch die neue U-Boot- und Flugzeugtechnik wurden die Dimensionen der Kriegführung zur See zu Beginn des 20. Jahrhunderts erweitert. Kriege zur See waren von diesem Zeitpunkt an nie mehr dasselbe wie zuvor.

Da die genaue zeitliche Eingrenzung der Ära der Panzerschiffe so leicht fällt, muss man sich die Frage stellen, ob es auch einen strategischer Kontext gibt, der diesem Zeitabschnitt entspricht. Sehr gern würde man dies bejahen. Clausewitz veröffentlichte sein Werk „Vom Krieg" in den 20-er Jahren des 19. Jahrhunderts und Darwins „Über die Entstehung der Arten" erschien 1859. Diese beiden Werke enthielten alle strategischen und auch politischen Direktiven für das nächste halbe Jahrhundert. Die Ansichten des Deutschen über den Krieg als Instrument der Politik, der den Interessen ganzer Nationen dient und auch von diesen und nicht von Berufssoldaten im Namen von Monarchen geführt wird, und die Doktrin des Briten, dass nur der Stärkste überleben kann, dienten gemeinsam der Erarbeitung einer auf Macht basierenden Reihe von Kriterien für das nationale Verhalten. Die Instrumente und die Organisation des Krieges waren Teile dieser Machtbasis.

Diese Ideen beeinflussten auch die Entwicklung von Nationalstaaten in Ländern, wo es früher nur lose Vereinigungen von schwachen, subnationalen Einheiten gegeben hatte, wie in Deutschland und Italien. Und auch auf die Eroberungspolitik in den überseeischen Gebieten wirkten sie sich aus, wobei die anderen europäischen Länder Großbritannien nacheiferten, obwohl derartige Bestrebungen dort in signifikanter Weise erst ab 1877, 20 Jahre nach der indischen Meuterei, einsetzten, nachdem Königin Viktoria zur Kaiserin von Indien proklamiert worden war. Auch davor gab es schon eine Reihe von Imperien, jedoch nur in Europa; die überseeischen Kolonien waren lediglich Besitzungen. Nunmehr begann ein Wettlauf um die Errichtung gleichartiger Reiche in Übersee, der aus heutiger Sicht einer der unschönsten Vorgänge des verbleibenden 19. Jahrhunderts darstellte und dessen Durchführung ohne Seemacht nicht möglich gewesen wäre.

Seemacht im weitesten Sinne umfasste sowohl die Handelsinstrumente als auch die Werkzeuge des Krieges. Die Zahl der Handelsschiffe, von denen die meisten immer noch unter Segeln fuhren, vervielfachte sich und der Handel erweiterte sich enorm. Für die westlichen Länder und insbesondere für Großbritannien, dessen Handelsflotte viermal größer war als die aller anderen Länder, ging es dabei um sehr viel und so hatten die Kriege, die trotzdem stattfanden, nur lokale Auswirkungen auf diesen Handel. Auch in dieser Beziehung sollte die abschreckende Wirkung der Royal Navy nicht unterschätzt werden, wobei dies eine Feststellung aus heutiger Sicht ist. Zur damaligen Zeit gab es den weit verbreiteten Glauben, dass der Handel sich selbst schützen würde.

Die Erschütterung dieses Glaubens, vor allem im Ersten Weltkrieg, war eine der Veränderungen, die eintrat, als sich die Ära der Panzerschiffe ihrem Ende zuneigte. Darüber hinaus gab es auch noch andere Veränderungen wie die wachsende Bedeutung der Feuerkraft, die enorme Vergrößerung des Ausmaßes militärischer Konfrontationen und die Unfähigkeit der politischen Führungen, die populistischen und materiellen Kräfte, mit denen sie zu tun hatten, zu kontrollieren.

Dies ist der materielle und strategische Kontext des Zeitalters der Panzerschiffe und der Rest dieses Buches ordnet sich natürlicherweise in diesen Rahmen ein. Wie es sich gehört, beginnen wir mit einem Kapitel über die technischen Ausrüstungen, denn es waren die materiellen Veränderungen, welche die Entwicklung der Marinen und die Art und Weise ihres Einsatzes vorantrieben, sowohl in Perioden wirklichen und scheinbaren Friedens als auch in Kriegszeiten.

Alles verlief in einem schnellen, oft rasanten Tempo und manchmal wurde die neue Technik kaum getestet, bevor sie zum Einsatz kam. Noch öfter aber waren die Ausrüstungen schon überholt, bevor sie überhaupt verwendet werden konnten. Innerhalb und zwischen den Nationen fand ein erbitterter Wettbewerb statt.

Das nächste Kapitel beschäftigt sich dann mit den Marinen und ihrem Personal. Auch auf diesem Gebiet kam es in der zweiten Hälfte des 19. Jahrhunderts zu tief greifenden Veränderungen, was dazu führte, dass die Matrosen in ihrer gewöhnlichen Schutzkleidung aus Leinen aus dem Jahre 1855 in Großbritannien bis 1905 den ehrenvollen Beinamen „Teerjacken" erhielten und die Offiziere fast vergöttert wurden. Diese Erscheinung war jedoch nicht nur auf Großbritannien beschränkt, und sie wurde gefördert durch die Konzepte, die im dritten Kapitel dargestellt werden. Die Seemacht erhielt ganz einfach philosophische Grundlagen, die aus der Geschichte abgeleitet und in vielen Ländern als überzeugend empfunden wurden, obwohl sie im Nachhinein simpel oder fehlerhaft erschienen.

Das vierte Kapitel behandelt den Amerikanischen Bürgerkrieg (1861–1865), der größte Krieg zur See in der gesamten Epoche der Panzerschiffe, und da der Krieg zu Beginn dieser Epoche stattfand, bot er vielfältige Beispiele für die Erstmaligkeit bestimmter Erscheinungen. Zwei Einschränkungen müssen hierzu jedoch gemacht werden: Es war ein Krieg, der unter sehr speziellen Bedingungen stattfand und deshalb nicht als typisch gelten kann. Außerdem fehlten einige Merkmale des Zeitalters der Panzerschiffe, da sie noch nicht entwickelt worden waren.

Die beiden letzten Kapitel widmen sich den restlichen militärischen Operationen, die innerhalb dieses halben Jahrhunderts weltweit durchgeführt wurden. Dabei geht es nicht nur um Kampfhandlungen im Rahmen erklärter oder unerklärter Kriege, sondern auch um Maßnahmen zur Abschreckung und kolonialen Expansion. Dementsprechend findet man dort Beispiele für alle Arten der Anwendung von Seemacht, von der einfachen Präsenz der Flotten über ihren Einsatz zur Ausübung von Zwang oder als Expeditionskorps bis hin zu kleinen Gefechten und großen Schlachten. Immer handelte es sich jedoch um Operationen, die ohne den Einsatz von Dampfkraft und Granatenfeuer so nicht möglich gewesen wären, obwohl jemand behaupten könnte, dass man in einigen Fällen auch mit nur leicht gepanzerten Schiffen ausgekommen wäre. Wenn auch bestimmte Kämpfe angesichts der damals weltweit vorhandenen Gesamtheit der Seestreitkräfte ein recht geringes Ausmaß hatten, so wurde ihre oft entscheidende Bedeutung in den jeweiligen Konflikten doch allgemein anerkannt.

Die Erkenntnis dieser Vorzüge war ein mächtiger Motor für die Herausbildung der Ansicht, dass die Seemacht in Zukunft einen äußerst hohen Einfluss auf größere Konflikte haben würde und man war den Ansichten von Clausewitz und Darwin folgend sicher, dass diese früher oder später eintreten würden. Ganz am Ende des Zeitalters der Panzerschiffe kam es zum Russisch-Japanischen Krieg mit seinem Höhepunkt, der Schlacht von Tsushima.

Trotz seiner scheinbaren Inkohärenz und häufig nur provisorischen Fortschritte stellt das Zeitalter der Panzerschiffe letzten Endes ein geschlossenes Ganzes dar. Es gab viele Fehler und falsche Vorstellungen und es ist zu hoffen, dass sie in diesem Buch gebührend erörtert werden. Allerdings war die Entwicklung der Marinen und ihres Einsatzes ein Hauptmerkmal dieser Epoche, die ein umfangreiches Erbe hinterließ, nicht nur in Bezug auf die Auffassungen darüber, wie Kriege geführt werden können, sondern auch hinsichtlich der Entwicklung des Kräftegleichgewichts und der weltweiten politischen Ordnung. Und diese Auswirkungen spüren wir heute noch.

KAPITEL EINS

TECHNISCHE GRUNDLAGEN

EIN FRÜHES FISCHTORPEDO wird nach einem Testlauf wieder an Bord gehievt. Dieses mit Eigenantrieb ausgestattete Torpedo besaß Tiefen- und Seitenruder, die Robert Whitehead in den späten 60-er Jahren des 19. Jahrhunderts entwickelt hatte und die im Wesentlichen auch heute noch verwendet werden. Jedoch hatten die ersten Torpedos eine sehr kleine Reichweite und geringe Geschwindigkeit.

Technische Grundlagen

Während der Ära der Panzerschiffe, die den kurzen Zeitraum von 50 Jahren umfasste, wurde die Ausrüstung der Schlachtschiffe auf drei wichtigen Gebieten weiterentwickelt: in der Form und Konstruktion des Rumpfes, im Antrieb und in der Bewaffnung. Kurz gesagt fand ein Übergang von Holz, Segeln und Kanonenkugeln zu Stahl, Dampf und Granaten statt. Diese Entwicklung bedeutete zwangsläufig, dass jede Diskussion über Seemacht die technische Ausrüstung zum Ausgangspunkt hatte. Man sagt, dass die Truppen der Landstreitkräfte ausgerüstet und bewaffnet, bei der Marine hingegen die Waffen bemannt werden. Dies galt vor allem im Zeitalter der Panzerschiffe.

Allerdings bedeutet dies nicht, dass die menschlichen und organisatorischen Faktoren keine Bedeutung hatten. Die Qualität der Besatzung, ihre Ausbildung, ihr Einfallsreichtum und die Art und Weise, wie sie kommandiert wurde und wie man sie bei Operationen und als stehende Streitkräfte einsetzte, waren ebenso wichtige Faktoren für den Erfolg. In den späteren Kapiteln dieses Buches werden wir diese Fragen so weit als möglich näher erörtern. Die Basis des Marinewesens bildete jedoch ihre technische Ausrüstung.

So ist es auch nicht erstaunlich, dass in der Literatur jener Zeit sehr viel über die Form und Konstruktion des Rumpfes, die Panzerung, die Haupt- und Hilfsmaschinen, die Geschütze und später auch die Torpedos geschrieben wurde. Zahlen hat-

Beschuss von Kinburn, 17. Oktober 1855. Die drei französischen schwimmenden Batterien sind die Schiffe in der rechten Bildseite. Wie deutlich zu erkennen ist, liegen sie dicht vor dem russischen Forts, da ihnen das russische Gegenfeuer nichts anhaben konnte.

ten dabei oft eine besondere Bedeutung und Wirkung und auf nationaler und internationaler Ebene fand ein intensiver Wettbewerb statt.

Es gab aber nicht einmal genug Kriege, um die neuen Entwicklungen ausreichend zu testen. Die numerische und zumeist auch technische Überlegenheit der Royal Navy übte eine mächtige abschreckende Wirkung aus und wenn es tatsächlich zu Kriegen kam, so war Großbritannien entweder nicht davon betroffen oder sie hatten nur ein geringes Ausmaß und die neueste Technik konnte nur selten gegen ernsthafte Gegner eingesetzt werden. Die interessierten Konstrukteure und Planer beachteten jedoch aufmerksam alle praktischen Kampferfahrungen, wobei sie zumeist unter Friedensbedingungen arbeiten konnten und wenig Rückenwind durch die Praxis erhielten. Dies galt für alle großen oder neu entstehenden Seemächte, obwohl einige, insbesondere Frankreich, nach bestimmten Fortschritten ihre Position als Seemacht durchaus stärken konnten, was später noch dargestellt wird.

Es sei daran erinnert, dass das Zeitalter der Panzerschiffe im Wesentlichen von zwei Faktoren bestimmt wurde, das heißt, das Überwasserkriegsschiff war das einzige seegehende Machtinstrument. Seine Hauptgegner waren andere Überwasserkriegsschiffe oder Küstenbefestigungen, falls sie sich in deren Nähe wagten. Erst gegen Ende dieses Zeitalters erschien der dritte Faktor in Form von bewaffneten Unterwasserschiffen und Überwasserkräften, aber hauptsächlich wurde diese Ära von Überwasserschiffen beherrscht. Deshalb wird sich dieses Kapitel bei der Darstellung der schnellen Fortschritte der Ausrüstungen in der damaligen Zeit auf Überwasserschiffe konzentrieren und diese unter den Überschriften Rumpf, Antrieb und Bewaffnung analysieren. Erst am Ende wird dann ein kurzer Ausblick auf die entstehende U-Boot- und Flugzeugtechnik gegeben, die schon bald danach den Charakter des Krieges vollständig ändern sollte.

Kinburn, 17. Oktober 1855

Die russischen Forts in Kinburn an der Dnjepr-Mündung wurden durch Beschuss zerstört und zur Kapitulation gezwungen, nachdem alliierte Truppen dort gelandet waren. Durch die Teilnahme der drei französischen „schwimmenden Batterien" Dévastation, Lave und Tonnante erlangte diese Operation eine besondere Bedeutung. Diese allerersten Panzerschiffe konnten sich dank ihrer Bewehrung den Befestigungen gefahrlos nähern.

Rumpfbau und -konstruktion

Es ist sicher nicht überraschend, dass die erste Neuerung am Rumpf im Zeitalter der Panzerschiffe darin bestand, die Kriegsschiffe mit eisernen Panzerplatten zu beschichten. Das erste Mal, dass solche Schiffe an Kampfeinsätzen teilnahmen, war während des russischen Krieges bei der Bombardierung von Kinburn im Jahre 1855. Die Franzosen hatten die mit der Entwicklung ähnlicher Schiffe beschäftigten britischen Konstrukteure heimlich überholt und setzten an der Mündung des Dnjepr „schwimmende Batterien" ein, die sich dank ihrer Panzerung den russischen Uferbefestigungen nähern konnten und wesentlich dazu beitrugen, dass diese kurz und klein geschossen wurden. Obwohl die französischen Schiffe mehrmals getroffen wurden, entstanden nur geringe materielle Schäden und menschliche Verluste, da die russischen Kugeln und Granaten abprallten oder explodierten ohne Schaden anzurichten.

Bald danach begann die französische Marine auf Drängen Napoleons III., der die britische Vorherrschaft zur See brechen wollte, mit dem Bau des ersten großen Panzerschiffes, der *Gloire*, die durch den be-

DER KRIEG DER PANZERSCHIFFE

TECHNISCHE GRUNDLAGEN

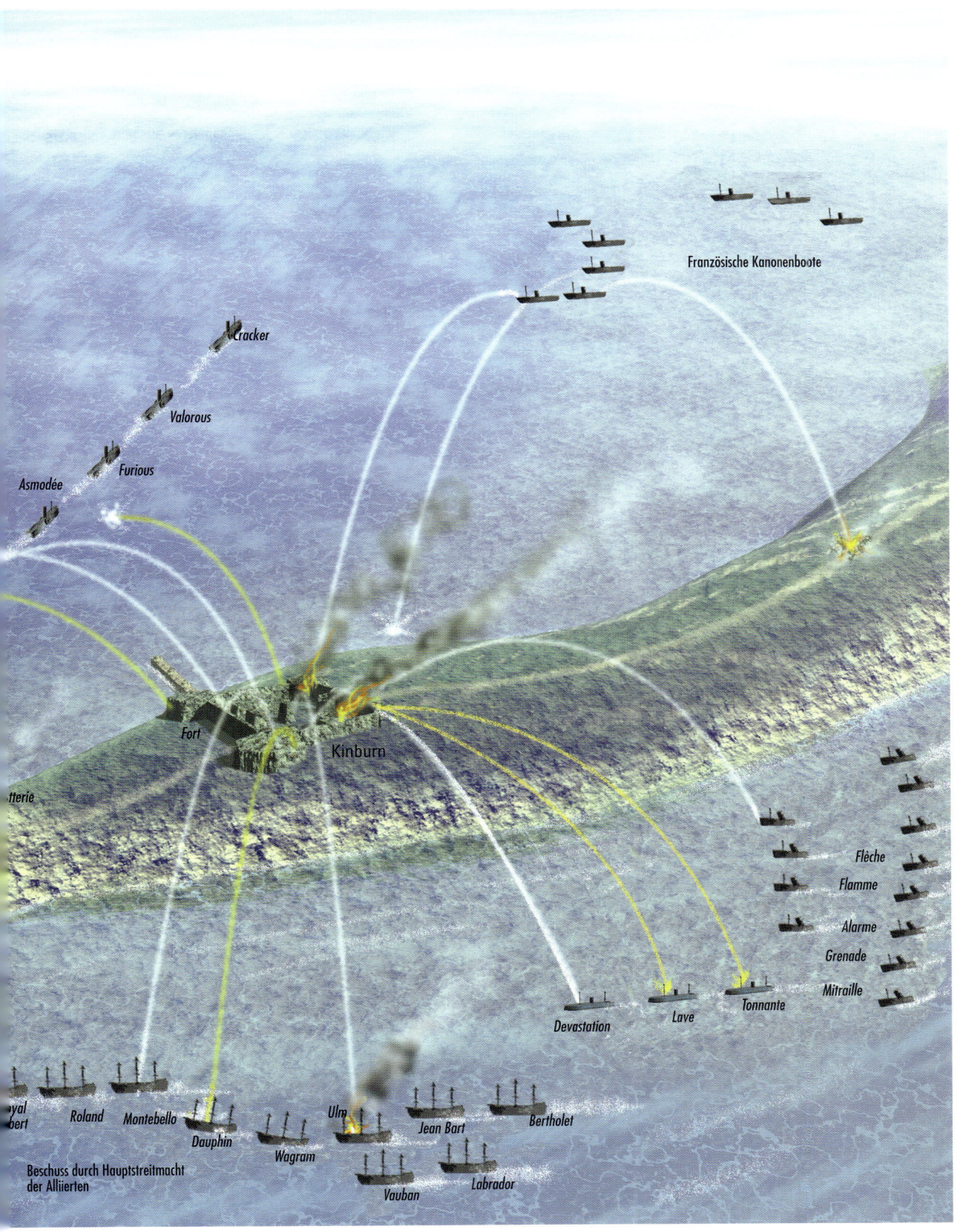

DER KRIEG DER PANZERSCHIFFE

Die HMS Warrior, *das erste britische Panzerschiff, im Bau. Bei seiner Indienststellung im Jahre 1861 war es in Bezug auf seine Kampfkraft allen anderen Schiffen der Welt weit überlegen. Gegen Ende des Jahrzehnts wurde es jedoch durch die schnelle technische Entwicklung überholt. Das Schiff hat nie eine Seeschlacht erlebt.*

deutenden Schiffskonstrukteur Dupuy de Lôme entwickelt worden war. Angetrieben durch Visionäre wie John Scott Russell, der bereits mit Brunel das gigantische Handelsschiff *Great Eastern* gebaut hatte, bereiteten die Briten jedoch bereits etwas Größeres und Besseres vor: die *Warrior*.

Dieses herrliche Schiff, das im Hafen von Portsmouth (England) immer noch im Wasser liegt und dort besichtigt werden kann, war bei seiner Fertigstellung im Jahre 1861 hinsichtlich seiner Kampfkraft allen anderen im Dienst befindlichen Schiffen weitaus überlegen. Mit seinem eisernen Tragwerk und der zehn Zentimeter dicken Seitenpanzerung auf einer zweischichtigen Teakholzunterlage stellte es eine Art Denkmal für den Chefkonstrukteur Isaac Watts und die Schiffbaufirma Thames Ironworks in Blackwall dar. Seine Entstehung zeigt, wie Konstruktion und Bau von Kriegsschiffen in der damaligen Zeit abliefen: Watts war bei der Admiralität angestellt und wurde als Chefkonstrukteur eingesetzt, während der Bau selbst durch eine Privatfirma erfolgte, und auch die Maschinen und anderen Leistungen kamen von privaten Auftragnehmern. Später wurde eine Reihe von Schiffen, darunter auch das größte, auf den Royal Dockyards gebaut, aber die meisten der Marineschiffe entstanden weiterhin auf privaten Werften.

Die *Warrior* erwies sich als seetüchtig und erreichte eine große Geschwindigkeit unter Dampf und sogar auch unter Segel dank ihrer dreimastigen Takelage, obwohl sie unter Segel allein nicht besonders manövrierfähig war. In den frühen 60-er Jahren des 19. Jahrhunderts folgte ihr eine Reihe weiterer namhafter großer Kriegsschiffe (die merkwürdigerweise als „Fregatten" bezeichnet wurden), die im Wesentlichen nach den gleichen Bauplänen entstanden, wobei das Geschützdeck von einem Ende des Schiffes bis zum anderen reichte, was für die erste Hälfte des

Die französische La Gloire

Die La Gloire *wurde von Dupuy de Lôme konstruiert und war das erste vollwertige manövrierfähige Panzerschiff, das 1858 auf Kiel gelegt wurde. Obgleich man die damals in Frankreich verfügbaren technischen und industriellen Möglichkeiten für den Bau des Schiffes voll ausschöpfte, wurde es durch das größere, schnellere und stärkere britische Panzerschiff* Warrior *bald schon übertrumpft.*

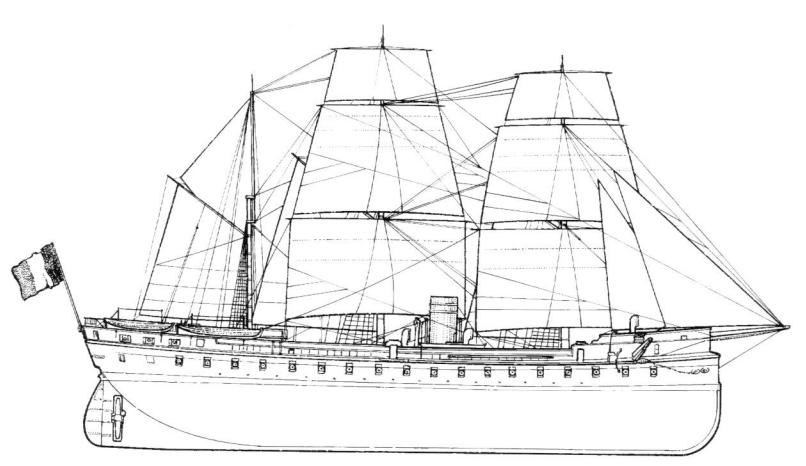

TECHNISCHE GRUNDLAGEN

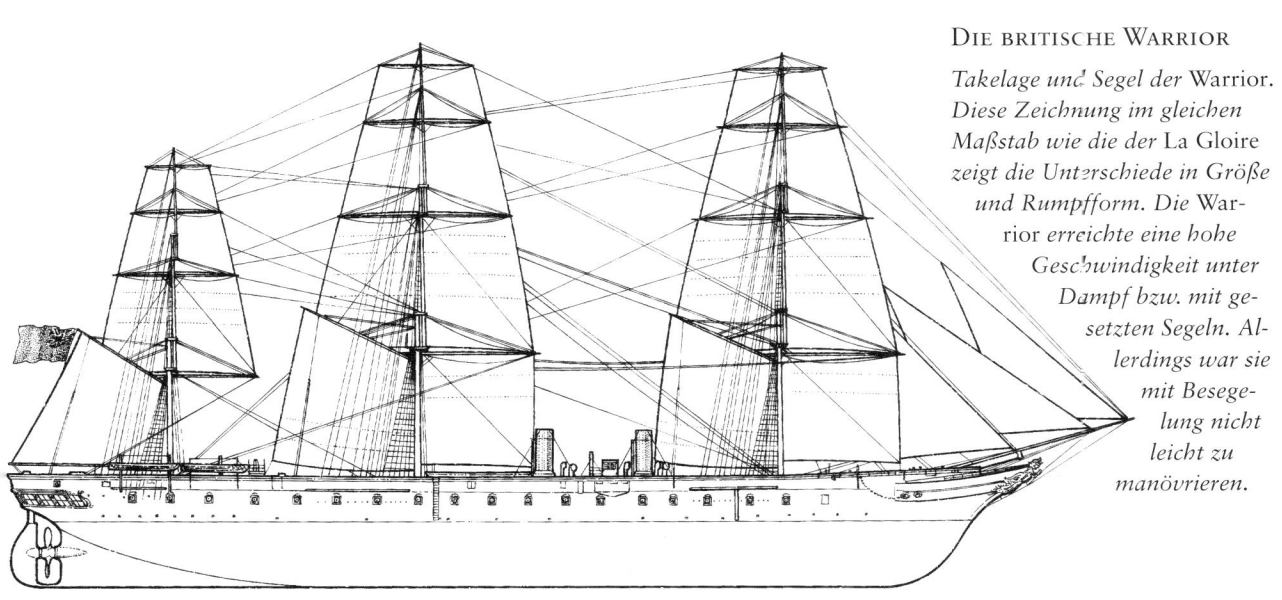

DIE BRITISCHE WARRIOR

Takelage und Segel der Warrior. *Diese Zeichnung im gleichen Maßstab wie die der* La Gloire *zeigt die Unterschiede in Größe und Rumpfform. Die Warrior erreichte eine hohe Geschwindigkeit unter Dampf bzw. mit gesetzten Segeln. Allerdings war sie mit Besegelung nicht leicht zu manövrieren.*

Jahrhunderts typisch war. Aber unter dem neuen Chefkonstrukteur Edward Reed entwickelte sich die Konstruktion bereits weiter und es entstand das Zentralbatterieschiff. Auf diesem wurden die Hauptgeschütze, die sich zuvor immer noch auf der Breitseite befanden, im zentralen Abschnitt des Schiffes konzentriert, wo sie durch immer stärkere eiserne Panzerplatten maximal geschützt wurden.

Mittlerweile fanden auf der anderen Seite des Atlantiks ganz andere Entwicklungen statt. 1861 war dort der Amerikanische Bürgerkrieg ausgebrochen und obwohl es sich dabei in erster Linie um einen Landkrieg handelte, gab es auch ausgeprägte Marineaktionen, deren Bedeutung von den Politikern und Militärs beider Kriegsparteien nicht immer voll wahrgenommen wurde. Die Streitkräfte des Nordens

TECHNISCHE GRUNDLAGEN

(Union) versuchten die Küste des Südens (Konföderation) zu blockieren und schließlich zu besetzen, während sich die des Südens auf die Durchbrechung der Blockaden und die Überfälle auf Handelsschiffe konzentrierte. In der Folge dieses sehr speziellen Seekrieges, dessen einzelnen militärischen Aspekte im vierten Kapitel behandelt werden, entstanden neue Schiffstypen, von denen die folgenden drei besonders wichtig sind.

Der erste, ein schneller Blockadebrecher, war kein Kriegsschiff und ist deshalb hier nicht von Interesse. Die beiden anderen waren gepanzerte Schiffe. Das erste, im Wesentlichen ein gepanzertes Schiff mit Breitseitengeschützen, wurde durch die *Virginia* der Konföderation, die zuvor den Namen *Merrimac* trug (in diesem Buch wird der gebräuchlichere Name *Virginia* benutzt), und später durch die *New Ironsides* des Nordens repräsentiert. Der zweite Typ, der nach einem völlig neuen Konstruktionskonzept für Kriegsschiffe gebaut wurde, war die *Monitor* der Union mit ihren zahlreichen Nachfolgern.

Die Warrior *im Historic Dockyard von Portsmouth (England). Das Schiff wurde zwischen 1979 und 1987 in Hartlepool restauriert und kann seitdem in seinem ursprünglichen Zustand besichtigt werden.*

Die *Monitor* war ein schwer bewaffnetes Schiff mit großem Tiefgang, dessen Hauptmerkmal in einem gepanzerten Geschützturm bestand, der von einem schwedischen Erfinder namens Ericsson entwickelt worden war. Dieses Schiff war ein schwerer Gegner und ein schwieriges Ziel, und in der Auseinandersetzung mit der *Virginia* war ein Remis absehbar. Es war nicht überraschend, dass im Norden mit seinen weitaus größeren industriellen Ressourcen weitere Varianten nach dem Vorbild der *Monitor* entwickelt wurden, sodass bis 1865 ca. 40 Schiffe dieses Typs existierten. Im Süden mit seiner kleineren und geringer werdenden industriellen Basis betrieb man den Umbau und die Panzerung der vorhandenen Schiffe. Auch ein paar neue wurden gebaut, jedoch mit wenig Erfolg.

Jedoch wurde die Konstruktion der Schiffe auf beiden Seiten sehr stark durch die Umstände beeinflusst, unter denen sie miteinander kämpften. Der Bürgerkrieg auf dem Wasser fand an der Küste oder auf Flüssen statt. Dies bedeutete, dass mit Ausnahme der Blockadebrecher und Kaperschiffe die Seetüchtigkeit der Schiffe kein vorrangiges Kriterium darstellte. Die Schiffe der *Monitor*-Klasse hatten teilweise eine sehr niedrige Freibordhöhe und so konnten Meeresfahrten riskant sein. Tatsächlich sank die erste *Monitor* schließlich auf einer solchen Meeresfahrt. Dagegen konnte man auf Flüssen verschiedenste Varianten ausprobieren. Und in den abgeschlossenen Gewässern von Häfen oder Flüssen war man versucht eine alte Methode der Kriegführung zu Wasser einzusetzen – das Rammen.

Im Rückblick erscheint das Rammen als eine der merkwürdigsten Vorgehensweisen dieser Epoche der Panzerschiffe. Dennoch waren die diesbezüglichen Überlegungen durchaus berechtigt. Zum ersten Mal seit den Tagen der Rudergaleere konnte man ein Kriegsschiff unabhängig vom Wind steuern, da es jetzt mit Dampfkraft ausgerüstet war und ein schwer gepanzerter Gegner war durch einen Rammangriff unter Wasser durchaus verwundbar. Außerdem fürchtete man immer,

31

DER KRIEG DER PANZERSCHIFFE

Schlacht zwischen der USS Monitor *und der CSS* Virginia *bei Hampton Roads am 9. März 1862. Die unterschiedliche Bauart und Bewaffnung der beiden Schiffe ist deutlich zu erkennen. Durch die hochgezogene Panzerung hatte die* Virginia *eine höhere Silhouette mit Breitseitengeschützen, die* Monitor *eine flache mit Geschützturm.*

TECHNISCHE GRUNDLAGEN

DER KRIEG DER PANZERSCHIFFE

Der einzige große Erfolg eines Rammangriffs im Zeitalter der Panzerschiffe: Das österreichische Flaggschiff Ferdinand Max *rammt und versenkt das italienische Schlachtschiff* Re d'Italia *in der Schlacht von Lissa am 20. Juli 1866.*

dass andere Mittel vom Gegner eingesetzt werden (Beschuss mit Geschützfeuer) und dabei die Panzerung versagen könnte. Darum der Rammstoß, dessen Vorteile in ruhigen und abgeschlossenen Gewässern besonders groß waren.

Die meisten Erfahrungen des Amerikanischen Bürgerkrieges zeigten jedoch, dass diese schönen Theorien in der Praxis nicht besonders gut funktionierten. Die meisten Rammschiffe hatten keine ausreichende Leistung und waren nicht manövrierfähig genug und die zu rammenden Schiffe konnten in der Mehrheit der Fälle ihren Kurs ändern, oft gerade noch rechtzeitig, sodass der Stoß sie nur streifte und nicht im rechten Winkel traf. Bei einer nüchternen statistischen Betrachtung wird im Nachhinein deutlich, dass das Rammen kein wirksames Mittel war. Dennoch wurde diese Kampftechnik zumindest drei weitere Jahrzehnte lang bei der Konstruktion der Schiffe berücksichtigt und dies nicht nur in der amerikanischen Marine, sondern auch in den europäischen Marinen.

Der spektakulärste Erfolg, auf den Befürworter der Rammtaktik verweisen konnten, ereignete sich in der Schlacht vor Lissa im Jahre 1866, als das österreichische Flaggschiff *Ferdinand Max* auf die *Re d'Italia* traf, sich bequem auf deren

Breitseite mittschiffs platzierte und sie versenkte. Dieses Ereignis lieferte Admiral Sir George Rose Sartorious (einem Überlebenden von Trafalgar) das Hauptargument für seine Kampagne, die darauf abzielte den Rammsporn zur Hauptwaffe der Royal Navy zu machen. Und obwohl es nie dazu kam, wurde dieses System ein wichtiger Bestandteil jeder Konstruktion und auch die allgemeine Öffentlichkeit nannte Schlachtschiffe oft ganz einfach „Rammer" wie in dem Roman „Krieg der Welten" von H. G. Wells, wo die modernsten Kriegsschiffe der Erde mit Volldampf den Kriegsmaschinen vom Mars entgegensegeln und vernichtet werden.

Manchmal erwies sich das Rammen jedoch als ausgezeichnete Waffe – leider aber gegen die eigenen Schiffe. So versenkte 1872 die *Iron Duke*, ein Zentralbatterieschiff, ihr Schwesterschiff, die *Vanguard*, in der Irischen See, als beide Schiffe in einem plötzlich einsetzenden Nebel unvorsichtig manövrierten. Ein noch größeres Unglück geschah der *Victoria*, die während eines offenkundig gefährlichen Manövers von der *Camperdown* am 22. Juni 1893 im Mittelmeer versenkt wurde. Sir George Tryon, der als Oberbefehlshaber dieses Manöver veranlasst hatte, verlor dabei selbst sein Leben.

Als Folge eines spektakulären Rammunfalls wurde das Flaggschiff der britischen Mittelmeerflotte Victoria *durch die HMS* Camperdown *während eines Manövers im Jahre 1893 versenkt. (Dieser Zwischenfall wurde als „blue-on-blue" bekannt.) Der Oberbefehlshaber, Admiral Sir George Tryon, kam bei diesem Unfall mit 357 weiteren Besatzungsmitgliedern ums Leben.*

Beiden Unfällen ist gemeinsam, dass die *Vanguard* und die *Victoria* an einer besonders verwundbaren Stelle getroffen worden, und zwar am Übergang eines Querschotts. Nun könnte dies ein unglücklicher Zufall gewesen sein. Wahrscheinlicher ist aber, dass die Sicherheitsmaßnahmen in beiden Fällen vernachlässigt worden waren, und dies könnte wiederum ein Überbleibsel der guten alten Zeit der Kriegsschiffe aus Holz sein, als wasserdichte Unterteilungen auf Schiffen noch nicht üblich waren.

Eine andere Entwicklung, die zum ersten Mal im Amerikanischen Bürgerkrieg zum Einsatz kam, war das schon erwähnte Turmschiff, dessen Möglichkeiten weitaus vorteilhafter waren als das Rammen. Die Idee, die schwersten Geschütze eines Schiffes auf einer Plattform zu platzieren, die zum Feuern auf einem Lager in jede gewünschte Richtung geschwenkt werden konnte, außer natürlich dorthin, wo sie mit den Aufbauten des eigenen Schiffes in Kollision geriet, war auch schon anderen Konstrukteuren vor Ericsson gekommen. Zu nennen wäre hier insbesondere Captain Cowper Coles von der Royal Navy, der einen Geschützturm mit Aufbau entwickelte, der sich auf einer Rollenbahn drehte. Diese Konstruktion, die sich als wesentlich besser erwies als Ericssons Modell, das sich auf einer Mittelstange

DER KRIEG DER PANZERSCHIFFE

HMS Captain, 1870

Als tragisches Beispiel für den Versuch ein Schiff mit voller Takelage mit Geschütztürmen auszurüsten kenterte die Captain in einem Sturm in der Biscaya nur wenige Monate nach ihrer Indienststellung. Die geringe Freibordhöhe und das Mehrgewicht, das auf die schlechte Bauüberwachung auf der Werft zurückzuführen war, führten zu Instabilität und wurden dem Schiff zum Verhängnis.

TECHNISCHE GRUNDLAGEN

drehte, wurde in der Mitte der 60-er Jahre des 19. Jahrhunderts auf einem dänischen Kriegschiff, der *Rolf Krake*, eingesetzt und wenig später auf dem vollkommen umgerüsteten britischen Linienschiff *Royal Sovereign*. Dieses Schiff wurde nur für experimentelle Zwecke genutzt und man konnte viel darauf lernen.

Aber offensichtlich nicht genug, denn es kam zu einem Streit zwischen Coles und der Admiralität über die Frage der besten Konstruktion eines vollwertigen Turmschiffes. Schließlich wurde die Nutzung beider Varianten genehmigt. In einem gewissen Maße hatten beiden Seiten Unrecht, denn bei jeder Konstruktion war eine vollständige Segeltakelage vorgesehen, obwohl die Dampftechnik von Jahr zu Jahr zuverlässiger wurde. Jedoch lag Coles mit seiner *Captain*, die von der Schiffbaufirma Laird's gebaut wurde, weitaus mehr daneben als Reed mit der *Monarch*. Die *Captain* hatte schon in der Projektierung eine sehr kleine Freibordhöhe, die dann nach Fertigstellung des Schiffes aufgrund des beim Bau hinzugefügten Gewichts noch geringer wurde. Nach Berechnungen war die Stabilität des Schiffes schon bei einem Krängungswinkel von etwas über 40 Grad nicht mehr gegeben. Dennoch wurde es der Liebling der Presse, die Coles geflissentlich umworben hatte. Auf den ersten zwei oder drei Meeresfahrten verhielt sich das Schiff scheinbar recht gut,

aber schließlich kenterte es am 6. September 1870 in einem Sturm im Golf von Biscaya.

Im Gegensatz dazu erwies sich die *Monarch* als äußerst stabil und seetüchtig, obwohl sie unter Segel allein nicht besonders gut manövrierbar war. Reed, ihr Konstrukteur, fand das Konzept jedoch nie besonders gut und war weitaus glücklicher mit seinem ersten mastlosen Turmschiff, der *Devastation*, die nur kurze Zeit nach der *Monarch* im Jahre 1871 in Dienst gestellt wurde. Dieses Schiff war der Prototyp des viktorianischen Kriegschiffes, wie es die Welt kennen lernen sollte: mit flacher Kontur, breitem Tragwerk und starker Panzerung. Ihre Hauptgeschütze waren vorn und hinten in Zwillingstürmen untergebracht. Sie besaß nur einen „militärischen Mast" für Flaggensignale und für den Antrieb wurde ausschließlich Dampfkraft eingesetzt.

Trotz des damit geschaffenen Vorbilds entwickelte sich die Rumpfkonstruktion in den nächsten zwei Jahrzehnten nur unkontinuierlich und deshalb bezeichnet man diese Jahre auch zu Recht als die „Zeit des Suchens" im Kriegschiffbau. Die Gründe hierfür liegen teilweise in dem übersteigerten Sicherheitsbedürfnis der Nutzer der Schiffe, welche die Marine nicht völlig vom Dampf abhängig machen wollten und eine solche Entwicklung als zu riskant ansahen um sie überhaupt in Erwägung zu ziehen. Als Folge davon gab es in den 70-er Jahren des 19. Jahrhunderts weiterhin Kriegschiffe, die eine volle Besegelung besaßen und zunehmend nicht in das Bild der Zeit passten. Jedoch zumindest für ein Schiff, die *Inflexible*,

Diese idealisierende Darstellung der Captain *vor Gibraltar belegt das hohe Ansehen, das dieses Schiff und sein Konstrukteur, Captain Cowper Coles, in der Öffentlichkeit genossen. Coles selbst kam ums Leben, als das Schiff einige Monate später unterging.*

37

DER KRIEG DER PANZERSCHIFFE

die der Stolz der Flotte war, gab es die Anweisung, alle Masten und Segel umzulegen, wenn es in den Kampf ging. Außerdem waren Türme nicht die einzige Einrichtung, die man für die Unterbringung großer Geschütze in Erwägung zog. Auch die Breitseitenbatterie hatte noch viele Befürworter und selbst Zentralbatterieschiffe wurden noch etliche Jahre nach der Indienststellung der *Devastation* weiterhin gebaut. Das übersteigerte Streben nach Sicherheit erreichte seinen Höhepunkt mit der *Temeraire*, einem Schiff mit voller Briggtakelage, Zentralbatteriegeschützen und zwei Türmen. Diese höchste Form eines Mischlingsschiffes wurde 1877 in Dienst gestellt.

Aber auch auf dem europäischen Festland war man gleichermaßen zaghaft. Frankreich baute in den 70-er Jahren des 19. Jahrhunderts nur ganze acht Kriegsschiffe, was weniger als der Hälfte der im Großbritannien in Dienst gestellten Schiffe entsprach und alle sahen gleichermaßen experimentell aus. Demgegenüber waren die Russen weitaus unternehmungsfreudiger und so entstanden dort außergewöhnliche Konstruktionen. Ihren Höhepunkt fand diese Entwicklung in den Schiffen mit dem hübschen Namen „Popoffkas", deren Grundriss fast vollständig rund war. Auch die Italiener stellten unter ihrem großen Konstrukteur Benedetto Brin einige schnelle, starke Kriegsschiffe her, die mit Sicherheit das Denken in der ganzen Welt und auch in Großbritannien beeinflussten. Von besonderem Interesse war dabei Brins Konzeption der Panzerung: Er bevorzugte eine zentrale Zitadelle mir sehr geringer Panzerung im Back- und Steuerbordbereich und dieses Konzept wurde im Wesentlichen durch den britischen Chefkonstrukteur Barnaby über etliche Jahre um 1880 herum weitergeführt – sehr zum Leidwesen von Reed, der sich bereits im Ruhestand befand, aber dennoch seinen Widerspruch verlauten ließ.

Die HMS Devastation, *das erste mastlose Schlachtschiff, wurde von Sir Edward Reed konstruiert. Obwohl das Schiff durch die Gestaltung der Brustwehr und seine niedrige Freibordhöhe für Schlachten auf hoher See weniger geeignet war, konnte man es ausgezeichnet für Verteidigungsaufgaben und Angriffe auf Marinestützpunkte einsetzen, was in der Strategie der 70-er Jahre des 19. Jahrhunderts eine große Rolle spielte.*

Die Marinen anderer Länder waren zu dieser Zeit ohne größere Bedeutung. Die Amerikaner hatten den Bau großer Schiffe vollständig eingestellt; in Deutschland hatte man kaum begonnen über den Aufbau einer Flotte nachzudenken; die Chinesen und Japaner hatten nur symbolische Seestreitkräfte. Unter diesen Bedingungen und angesichts der Vorherrschaft der britischen Kriegsflotte konnten auch die kleineren Schiffe der Royal Navy davon ausgehen, dass man ihnen sehr viel Aktionsfreiheit ließ und diese Zuversicht spiegelte sich auch in ihrer Konstruktion wider. Die seetüchtigen, konventionell gebauten und mit entsprechender Feuerkraft aus-

TECHNISCHE GRUNDLAGEN

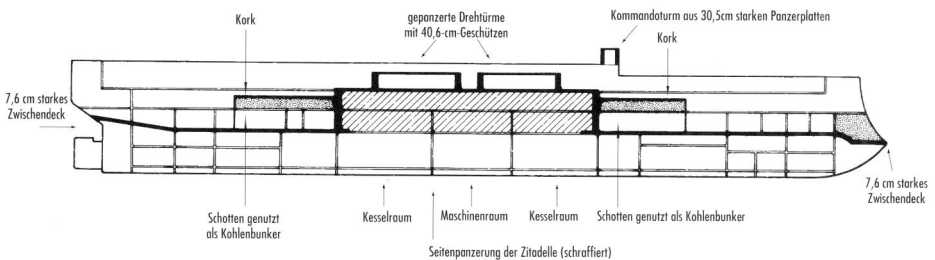

QUERSCHNITT DURCH DIE PANZERUNG DER HMS INFLEXIBLE, 1881

Bei diesem von Barnaby konstruierten Schiff wurde das Prinzip einer stark gepanzerten, mittschiffs angeordneten Zitadelle mit einem relativ schwach geschützten vorderen und hinteren Schiffsdrittel angewandt. Die seitliche Lamellenpanzerung aus Schmiedeeisen und Teakholz gehörte zu den dicksten und schwersten Bewehrungen aller Zeiten, obgleich sie nicht die stärkste war, denn die Eisenpanzerung sollte bald durch Stahl abgelöst werden. Für den Antrieb der Haupt- und Hilfsmaschinen wurde weitestgehend Dampfkraft eingesetzt und für die gesamte Beleuchtung zum ersten Mal Strom.

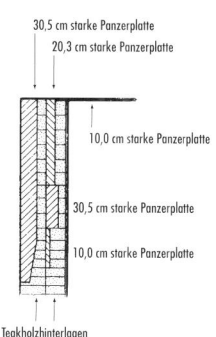

Ausdruck der britischen Seemacht im Jahre 1897 waren die Schlachtschiffe der Royal-Sovereign-Klasse, die von Sir William White konstruiert wurden. Sie waren solide gebaut und konnten alle Aufgaben innerhalb einer Schlachtflotte erfüllen, sowohl auf hoher See als auch in Küstengewässern.

DER KRIEG DER PANZERSCHIFFE

Nach Großbritannien und Frankreich übernahmen auch andere Flotten des europäischen Kontinents die Panzerschifftechnik. Die in Frankreich gebaute spanische gepanzerte Breitseitfregatte Numancia wurde 1863 in Dienst gestellt. Sie spielte eine herausragende Rolle in den turbulenten frühen Jahren der südamerikanischen Republiken und war das erste Panzerschiff, das um die ganze Welt fuhr.

gestatteten Kreuzer und Kanonenboote konnten in aller Ruhe ihrer Arbeit nachgehen ohne sich allzu viele Sorgen um ernsthafte Gegner machen zu müssen.

Jedoch begann sich gegen Ende der 80-er Jahre des 19. Jahrhunderts alles zu ändern. Nun dominierte das mastlose Schlachtschiff und trotz ihrer begrenzten Seetüchtigkeit aufgrund der geringen Freibordhöhe war die britische *Admiral*-Klasse im Vergleich zu allen anderen in Dienst befindlichen Schiffen zumindest gleichwertig. Aber auch andere Länder, insbesondere Frankreich und Russland, waren nicht untätig und in Frankreich wurde Stahl für den Schiffbau eingesetzt, lange bevor dies in Großbritannien geschah. Angespornt durch die Marinebewegung unter Führung von W. T. Stead reagierte Großbritannien in einem Tempo, das ohne die hoch entwickelte Schiff- und Maschinenbauindustrie des Landes nicht möglich gewesen wäre.

Damit waren die Bedingungen geschaffen für Sir William White, der die Funktion des Chefkonstrukteurs übernahm, nachdem er als Barnabys Vertreter eine harte Schule durchlaufen hatte. Im Rahmen der Programme, die mit dem Naval Act

TECHNISCHE GRUNDLAGEN

von 1889 verabschiedet wurden, spiegelten sich Whites solide, zuverlässige, fortschrittliche und homogene Baupläne in vielen Schiffsklassen wider und dies nicht nur im Bereich der Schlachtschiffe, sondern auch bei Kreuzern. (Der Zerstörerbau wurde privaten Firmen überlassen, da sich diese Schiffe noch im Versuchsstadium befanden.) Die Panzerung bekam nun eine Oberflächenhärtung durch das Harvey- oder Krupp-Verfahren und sie wurde dadurch weitaus fester als Eisen oder andere früher eingesetzte Verbindungen, was dazu führte, dass man Gewicht sparte. Das Ergebnis war die vielleicht stattlichste dampfgetriebene Flotte, die jemals existierte: Die Schiffe der *Royal Sovereign*-, *Majestic*- und *Canopus*-Klasse kreuzten im Mittelmeer, auf dem Atlantik und liefen chinesische Stützpunkte an. Sie waren nicht nur ein Symbol, sondern ein Instrument der britischen Macht. Hinter diesem Abschreckungsschild konnten die Kreuzer, die von Riesen wie der *Powerful* oder der *Terrible* bis hin zu den 3000-t-Schiffen der *Apollo*-Klasse reichten, ihre Arbeit zur Verteidigung des Imperiums oder zu seiner Vergrößerung tun.

UMSEITIG: *Alle großen Marinen begannen in den 90-er Jahren des 19. Jahrhunderts mit dem schnellen Neubau von Schiffen, wodurch das militärische Gleichgewicht zur See theoretisch weitaus instabiler wurde als zuvor. In den französischen, amerikanischen, deutschen und russischen Schlachtschiffen kamen die verschiedenen strategischen und taktischen Konzepte ihrer Besitzer zum Ausdruck. Alle versuchten jedoch ein ausgewogenes Verhältnis von Bewaffnung, Panzerung, Geschwindigkeit und Stabilität zu erreichen.*

Im Nachhinein erscheinen die Herausforderungen in dem Jahrzehnt bis 1900 vielleicht nicht besonders groß. Natürlich baute man in Frankreich nach dem Zwischenspiel mit der *Jeune École* und ihrem radikalen Marinekonzept erneut Schlachtschiffe und auch die Amerikaner hatten unter dem Einfluss der Theorien von Mahan und der Politik von Theodore Roosevelt ein großes Schiffsbauprogramm begonnen. In Russland, Japan und China rüstete man auf, jedoch offensichtlich nicht gegen Großbritannien, sondern vor allem gegeneinander und außerdem wurden die meisten Schiffe dieser Länder ohnehin auf britischen oder westeuropäischen Werften gebaut. Außer Zweifel stand jedoch, dass die Geschwindigkeit des Neubaus von Schiffen stark zugenommen hatte, was sowohl auf das neu gewonnene Vertrauen in die technische Ausrüstung und Konstruktion als auch auf die politischen Absichten einer Vorherrschaft auf See zurückzuführen war.

Die letzte Phase der Ära der Panzerschiffe im Schiffbau war wirklich sehr kurz. Wie allgemein bekannt wurden die fünf Jahre ab 1900 durch den Ausbau der kaiserlichen deutschen Marine, der „Risikoflotte" von Tirpitz, gekennzeichnet. Seit dem Zusammenschluss des Landes unter Bismarck hatte die deutsche Industrie große Fortschritte gemacht und sobald der Kaiser den Beschluss zur Schaffung einer schlagkräftigen Marine gefasst hatte, ging alles sehr schnell voran. Die britische Antwort erfolgte rasch und wirkungsvoll und mit der *Dreadnought*, die das Zeitalter der Panzerschiffe praktisch beendete, erreichte die Rumpfkonstruktion britischer Schiffe ihre Vollendung.

DER KRIEG DER PANZERSCHIFFE

Das französische Schlachtschiff HENRI IV

Das russische Schlachtschiff GEORGI POBIEDONOSETZ

TECHNISCHE GRUNDLAGEN

Das US-Schlachtschiff Connecticut

Das deutsche Schlachtschiff Schwaben

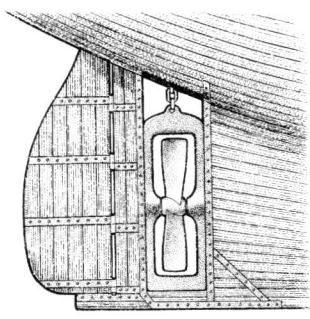

HUBPROPELLER

Hubpropeller (Griffith-Schraube) der HMS Warrior. Um auszuschließen, dass der Propeller die Fahrt unter Segel behinderte, gab es bei einigen Schiffen eine Vorrichtung zum Hieven des Propellers.

Maschine der HMS Warrior. Die Bauweise dieser Einzylinder-Trunkmaschine von Penn war für die damalige Zeit konventionel. Jedoch erreichte das Schiff damit unter Dampf eine bis dahin für große Kriegsschiffe beispiellose Geschwindigkeit von 14 Knoten.

ANTRIEB

Die *HMS Warrior* erreichte unter Dampf eine Höchstgeschwindigkeit von 14 ½ Knoten. Dies war ein großer Fortschritt, denn davor waren die Admirale daran gewöhnt, beim Einsatz der Flotten mit Geschwindigkeiten von vielleicht 5 oder 6 Knoten zu kalkulieren und wenn der Wind ungünstig stand, waren selbst diese Geschwindigkeiten schwer zu erreichen und konnten nur so lange durchgehalten werden, wie es die Brennstoffvorräte erlaubten. Nunmehr eröffnete sich den Seestreitkräften die Möglichkeit mit bis zu 10 Knoten zu ihren Zielorten zu gelangen, was auch für jene Schiffe galt, die wegen der Stationshaltung, eventueller Pannen und minderwertiger Brennstoffqualität ihre Geschwindigkeit stark begrenzen mussten. Auch wenn nicht damit zu rechnen war, dass diese Fortschritte über Nacht eintreten würden, waren sie doch absehbar.

Aber selbst als sich die Breitseitenpanzerschiffe (*Black Prince*, *Defence*, *Resistance*, *Hector* und all die anderen) vom Beginn bis zur Mitte der 60-er Jahren des 19. Jahrhunderts in diese Richtung entwickelten, wurden sie von vielen immer noch als Segelschiffe mit Hilfsantrieb betrachtet. Alle trugen eine volle Segeltakelage und die *Agincourt* besaß zu einem bestimmten Zeitpunkt sogar fünf Masten – mehr waren noch nie auf einem Kriegsschiff installiert worden. Die meisten Schiffe hatten Hubpropeller um ihre Manövrierbarkeit bei alleinigem Segelantrieb zu verbessern und „Schornstein hoch!" war als Befehl weniger oft zu hören als „Schraube ab!". Nach und nach gewannen Kapitäne und Admirale immer mehr Vertrauen zu den neuen Maschinen und deren Fähigkeit ihre Schlachtflotten zu den gewünschten Zielen zu bringen.

Dieser Trend setzte sich mit den Zentralbatterieschiffen, der *Bellerophon* (1865) und ihren Nachfolgern, fort. Da er die Hauptbewaffnung mittschiffs anordnete konnte Reed als ihr Konstrukteur ein kürzeres und handlicheres Schiff als die *Warrior* bauen, deren Kanonen über die gesamte Länge des Geschützdecks verteilt waren, wie dies seit fast 300 Jahren üblich gewesen war. Der Nachteil des Zentralbatterie-

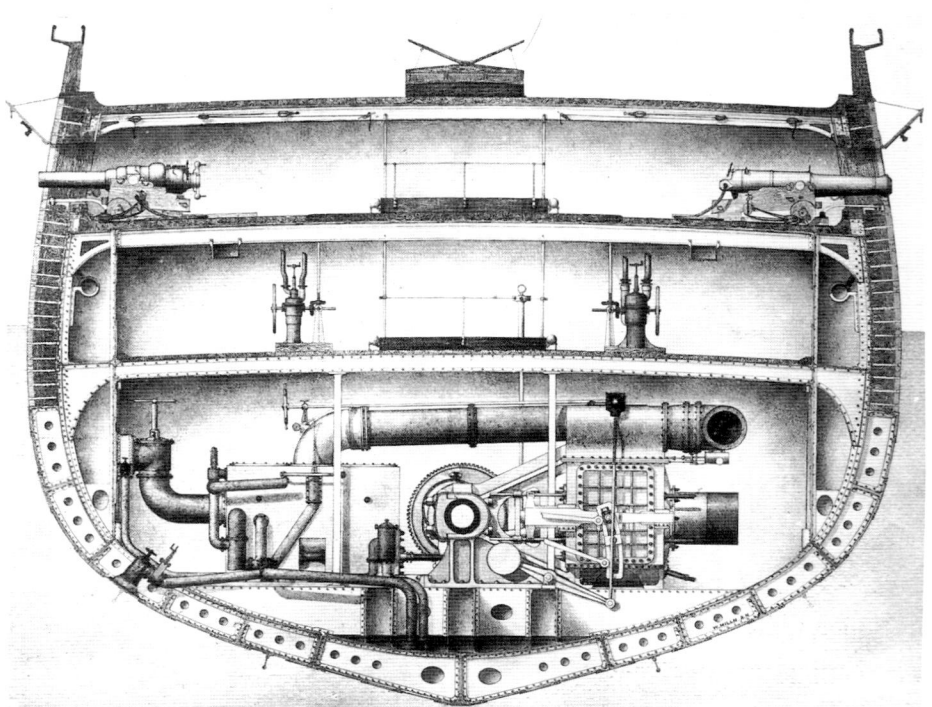

TECHNISCHE GRUNDLAGEN

schiffs bestand in dem ungünstigeren Verhältnis von Leistung zu Masse und der geringeren Geschwindigkeit bei alleinigem Segelantrieb.

Sogar die Entwicklung der Turmschiffe, der *Monarch* und der unglückseligen *Captain*, brachte die Admiralität nicht sofort von der immer noch als notwendig erachteten Segeltakelage ab. Beide Schiffe wurden mit voller Besegelung ausgestattet und es waren letztendlich auch die Segel, die zum Kentern der *Captain* beitrugen, obwohl die Hauptgründe dafür in der Instabilität und der geringen Freibordhöhe des Schiffes zu suchen sind.

Aber die Weichen waren bereits gestellt, was sich sowohl aus taktisch-technischen Gründen als auch aus Sicherheitserwägungen heraus erklären lässt. Die wuchtigen und mit starkem Tauwerk abgestützten Masten der *Monarch* stellten ein Hindernis für Rundumfeuer und insbesondere für Bug- und Heckfeuer dar, das als wichtiges Element im Rahmen der Rammtaktik galt. Bei der *Captain* wollte man diese Probleme durch Dreibein-Masten lösen, die jedoch wiederum andere Nachteile aufwiesen.

Die Lösung bestand darin Farbe zu bekennen und zuzugeben, dass Geschütztürme und volle Segeltakelage miteinander unvereinbar waren. Es ist vor allem Barnaby, dem Schiffskonstrukteur, und Spencer Robinson, dem Controller der Navy, zu verdanken, dass das erste mastlose Schlachtschiff, die *Devastation*, bereits 1871 in Dienst gestellt wurde. Von diesem Zeitpunkt an waren Segel auf Schlachtschiffen nur noch eine Ergänzung zur Dampfkraft und nicht umgekehrt.

Eine der Entwicklungen, die dies ermöglichte, war die wachsende Effizienz der Kessel und Maschinen. Die *Warrior* war mit einer Zweizylinder-Verbund-Einfachexpansionsmaschine von Penn ausgerüstet, die normalerweise von bis zu zehn Rauchrohrkesseln mit Dampf unter einem Druck von 15 psi gespeist wurde. Bei 11 Knoten verbrauchte sie 3,5 Tonnen Kohle pro Stunde und dieser Verbrauch stieg bei Höchstgeschwindigkeit auf fast das Dreifache. Bei einer Bunkerkapazität von ca. 850 Tonnen reichte ihr Aktionsradius mit Dampf als alleinigem Antriebsmittel gerade aus, um bei größter Ökonomie der Geschwindigkeit den Atlantik zu überqueren.

SVEABORG, 8.–10. AUGUST 1855

Obgleich keine Panzerschiffe an diesem erbitterten und wirkungsvollen Bombardement der russischen Festung Sveaborg in der Ostsee beteiligt waren, wurde die Aktion durch zwei weitere Merkmale des Zeitalters der Panzerschiffe gekennzeichnet: Dampf und Granatenfeuer. Es war eine sorgfältig geplante und gut organisierte Operation der Alliierten, die sich auf umfangreiche Vorbereitungs- und Aufklärungsarbeiten stützte und bei der der Zuwachs der Schussweite von Mörsern auf speziell konstruierten Schiffen sowie Ablenkungsmanöver mit dampfgetriebenen Kanonenbooten maximal genutzt wurden.

Die HMS Monarch, *1871. Als Turmschiff mit großer Freibordhöhe war die HMS* Monarch *weitaus stabiler als die unglückselige* Captain *und dennoch – infolge eines allzu großen Sicherheitsbedürfnisses – mit voller Besegelung und Dampfantrieb ausgestattet. Zu beachten ist die massive Konstruktion der Masten, die sich nachteilig auf die Kampffähigkeit des Schiffs auswirkte.*

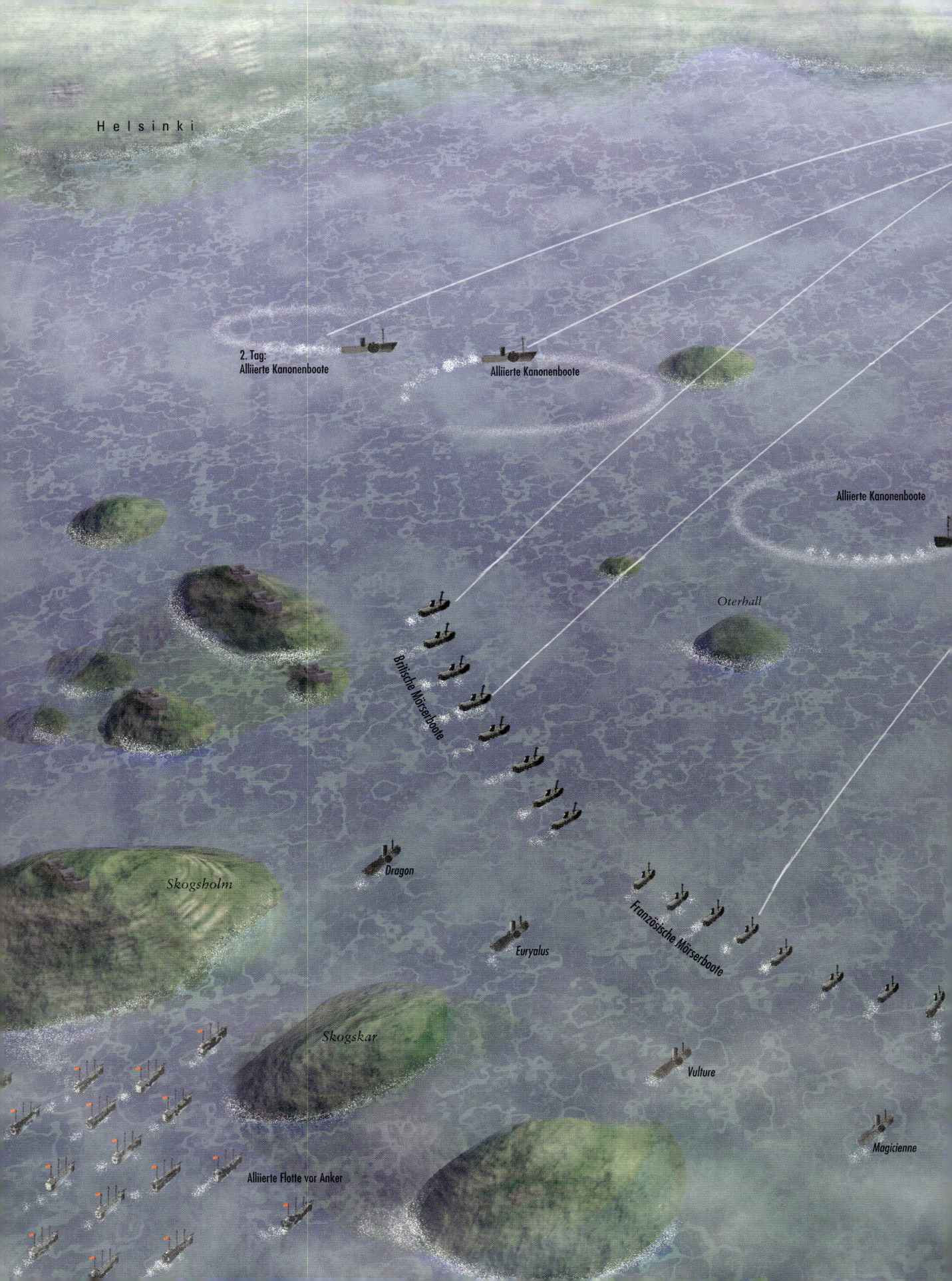

DER KRIEG DER PANZERSCHIFFE

Neu entwickelte Maschinen, die den Dampf aus den Kesseln besser nutzen konnten, wurden auf Schlachtschiffen erst eingesetzt, nachdem sie über etliche Jahre bei der Handelsmarine und auf kleineren Kriegsschiffen gelaufen waren. Dieses Prinzip galt auch für die nebenstehend abgebildete Verbundmaschine.

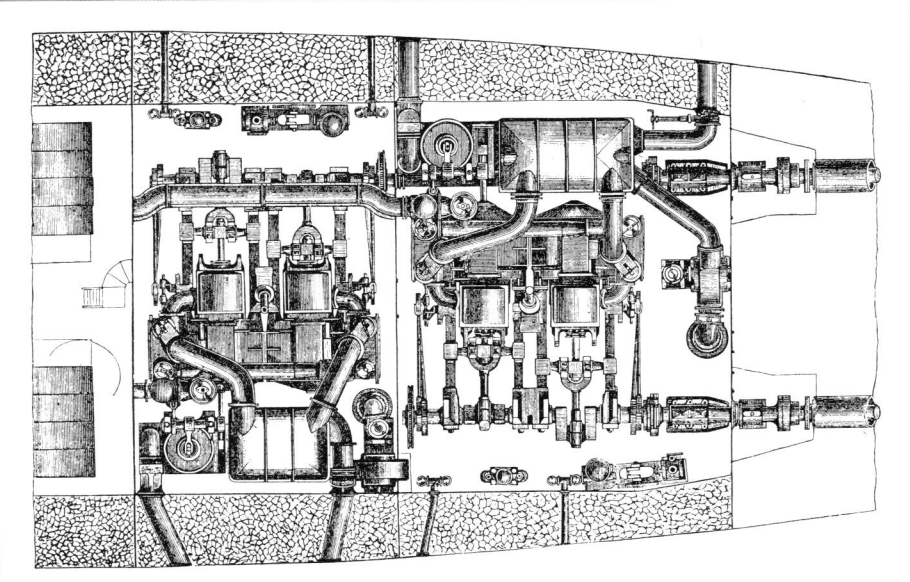

TECHNISCHE GRUNDLAGEN

Im Verlaufe der nächsten drei Jahrzehnte kam es zu einer kontinuierlichen Verbesserung der Effizienz aller Elemente des Dampfantriebs. Diese schnellen Fortschritte wurden durch zwei Faktoren gefördert. Zum einen fand im Bereich der Maschinenbauindustrie ein intensiver Wettbewerb statt. Firmen wie Maudslay, Penn, Napier, Humphrys und Ravenhill kämpften erbittert um Aufträge bei der Admiralität und alle Leistungsfaktoren wurden einer ständigen Prüfung unterzogen. Der zweite Faktor bestand darin, dass die Admiralität, obwohl sie selbst kaum eigene technische Entwicklungen durchführte (denn sie verfügte noch nicht einmal über eine entsprechende Einrichtung), sehr aufmerksam die Innovationen insbesondere in der Handelsflotte verfolgte und auf Marineschiffen Experimente durchführte, von denen sie meinte, dass daraus Rückschlüsse auf zukünftige Entwicklungen gezogen werden könnten.

So war es nur logisch, dass auf dem Gebiet der Dampfmaschinen die Einzylinder-Trunkmaschine von der ab 1855 auf Schiffen der Handelsflotte eingebauten Zweizylinder-Trunkmaschine mit Hoch- und Niederdruckzylindern abgelöst wurde. Allerdings dauerte es dann bis 1870, bevor man nach über fünfjährigen Versuchen beschloss auch Schlachtschiffe mit diesen Compoundmaschinen auszurüsten. In ähnlicher Weise wurde die Dreizylinder-Trunkmaschine, deren Arbeitsprinzip genauso lange wie jenes der Kolbendampfmaschinen Anwendung fand, als nächste Entwicklungsstufe um 1880 in die Handelsflotte eingeführt, dann 1885 auf dem Torpedokanonenboot *Rattlesnake* getestet und erstmals auf den Schlachtschiffen *Victoria* und *Sans Pareil* im Jahre 1889 eingesetzt.

Die Vorteile der Dreizylinder-Trunkmaschine werden aus Messungen deutlich, die auf der *Thunderer*, einem Schwesterschiff der *Devastation*, vorgenommen wurden, die im Jahre 1872 gebaut und zwischen 1889 und 1890 modernisiert wurde. Auf einer Fahrt nach Madeira – offensichtlich zur damaligen Zeit eine Lieblingsroute für derartige Tests – verbrauchte das modernisierte Schiff etwas weni-

Die letzte große Weiterentwicklung der Dampfmaschinen stellte die von Charles Parsons in den 80-er Jahren des 19. Jahrhunderts konstruierte Turbine dar, die in der Mitte der 90-er Jahre des 19. Jahrhunderts in dem unten abgebildeten Versuchsschiff Turbinia eingebaut wurde. Das Schiff war die Sensation der Flottenparade anlässlich des diamantenen Kronjubiläums von Königin Viktoria im Jahre 1897 und bald wurden Dampfturbinen auch schon auf großen Kriegsschiffen als Hauptantriebsmittel eingesetzt.

ger als die Hälfte des Brennstoffs, den es früher notwendig gehabt hätte. Außerdem wurde behauptet, dass die ursprünglich verwendeten Maschinen selbst im Neuzustand niemals den Belastungen einer solchen langen Fahrt standgehalten hätten.

Schließlich muss noch eine letzte Innovation der Dampfmaschinen erwähnt werden, obwohl sie den zeitlichen Rahmen dieses Buches fast überschreitet. Die von Charles Parsons in der Mitte der 80-er Jahre des 19. Jahrhunderts entwickelte Dampfturbine existierte 1895 nur als Arbeitsentwurf. Aber schon im Jahre 1897 eilte das erste Versuchsschiff des Konstrukteurs, die *Turbinia*, an den Flottenverbänden vorbei, die sich anlässlich des diamantenen Kronjubiläums von Königin Viktoria zu einer Flottenparade im Spithead versammelt hatten. Wie verlautete war Sir John Durston, der Chefingenieur der Royal Navy, in keiner Weise überrascht, denn er hatte Parsons sogar unterstützt und war in den Plan dieser Vorführung eingeweiht. Danach wurde der Turbinenantrieb sehr schnell in verschiedene Zerstörerklassen eingesetzt und mit seinem Einbau auf dem Schlachtschiff *Dreadnought* (1905) begann ein neues Kapitel schneller, dampfgetriebener Schiffe, das über viele Generationen fortgesetzt wurde.

Ohne die Entwicklung von Kesseln, die einen noch höheren Dampfdruck und eine immer bessere Dampfqualität erzeugen konnten, wäre jedoch keiner dieser Fortschritte möglich gewesen. Für die Erzeugung von Dampf gab es drei grundsätzliche Möglichkeiten. Die erste bestand darin einen geschlossenen Wasserbehälter wie einen einfachen Teekessel durch eine externe Wärmequelle zu erhitzen, was sich allerdings für den Einsatz auf See als zu gefährlich und zu ineffektiv erwies. Die zweite Methode basierte darauf heiße Rohre durch einen Wasserbehälter zu führen und das Wasser auf diese Weise zum Kochen zu bringen um Dampf zu erzeugen. Dies war das Prinzip des Rauchrohr- oder Flammrohrkessels. Beim dritten Verfahren ging man umgekehrt vor und führte Wasserrohre durch eine Wärmequelle, sodass das Wasser in den Rohren zum Sieden gebracht wurde. Dieses Verfahren entspricht dem Wasserrohrkessel.

In der Royal Navy wurden während der drei Jahrzehnte von 1860 bis 1890 Flammrohrkessel eingesetzt. Dies bedeutet jedoch nicht, dass die Entwicklung der Kesseltechnik während dieser Zeit stehen blieb. Auf der *Warrior* wurden die Kessel vorrangig mit Meerwasser gespeist, aber das Wasser in den Kesseln war eigentlich brackig. Bei der Dampferzeugung wurde es immer salziger und alle paar Stunden musste eine bestimmte Menge abgelassen werden, wodurch sich der Kesseldruck verminderte. Anschließend wurde wieder mit Kondensat (sauberes Wasser, das durch

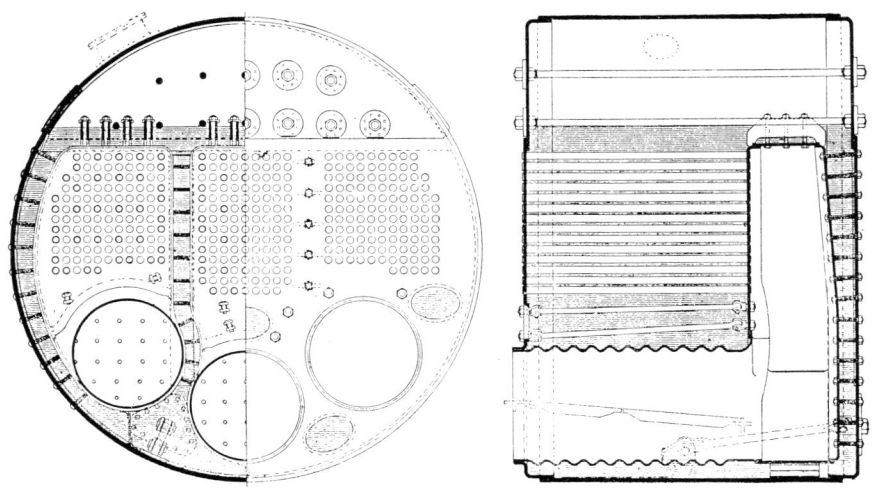

Flammrohrkessel wie der nebenstehende „Scotch boiler" waren bis in die 80-er Jahren des 19. Jahrhunderts die Standardeinrichtung zur Dampferzeugung. Dabei liefen beheizte Rohre durch einen Wassermantel und verwandelten das Meerwasser in Dampf.

Kondensation aus dem Ablassdampf der Maschine gewonnen wurde) aufgefüllt.

Als erste Verbesserung musste deshalb der Anteil des Salzwassers im Wasser vermindert werden um weniger Wasser ablassen zu müssen und die Möglichkeit zu haben die Kessel mit hohem Druck zu betreiben. Diese wurde durch Verbesserung der Konstruktion, durch zunehmenden Einsatz von Stahl im Kesselbau und durch die allgemeine Einführung des Oberflächenkondensators erreicht, der wesentlich zur Erhöhung der Reinheit des Wassers beitrug.

Die Kesselleistung konnte durch Nutzung der Fremdbelüftung erhöht werden. Bei diesem System wurde der Feuerungsraum geschlossen und der Luftdruck durch Luftzufuhr mit Hilfe von Gebläsen erhöht. Diese Luft wurde auf den Feuerrost geleitet und führte zu einer schnelleren Verbrennung der Kohle, wodurch der Dampfdruck erhöht werden konnte. Zwischen 1880 und 1895 gehörte dieser künstlich erzeugte Zug zur Standardausrüstung aller Heizungsanlagen. Allerdings war er nicht für den Routineeinsatz bestimmt, sondern nur für Kampf- oder Notsituationen. Im Allgemeinen erhöhte sich dadurch die Höchstgeschwindigkeit des Schiffes um etwa 1 Knoten, allerdings auf Kosten eines höheren Brennstoffverbrauchs und einer mehr oder weniger hohen Arbeitsbelastung für die Heizer (und dies unter schlechteren Bedingungen als bei der natürlichen Belüftung). In Marinekreisen blieb man jedoch gegenüber der Belüftung stets etwas skeptisch. Viele meinten, es wäre das Gleiche, als ob man mit Kanonen auf Spatzen schießen würde.

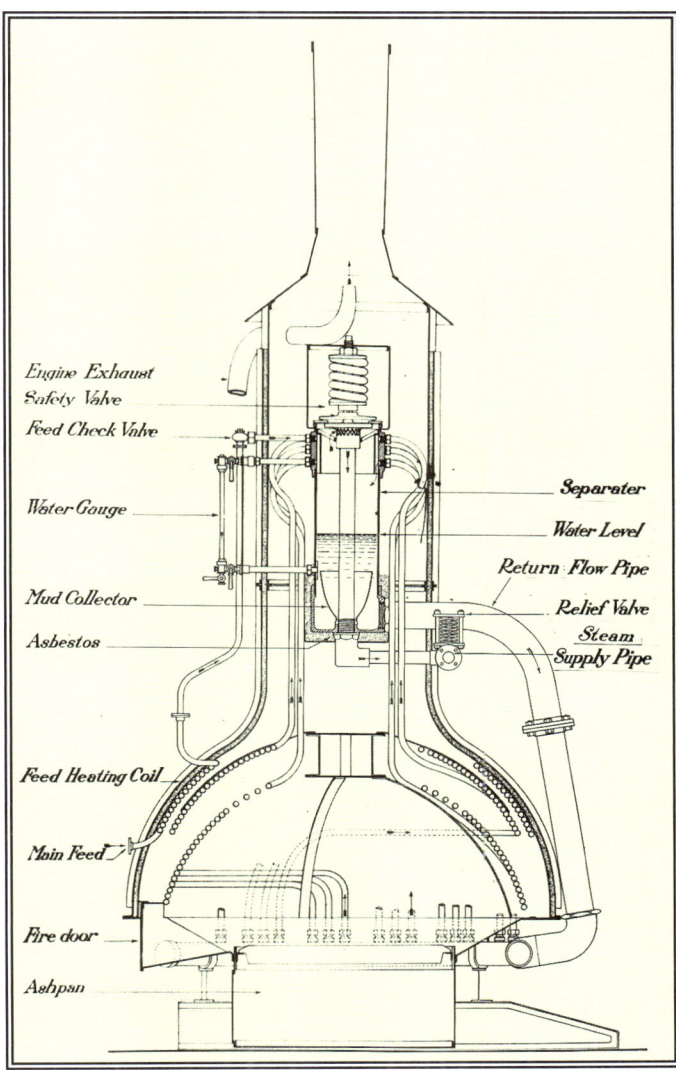

Ein frühes Modell des Wasserrohrkessels, der nach dem umgekehrten Prinzip des Flammrohrkessels arbeitete, da hier Wasser durch beheizte Rohre geleitet wurde. Auf diesem Gebiet war Frankreich in den 80-er Jahren des 19. Jahrhunderts Großbritannien allgemein voraus.

Die Lösung brachte dann der Wasserrohrkessel. Dies war ein Bereich, wo die Länder des europäischen Festlands der britischen Marine um Jahre voraus waren. In Frankreich hatte Belleville bereits 1880 einem arbeitsfähigen Kessel dieser Art entwickelt und im nächsten Jahrzehnt wurde dieser auf allen Schiffen der *Messageries Maritimes*, der französischen Postschifffahrtsgesellschaft, eingebaut und 1889 auch in die französische Marine eingeführt. 1892 bestellten auch die Briten, die inzwischen von der Leistungsfähigkeit der Belleville-Kessel beeindruckt waren, für die großen, schnellen Kreuzer *Powerful* und *Terrible* (beide eine „Antwort" auf die russischen Schiffe *Rurik* und *Rossiya*).

Diese Kessel erzeugten einen Dampfdruck von 260 psi, der einen großen Fortschritt gegenüber allen früheren Anlagen darstellte, aber nur auf Kosten der Zuverlässigkeit erreicht werden konnte. Weder die technischen Möglichkeiten noch, insbesondere in Großbritannien, die Ausbildung für den Einsatz eines solchen Hochdrucksystems waren vorhanden und so kam es oft zu Lecks, die zu einer starken Verminderung der projektierten Leistung führten. Außerdem waren die Befürworter des Flammrohrkessels, der mit dem „Scotch Boiler" die Obergrenze seiner

Leistung erreicht hatte, fest etabliert und fanden natürlich auch entsprechende Unterstützung in den Reihen der Hersteller dieser Kessel. Die Auseinandersetzungen gingen während der gesamten 90-er Jahre des 19. Jahrhunderts weiter und erreichten ihren Höhepunkt in dem so genannten „Battle of the Boilers", der von 1901 bis 1904 dauerte. Zu diesem Zeitpunkt befanden sich mehrere britische Modelle des Wasserrohrkessels im Einsatz und nach umfangreichen Untersuchungen, bei denen mit Sicherheit ein verständlicher, wenn auch unberechtigter Chauvinismus eine Rolle spielte, entschied sich die Admiralität für die Babcock-, Wilcox- und Yarrow-Kessel als geeignete Wasserrohrkessel für die Royal Navy. Der Yarrow-Kessel wurde schließlich zum „Admiralty Three Drum Boiler" weiterentwickelt, der allen Technikern in der Zeit zwischen den beiden Weltkriegen gut bekannt war.

Neben all den Verbesserungen der Dampferzeugung und Maschinenanlagen während des Zeitalters der Panzerschiffe gab es aber auch den Faktor Kohle. Während des gesamten Zeitabschnitts stand kein anderer Brennstoff zu Verfügung und Öl wurde erst ganz am Ende dieser Ära versuchsweise eingeführt. Der Einfluss der Kohle auf die strategische Planung, die Operationen und die seemännische Philosophie wird in den nächsten Kapiteln beleuchtet. Hier sei zunächst nur darauf hingewiesen, dass die Einrichtungen für die Lagerung des Brennstoffs und die mitgeführten Mengen ein wichtiger Bestandteil bei der Konstruktion der Schiffe waren.

In den entfernteren Marinestützpunkten, wo Kohlelieferungen nur selten und unzuverlässig eintrafen, waren Segel immer noch ein wichtiges Antriebsmittel. Selbst in den 90-er Jahren des 19. Jahrhunderts mussten Kreuzer wie die HMS Calypso immer noch mit voller Segeltakelage ausgestattet werden.

Bei einigen Modellen wurde die Kohle sogar als zusätzliche Panzerung eingesetzt. Dabei ging man davon aus, dass eine 60 cm dicke Kohleschicht genauso wirksam sei wie ein 2,5 cm dicker Stahlpanzer und für die Anordnung der Bunker spielte diese Überlegung oft eine genauso große Rolle wie die Frage der leichten Zugänglichkeit. Weniger Berücksichtigung bei der Konstruktion fand allerdings der Aspekt der bequemen Kohlenübernahme. Die Bunker auf Handelsschiffen waren so ausgelegt, dass die Kohle aus festen Einrichtungen an bestimmten Liegeplätzen an der Küste geladen werden konnte, während Kriegsschiffe über genug Arbeitskräfte an Bord verfügten, doch im Einsatz befindliche Schiffe legten normalerweise nicht irgendwo an um ihren Kohlevorrat zu ergänzen. Üblicher waren die Versorgung durch Leichter oder Kohlenschiffe auf dem Wasser und der Transport von Hand auf dem Schiff.

Die weltweit vorhandenen Kohlenvorräte hatten einen großen Einfluss auf die Konstruktion der Schiffe. Bei Schlachtschiffen ging man im Allgemeinen davon aus, dass sie in Gegenden der Erde operierten, wo entsprechende Kohlenvorräte entweder vorhanden waren oder durch gemietete Kohlenschiffe leicht zu den Kriegsschiffen transportiert werden konnten. Für Kreuzer und Kanonenboote war die Lage anders. Sie mussten oft in entlegenen Gebieten operieren und unvorhergesehene Aufgaben erfüllen. Deshalb trugen sie noch weiter Masten und Segel, lange nachdem diese Einrichtungen auf Schlachtschiffen nicht mehr eingesetzt wurden, und es

Dank der Verbesserung der Kohleversorgung wurden Segeltakelagen auf Kreuzern zur Jahrhundertwende nur noch als Hilfsantrieb eingesetzt. Die Schiffe der russischen Rurik-Klasse galten als schnell und gefährlich, was zu Gegenmaßnahmen der anderen Seemächte führte.

gibt Aufzeichnungen über Kreuzer in den 90-er Jahren des 19. Jahrhunderts, aus denen hervorgeht, dass sie die meiste Zeit ausschließlich unter Segel fuhren.

Jedoch war dies das letzte Lebenszeichen der Segelschifffahrt, mit der es zu Ende ging. Das Aussehen der Kreuzer um 1900 blieb bis zum Ende des Zweiten Weltkrieges erhalten: Es waren Dampfschiffe von gewisser Stattlichkeit, selbst wenn sie nicht die offenkundige Kampfkraft von Schlachtschiffen hatten. Außerdem waren sie relativ schnell und besaßen einen großen Aktionsradius mit allerdings begrenzter Feuerkraft. Im letzten Jahrzehnt des Jahrhunderts konnten viele Nationen zu verschiedenen Zeiten und in unterschiedlicher Beziehung die Führung im Kreuzerbau beanspruchen: Frankreich mit der *Kléber*-Klasse, Russland mit der theoretisch schnellen und kampfstarken *Rurik*, die Amerikaner mit der *Brooklyn* und Japan mit den *Asama*-Klassen. Jedoch waren die Industrie und die Konstrukteure in Großbritannien zu diesem Zeitpunkt durchaus in der Lage, alle Konkurrenten im Schiffbau aus dem Feld zu schlagen und selbst wenn das eine oder andere Land behaupten konnte bessere Maschinen zu besitzen (wie dies oft durch Historiker der französischen Marine geschehen ist), so wurde dieser Vorteil stets durch die zahlenmäßige Überlegenheit der Royal Navy wettgemacht. Die britische Wirtschaft war nur halb so groß wie die Frankreichs und auch der deutschen weit überlegen. Dies sollte nicht ewig so bleiben, aber so war die Lage zu jener Zeit.

Bewaffnung

Bei ihrer ersten Indienststellung war die *Warrior* auf dem Hauptdeck mit dreißig glattrohrigen 68-Pfünder-Vorderladern und acht 110-Pfünder-Armstrong-Hinterladern bestückt. Dazu kamen weitere Geschütze auf dem Oberdeck, die von 110-Pfünder-Hinterladern bis 6-Pfünder-Kanonen reichten.

Für diese schwere und vielgestaltige Bewaffnung konnte ein breites Spektrum verschiedener Geschossarten eingesetzt werden. Für die 68-Pfünder waren drei Geschosse möglich – die traditionelle Kanonenkugel oder Kartätsche, die beim Aufprall 90 Eisenkugeln zur Bekämpfung von Besatzungen freisetzte, und die Traubenkartätsche, die in ähnlicher Weise ca. 15 größere Kugeln freisetzte, sowie drei Granaten, eine mit einfacher Pulverexplosion, die zweite als Schrapnell mit 340 Kugeln, die durch einen Zeitzünder explodierten, und die dritte als so genannte „Martin-Granate", die mit geschmolzenem Eisen gefüllt war, das in einem Schmelzofen an Bord des Schiffes erzeugt und dann in das Geschütz geladen wurde (was als sicherer galt als das glühende Geschoss). Die 110-Pfünder waren fast genauso flexibel einsetzbar, mit zwei Geschoss- und zwei Granatenvarianten.

Jedoch hatten sich seit der Zeit Admiral Nelsons die effektive Reichweite und Schussfrequenz nur wenig verändert. Ein erstklassiges Linienschiff von 1805 mit einer kampferfahrenen Besatzung konnte in fünf Minuten drei Breitseiten abfeuern. Die *Warrior* mit ihren großen Geschützmannschaften, die auf der 1830 als Schulschiff in Dienst gestellten *Excellent* ausgebildet wurden, schaffte eine Salve pro Minute, wobei die Armstrong-Geschütze noch etwas schneller feuerten. Was die effektive Reichweite betrifft, so waren die glattrohrigen Geschütze für Entfernungen über eine Meile kaum tauglich, während die Armstrong-Kanonen gut doppelt so weit feuern konnten.

Für die damalige Zeit verfügte die *Warrior* alles in allem über eine gewaltige und innovative Geschützbatterie und mit ihrer Panzerung und ihrer Mobilität war sie allen anderen Schiffen weit überlegen. Jedoch wurde der Stolz auf diese Errungen-

Gestaltung der Batteriedecks

Die Batteriedecks der HMS Warrior. *Trotz des Einsatzes einiger neuer Geschütze, darunter auch einige Hinterlader, und der Verbesserung der Zieleinrichtungen entsprach der Aufbau des Schiffes im Wesentlichen immer noch jenem eines Linienschiffes für Breitseitenfeuer.*

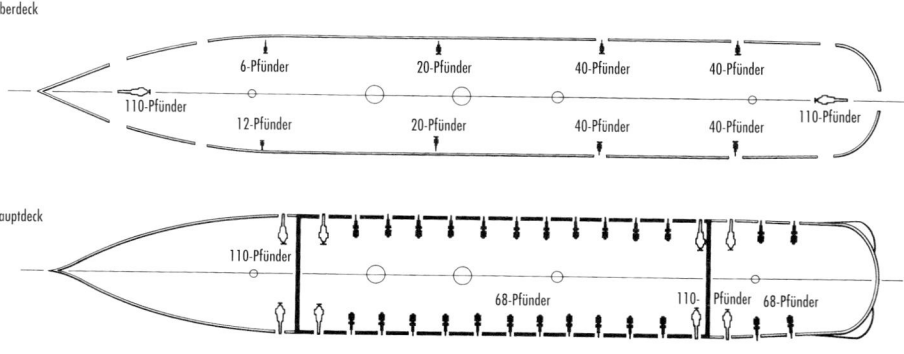

schaften, von dem es wahrlich genug gab, immer wieder durch warnende Stimmen gedämpft und bald schon gewann die Vorsicht die Oberhand in der britischen Admiralität, was die Bewaffnung der Flotte betraf.

Das Hauptproblem dabei waren die Hinterladergeschütze. Man hatte sie bei der ersten Indienststellung der *Warrior* ausgiebig getestet und das Gesamtergebnis war durchaus positiv, insbesondere in Bezug auf Reichweite und Treffsicherheit. Jedoch wurden auch Warnungen laut in Bezug auf die Gefahr vorzeitiger Explosionen und des Risikos von Unfällen mit dem Abfeuerungsmechanismus, die auch dem Select Committee on Ordnance nicht verborgen blieben. Dessen Befürchtungen wurden durch die Berichte über 28 Unfälle bei der Bombardierung von Kagoshima im Jahre 1863 bestätigt, die sich beim Abfeuern von insgesamt 365 Salven aus 21 Hinterladern ereignet hatten. Natürlich standen diese Geschütze auf verschiedenen Schiffen, von denen keines so gut ausgestattet war und eine so erlesene Mannschaft hatte wie die *Warrior*.

Als Folge davon entwickelten sich zunehmend Bedenken gegenüber dem Hinterladergeschütz, das in seiner damaligen Form mit einem vollen Schraubverschluss und einer Öffnung zum Entweichen der Pulvergase versehen war. Die Royal Navy reagierte darauf, indem sie die schnelle Weiterentwicklung der Hinterlader auf Eis legte und stattdessen den Vorderladern ihre frühere Vormachtstellung zurückgab.

Jedoch muss unterstrichen werden, dass es sich dabei um ein stark verbessertes Vorderladergeschütz handelte. Schon seit langem war bekannt, dass der Zug (spiralförmige Rillen im Geschützlauf) Vorteile hatte, denn dadurch wurde dem Geschoss eine Drehung gegeben und die Treffgenauigkeit verbessert. Dies wurde nun standardmäßig genutzt, wobei Zapfen in der Kugel oder Granate in die Rillen des Geschützrohres eingriffen. Die Geschütze wurden zunehmend auf eiserne (später stählerne) Lafetten gestellt und nicht mehr auf Holz, was zur Erhöhung von Stossfestigkeit und zur Beständigkeit beitrug. Für die Aufnahme des Rückstoßes und des Rücklaufs wurden hydraulische Einrichtungen eingeführt, die auch den Ladevorgang unterstützten. Da die Kaliber größer wurden und die Geschosse schwerer, war es absolut notwendig, die Arbeit der Lademannschaften (die beim Laden natürlich vor den rauchenden Geschützrohren standen) auf diese Weise zu erleichtern.

Die gezogenen Vorderlader konnten in einer Barbette (eine Art gepanzerter, oben offener Schutzwall mit darin

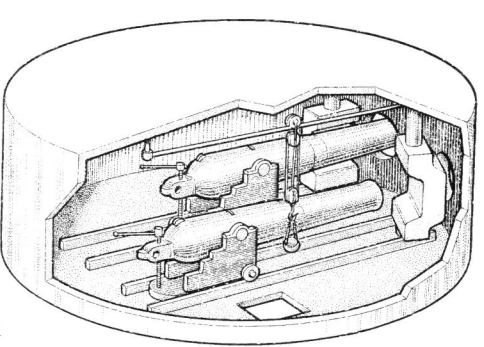

GESCHÜTZTURM

Der Geschützturm der USS Monitor, *1862. Die 28-cm-Vorderlader konnten nach dem Rückstoß innerhalb des Turmes nachgeladen werden. Zum Schutz der Kanoniere schoben sich während des Ladens Abdeckbleche über die Schießscharten. Die Schussfrequenz war mit einem Schuss etwa alle 15 Minuten sehr gering.*

VORDERLADER MIT GEZOGENEM ROHR

Schnittdarstellung der britischen 30,5-cm-Vorderladerkanone (RML) mit gezogenem Rohr und einem Gewicht von 35 t, dem Standardgeschütz britischer Schlachtschiffe in den 70-er und frühen 80-er Jahren des 19. Jahrhunderts.

MECHANISMEN IM GESCHÜTZTURM

Aufbau und Mechanismen der Geschütztürme wurden während des Zeitalters der Panzerschiffe ständig verbessert. Insbesondere Vorderlader benötigten komplizierte Einrichtungen. Die Abbildung zeigt die Getriebe und die Rollbahn, mit deren Hilfe der Geschützturm auf der Monarch *bewegt werden konnte.*

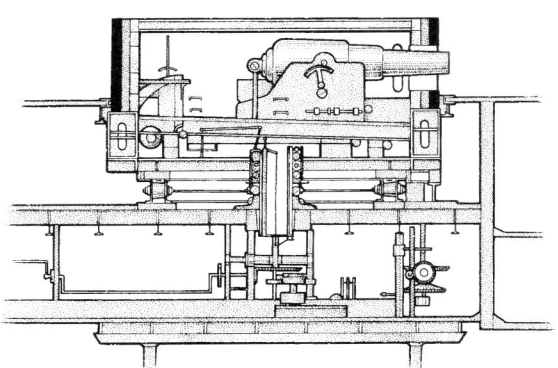

drehbarem Geschütz) oder einem Turm, dem inzwischen üblicheren Schlachtschiffaufbau, mit Dach und insgesamt schwenkbar, aufgestellt werden. In beiden Fällen hatten die Geschütze kurze Läufe, denn unabhängig von der Ladetechnik musste die Rohrmündung in jedem Fall zugänglich sein. Zum Laden war es fast immer erforderlich das Geschütz vollkommen drucklos zu machen, und oft musste es auch längsschiffs hin- und hergezogen werden.

Aus diesen Gründen hatten die gezogenen Vorderlader ihre Grenzen. Ihre Feuergeschwindigkeit war niedrig und sogar noch geringer als auf den Linienschiffen von Admiral Nelson. Die *Inflexible*, das Flaggschiff der Flotte, das 1882 Alexandria bombardierte, konnte pro Geschütz nur alle drei Minuten eine Salve abfeuern. Wegen ihres kurzen Laufs konnten die gezogenen Vorderlader nicht mit den langsam brennenden, aber weitaus kräftigeren Treibladungen betrieben werden, die in den späten 70-er Jahren des 19. Jahrhunderts zum Einsatz gelangten. Und obendrein sah das Ganze beim Einsatz zunehmend gefährlicher aus als die Hinterlader, die seit etlichen Jahren auf den Schiffen der Flotten des europäischen Festlands allgemein eingesetzt wurden.

Das entscheidende Ereignis war die verheerende Explosion eines der Geschütze der *Thunderer* im Jahre 1879. Sie wurde durch eine doppelte Ladung verursacht, weil man zwei Treibkartuschen in das Geschütz eingeführt hatte. Dieser Fehler, der

Schwenkeinrichtung

Hinterladergeschütz auf einem Schwenksockel aus den 70-er Jahren des 19. Jahrhunderts. Diese komplizierte Konstruktion sollte das Laden erleichtern und die Kanoniere schützen. Jedoch war ihr Einsatz nicht weit verbreitet.

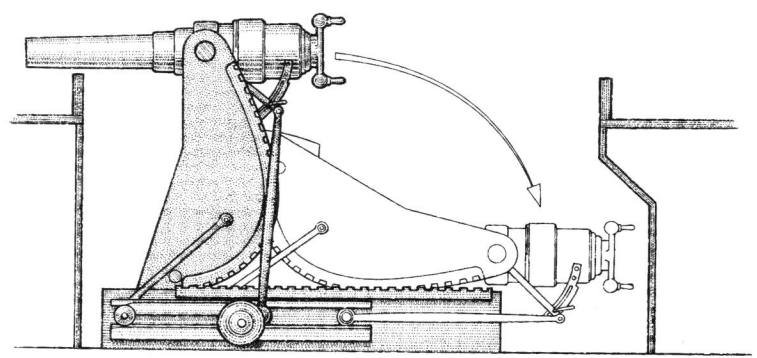

Die frühen Hinterladergeschütze hatten einen vollständig verschraubten Verschluss, der für nicht entsprechend ausgebildete Mannschaften Bedienungs- und Sicherheitsprobleme verursachen konnte. Unfälle während der Bombardierung von Kagoshima im Jahre 1863 erschütterten das Vertrauen in die Hinterlader.

bei einem Hinterlader technisch nicht hätte passieren können, beschleunigte das Umdenken in der Royal Navy. Jedoch dauerte dieser Prozess lange Zeit und erst Mitte der 80-er Jahren des 19. Jahrhunderts hatte man einen zuverlässigen Hinterlader entwickelt, wobei selbst dann noch Geschütze verschiedener Hersteller und unterschiedlicher Bauart verwendet wurden. Außerdem musste bei den ersten Modellen der Verschluss zwischen den einzelnen Schüssen immer noch aufgeschraubt und vollständig entfernt werden. Der Hinterladerverschluss, den man aufschwenken konnte und der beim Schließen durch eine leichte Drehung mit dem Gewinde das Geschützrohrs verschraubt wurde, kam erst in den 90-er Jahren des 19. Jahrhunderts voll zum Einsatz. Folglich war die Feuergeschwindigkeit dieser ersten Hinterlader immer noch gering (zirka ein Schuss alle zwei Minuten).

Dennoch war es für Großbritannien höchste Zeit dieses System zu übernehmen. Mit dem 34-cm-Geschütz „Model 1870" war Frankreich den Briten um Jahre voraus und die Unvollkommenheiten der französischen Ausrüstungen lagen weniger auf dem Gebiet der Bewaffnung als bei den Schiffen selbst, die damit ausgestattet waren. Aus Italien erhielten die britischen Geschützkonstrukteure Aufträge zur Herstellung von Waffen, die für das weitaus konservativere British Ordnance Board nicht akzeptabel waren. Obwohl bestimmte Versuche, welche die Royal Navy durchgeführt

Der standardmäßige Hinterladermechanismus aus der Zeit um 1890 mit seitlich schwenkbarer Verschlusstür, die durch eine 60°-Drehung mit dem im Rohr selbst befindlichen Gewinde verschraubt wurde.

hatte, zeigten, dass Vorderlader gegenüber einer Standardpanzerung keine geringere Durchschlagskraft hatten als Hinterlader eines ähnlichen Kalibers, blieben die Weichen über Jahre deutlich in Richtung der Hinterlader gestellt.

Wie immer in der damaligen Zeit holten die Briten den Rückstand schnell auf, nachdem sie sich dazu entschlossen hatten. Trotzdem dauerte es bis in die frühen 90-er Jahre des 19. Jahrhunderts, bevor man sagen konnte, dass Großbritannien den Marinen des europäischen Festlands ebenbürtig war. Der Historiker Clowes, der in dieser Zeit lebte, schrieb dazu: „Man kann nur froh darüber sein, dass sich während der vielen Jahre, als die Umstellung im Gange war, die britische Marine nie mit einer anderen großen Flotte messen musste, die ihre Neubewaffnung bereits abgeschlossen hatte, bevor sich in Großbritannien etwas in dieser Sache bewegte."

Inzwischen gingen andere Fehlentwicklungen weiter. So gab es eine aus heutiger Sicht komische Besessenheit in Bezug auf Bug- und Heckfeuer. Das war teilweise auf eine vereinfachende Überbetonung der Offensivtaktik zurückzuführen, wobei allerdings mit dem Rammstoß als zusätzlicher Waffe auch eine logische Begründung geliefert wurde. Während man um zum Rammstoß zu gelangen auf den Rumpf des feindlichen Schiffes zulief, musste man auf dieses Schiff feuern. Bei den späteren Zentralbatterieschiffen löste man dieses Problem, indem man Geschützpforten für bestimmte Geschütze aussparte, die dann von dort, zumindest theoretisch, nach vorn feuern konnten. Wie bei der *Alexandra* (1879), dem größten Zentralbatterieschiff, wurden diese Geschütze jedoch schon bei geringstem Seegang so nass, dass man sie nur unter größten Schwierigkeiten abfeuern konnte. Auf Turm- und Barbetteschiffen ohne Segeltakelage wurde die Möglichkeit des Bugfeuers entweder durch stufenweise Anordnung der Geschütztürme oder durch ein sehr flaches Vorderdeck geschaffen, zumeist war beides vorgesehen. Dies bedeutete, dass das Schiff bei hohem Seegang überspült wurde, was wiederum das Laden und Feuern erschwerte. Auf dem europäischen Festland und insbesondere in den Marinen der Mittelmeerländer wurde noch mehr Wert auf Feuerbögen gelegt und man konstruierte „viereckige" Schiffe mit Einzeltürmen um eine maximale Wirkung zu erzielen, ohne dass es eine besondere Garantie gab, dass diese Anordnung im Kampf sinnvoll war. Die Vorteile des Rammens rechtfertigten alles.

Die Munition sowie ihre Handhabung und Lagerung waren immer ein Sorgenkind und dieses Problem verstärkte sich noch mit der wachsenden Kraft und Explosivität der Treibsätze und Granatfüllungen. Nach der Bombardierung von Alexandria wurde dem Kanonier der *Alexandra* das Victoria Cross verliehen, weil er eine von einem der Forts abgefeuerte Granate in einem Wassereimer gelöscht hatte, nachdem sie in der langen Munitionsbahn zwischen dem Magazin und den Geschützen gelandet war. Damit hatte er wahrscheinlich das ganze Schiff gerettet. Auf späteren Schiffen, insbesondere bei den Barbette- und Turmschiffen, war die Konstruktion logischer, da sich dort die Magazine unter den Geschützaufbauten befanden und von Schutzpanzerung umgeben waren. Jedoch konnten diese Probleme nie vollständig gelöst werden, wie dies Jahre später die Verluste bei Jütland und verschiedene Hafenunfälle vor und nach dieser Schlacht zeigten. Außerdem betrafen diese Probleme nicht nur die Royal Navy: Die französische *Iena* ging in den 90-er Jahren des 19. Jahrhunderts aus ähnlichen Ursachen verloren, und viele Historiker behaupten, dass die *USS Maine*, deren Explosion in Havanna den Spanisch-Amerikanischen Krieg im Jahre 1898 auslöste, aus dem gleichen Grund und nicht durch spanische Sabotage in die Luft gesprengt wurde.

Durch die wachsende Tendenz in allen Marinen, eine umfangreiche Zweitbewaffnung an Bord zu installieren, wurde die Situation auf dem Gebiet der Geschütztechnik ab ca. 1880 zunehmend komplizierter. Diese zusätzliche Bewaffnung reichte von 23-cm-Kanonen als Ergänzung der 30,5-cm-Geschütze auf einigen Schlachtschiffen bis hin zu 1,1-cm-Maschinengewehren der Marken Nordenfelt und Maxim und umfasste auch eine Reihe von Kalibern und Modellen, die größtenteils als Schnellfeuergeschütze bezeichnet werden können.

Für die Ausweitung dieser Überwasserbewaffnung, die nicht nur auf Schlachtschiffe beschränkt blieb, sondern teilweise auch auf Kreuzern installiert wurde, gab es mehrere Gründe. Die geringe Feuergeschwindigkeit der Hauptgeschütze verursachte allgemeine Unzufriedenheit. Selbst ein 23-cm-Geschütz konnte schneller feuern als eine 30,5-cm-Kanone und auch Geschütze unterhalb des 15-cm-Kalibers waren schnell genug um sich innerhalb der gängigen Schussweiten mit jedem Feind auseinander zu setzen. Dies führte zum Konzept des „Feuerhagels", das darin bestand den Feind auf Schussweite mit einem so intensiven Feuer aus allen Waffen zu belegen, dass seine Kanoniere von den Geschützeinrichtungen vertrieben wurden. In den späteren Kapiteln werden wir sehen, wie diese Theorie in der Praxis funktionierte. Schließlich hatte die sekundäre Bewaffnung aber auch eine Selbstverteidigungsfunktion und diese gründete sich auf die Existenz einer neuen Gefahr für Schiffe, die früher auf der Grundlage des Prinzips der Gleichheit miteinander gekämpft hatten – auf den Torpedo.

Der Torpedo mit eigenem Antrieb wurde durch Robert Whitehead entwickelt, einen Engländer, der, seit er 16 war, in verschiedenen europäischen Ländern gearbeitet hatte und dann mit 40 eine Fabrik in Fiume gründete, die enge Beziehungen zur österreichischen Regierung und Marine besaß. Er konstruierte ein System zur Tiefensteuerung für ein Unterwassertorpedo, das als „das Geheimnis" bekannt wurde und nach dessen Prinzip alle großen Marinen fieberhaft forschten. Als cleverer Geschäftsmann weigerte sich Whitehead das „Geheimnis" an eine einzelne Nation zu verkaufen. Als der Verkauf dann doch erfolgte, geschah dies auf der Grundlage nichtexklusiver Rechte. So kamen Großbritannien und Frankreich im Jahre 1872 mit einem Jahr Abstand in den Besitz des Torpedos und etliche andere Länder folgten später. Zwanzig Jahre später wurde das Funktionsprinzip immer noch streng geheim gehalten, aber inzwischen war es so gut bekannt, dass man nicht mehr länger von einem „Geheimnis" sprechen konnte. Jedoch hatte es bis zu diesem Zeitpunkt Whitehead bereits genug eingebracht. Die Fundiertheit seiner wissenschaftlichen Überlegungen wird in der Tatsache deutlich, dass die Tiefensteuerung der Torpedos bis zum Zweiten Weltkrieg und selbst noch danach durch Whiteheads Erfindung gewährleistet wurde – eine hydrostatische Pendeleinrichtung, die gedämpfte Signale auf die Höhenruder schickte, die den Winkel des Torpedos nach oben und unten steuerten und so den Torpedo mit geringen Abweichungen in der eingestellten Tiefe hielten.

Die frühen Whitehead-Torpedos hatten jedoch eine sehr begrenzte Reichweite. Das 35,5-cm-Modell „Mark I" aus Fiume schaffte nur 540 Meter bei 17 ½ Knoten. Dennoch erkannte man bald schon in allen großen Marineländern das Potenzial dieser Waffe, obwohl die diesbezüglichen Überlegungen nicht überall in die gleiche Richtung gingen.

Als das Land mit der wahrscheinlich größten Begeisterung sah Frankreich in der schnellen Entwicklung des Torpedos eine Möglichkeit zum Sturz der britischen Vorherrschaft. Für die Franzosen gab es zwei Aufgaben: den Schutz ihrer Marinestützpunkte und den Angriff auf die feindliche Handelsschifffahrt und nach ihrer Ansicht konnte der Torpedo bei der Lösung beider Aufgaben helfen. Alle möglichen Ideen wurden ausprobiert: Schlachtschiffe wurden mit Torpedos als Ergänzung zum Rammsporn ausgestattet, Mutterschiffe transportierten Torpedoboote in entfernte Gebiete und natürlich gab es auch zahlreiche Torpedoschiffe, die mit ihrer Bewaffnung zur Hafenverteidigung eingesetzt wurden.

Auch die anderen kontinentalen Mächte sowie die Amerikaner und die Japaner begannen mit Ideen zu experimentieren, die den französischen ähnelten, wobei sie sich weniger auf den Einsatz von Torpedos gegen Handelsschiffe, sondern mehr auf deren Anwendung in Flottenoperationen und für die Hafenverteidigung konzentrierten.

Die britische Begeisterung, die nie allzu leicht für eine neue Waffe geweckt werden konnte, wurde durch eine Reihe führender Persönlichkeiten angefacht. Der Ini-

Die HMS Hornet, *ein Torpedobootzerstörer aus dem Jahre 1894. Ursprünglich zur Abwehr von Torpedobooten entwickelt wurden Zerstörer bald auch selbst mit Torpedos bestückt. Sie waren Gegenstand harter Konkurrenz zwischen miteinander im Wettbewerb befindlichen Schiffsbaufirmen, die sich hinsichtlich der Geschwindigkeit und Bewaffnung der Boote, oft auf Kosten der Stabilität überboten.*

tiator dieser Bewegung war Vizeadmiral Lord Clarence Paget, der mit seinem Bericht im Jahre 1868 als erster die Admiralität darauf aufmerksam machte, was in Fiume vor sich ging. Bald darauf zeigte auch „Jacky" Fisher, der damals Kommandeur eines Schiffes war, Interesse am Potenzial des Torpedos und schrieb eine Reihe von Arbeiten über dieses Thema. 1872 wurde er als Torpedo Instructor auf die *Excellent* berufen und im Jahre 1876 wurde auf der *Vernon* dank der Unterstützung durch eine Reihe höherer Offiziere und durch Fisher selbst eine spezielle Torpedoschule eröffnet. Inzwischen hatte die Royal Navy eine große Anzahl Torpedos in Fiume gekauft und bereits auch selbst hergestellt. Diese Waffen wurden in großer Zahl auf den vorhandenen Schiffen installiert sowie auch auf anderen, die speziell für diesen Zweck gebaut wurden.

Eines der eigentümlichsten Beispiele dafür war das „Torpedorammschiff" *Polyphemus*, ein Schiff mit über 2500 Tonnen, das halb unter der Wasseroberfläche fuhr und die Form einer Zigarre hatte. Es war mit fünf Torpedos bestückt, deren Höchstgeschwindigkeit von 17 ½ Knoten mit der des Schiffes selbst identisch war. Allerdings war auch beabsichtigt, dass die Annäherung an ein Ziel nur langsam und unauffällig erfolgen sollte. Bis zu dem Zeitpunkt, wo der Überraschungseffekt durch den Torpedoangriff eintrat und man dann unter Ausnutzung der Geschwindigkeit einen Rammstoß durchführen konnte, operierte die *Polyphemus* wie ein richtiges „Tarnkappen"-Schiff. Obwohl sie von einigen Leuten als Wunderwaffe für zukünftige Kriege gepriesen wurde und bei einem Manöver im Jahre 1885 einen spektakulären Erfolg erzielte, wurden nach der *Polyphemus* keine weiteren Schiffe dieses Typs gebaut.

Der Schwerpunkt das Torpedobaus lag jedoch auf dem Gebiet schneller Torpedoboote. Das erste Boot dieser Art, das in Großbritannien gebaut werden sollte, die *Lightning*, war ein hervorragendes Beispiel für die Zusammenarbeit zwischen der Admiralität und der Privatindustrie. Das Schiff wurde im Jahre 1876 durch die Firma Thornycroft gebaut und mit Maschinen ausgestattet. Ihm folgte eine ganze Genera-

tion von Booten, die für den Einsatz auf hoher See ungeeignet waren, während sie in geschützten Gewässern verwendet werden konnten. Unvermeidlich nahm die Größe dieser Boote zu, aber auch die entsprechenden Gegenmaßnahmen ließen nicht auf sich warten, wobei sich vor allem zwei Richtungen abzeichneten. Zum einen erfolgte die bereits erwähnte Ausweitung der Sekundärbewaffnung auf größeren Schiffen und andererseits wurden kleinere Schiffe mit Geschützbewaffnung für die Jagd auf Torpedoboote und deren Zerstörung entwickelt – die Zerstörer, die bald schon selbst mit Torpedos ausgestattet werden sollten.

Im Bereich dieser Schiffsklasse, die von ca. 1892 an gebaut wurde, lassen sich am deutlichsten die Auswirkungen des harten Wettbewerbs zwischen einer großen Zahl von Firmen erkennen, der vom Constructor's Department in der Admiralität geleitet und gelenkt wurde. Von den beteiligten Schiffbaufirmen wurden verschiedene Konstruktionen, Bewaffnungsvarianten, Antriebstechniken und Unterbringungsmöglichkeiten für die Mannschaft vorgeschlagen und es ist der Arbeit des Assistant Director of Naval Construction, Henry Deadman, zu verdanken, dass trotzdem eine gewisse Einheitlichkeit erreicht werden konnte. Ständig ging es in diesem Wettbewerb um noch höhere Geschwindigkeiten, oft zum Nachteil der konstruktiven Stabilität, der Zuverlässigkeit der Maschinen und der Seetüchtigkeit der Schiffe. Wie gut sich diese Zerstörer in einer Flottenoperation auf hoher See bewährt hätten, ist allerdings ungewiss.

Zu Beginn war die französische Marine bei der Entwicklung von Torpedobooten sogar schneller als die britische. Bestimmten Quellen zufolge hatte Frankreich im Jahre 1883 50 dieser Boote und Großbritannien nur 19. Dies war das logische Ergebnis der französischen Begeisterung und der Absicht mit Hilfe dieser Boote im Machtkampf zur See gleichzuziehen. Jedoch dauerte dieser Enthusiasmus nur relativ kurze Zeit. Von den späten 80-er Jahren des 19. Jahrhunderts an wurde die französische Schiffbaupolitik von einem erbitterten Streit zwischen der *Jeune École* und

Spierentorpedo auf einem dampfgetriebenen Stangentorpedoboot. Im Amerikanischen Bürgerkrieg hatten beide Parteien mit diesen Torpedos einigen Erfolg, aber durch die Erfindung des mit Eigenantrieb ausgestatteten Fischtorpedos wurde ihr beabsichtigter genereller Einsatz eingeschränkt.

DER KRIEG DER PANZERSCHIFFE

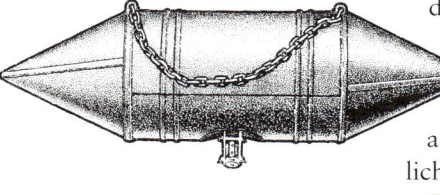

SEEMINE DER KONFÖDERIERTEN STAATEN

Eine Seemine der Konföderierten Staaten im Amerikanischen Bürgerkrieg. Das Herzhorn-System zur Berührungszündung von Minen war noch nicht erfunden worden und so zündete man die Minen allgemein über Kabel von der Küste aus oder durch unzuverlässige Aufschlagzünder.

den Traditionalisten beherrscht und außerdem gab es eine wirtschaftliche Rezession in Frankreich, die während des Großteils des nachfolgenden Jahrzehnts andauerte. Russland, Japan, Italien und Deutschland übernahmen ebenfalls begeistert das Konzept des Torpedobootes und später des Zerstörers und auch in diesen Ländern wurden viele dieser Schiffe gebaut, jedoch mit unterschiedlichem Erfolg und wechselnder Seetüchtigkeit.

Durch den Torpedo mit eigenem Antrieb als Unterwasserwaffe erfolgte dann der Übergang der Kriegführung zur See von der Zwei- zur Dreidimensionalität, wobei es neben dem Torpedo auch noch andere Entwicklungen gab, die in die gleiche Richtung zielten.

Zwei weitere Typen von angetriebenen Torpedos erwiesen sich von geringem operativen Wert und wurden bald aufgegeben. Dabei handelte es sich zum einen um den Spierentorpedo, der am Bug eines gefährlich geneigten kleinen Bootes befestigt wurde. Er hatte einigen Erfolg beim Einsatz durch beide Seiten im Amerikanischen Bürgerkrieg gehabt und wurde in den 70-er Jahren des 19. Jahrhunderts bei Flottenmanövern als Überraschungswaffe benutzt. Jedoch war der unabhängige Whitehead-Torpedo so deutlich überlegen, dass er sich bald durchsetzen konnte. Noch geringeren Erfolg hatte der Zugtorpedo, der in ähnlich gefährlicher Weise quer zur Fahrtrichtung vor ein in Fahrt befindliches Schiff gezogen werden musste. Auch hiermit wurde während der gesamten 70-er Jahre des 19. Jahrhunderts experimentiert.

Der Angriff auf Häfen und ihre Verteidigung waren zentrale Schwerpunkte der Strategie der Seemächte in den 70-er und 80-er Jahren des 19. Jahrhunderts. Dabei wurden Torpedoboote unterschiedlicher Art, Minen und Verteidigungssperren eingesetzt, wie auf diesem Bild eines Manövers aus dem Jahre 1879 zu erkennen ist.

Zur großen Erleichterung aller Beteiligten wurde der Zugtorpedo jedoch nie in die Marine eingeführt.

Als Unterwasserwaffe weitaus ernster zu nehmen war die feste Seemine. Die Idee zu einer Einrichtung, die unterhalb eines Schiffes explodiert, war weitaus älter als die Panzerschiffe und die erste systematische Erprobung fand bereits in der Zeit der Napoleonischen Kriege statt, als Robert Fulton praktische Versuche sowohl in Großbritannien als auch in Amerika durchführte. Im russischen Krieg von 1854 bis 1866 setzten die Russen in großem Maße Landminen ein. Von den Gegnern wurden sie als „Höllenmaschinen" bezeichnet, worin deutlich der Vorwurf einen unfairen Kampf zu führen zum Ausdruck kam. Zum Zeitpunkt des Ausbruchs des Amerikanischen Bürgerkrieges war die Minentechnik bereits weit verbreitet und auch in diesem Krieg bewies sie ihre Anpassungs- und Improvisationsmöglichkeiten. Minen, die vom Ufer aus durch Kabel gezündet wurden, und andere, die beim Kontakt explodierten, wurden durch viele Einrichtungen ergänzt, die insbesondere von den Konföderierten Staaten entwickelt wurden, deren Küsten und Häfen am meisten gefährdet waren. Insgesamt wurden 32 Schiffe der Union während des Krieges durch Minen versenkt, weit mehr als durch Rammen oder Geschützfeuer.

Angesichts dieser Ergebnisse, die während des Bürgerkriegs und danach frei verfügbar waren, ist es erstaunlich, dass sich die westeuropäischen Marinen in den nächsten Jahrzehnten nicht in größerem Maße mit dem Einsatz von Minen für die Kriegführung beschäftigten. Selbst nach der Entwicklung des zuverlässigen Herzhorn-Zünders mit Kontaktauslösung in der Mitte der 70-er Jahre des 19. Jahrhunderts scheute Großbritannien vor der Produktion zurück und dies ging so weiter bis zum Russisch-Japanischen Krieg zwischen 1904 bis 1905, als sich zeigte, dass im Wasser verlegte Minen eine schlagkräftige Waffe darstellen. Erst danach begann man in Großbritannien mit ihrer Produktion. Wenn man bedenkt, wie eng die Marinestrategie des späten 19. Jahrhunderts mit dem Angriff auf Häfen und deren Verteidigung verbunden war, erscheint dies eine außergewöhnliche Unterlassung. Doch wurden elektrisch gesteuerte Minen gebaut und waren in begrenztem Maße verfügbar. Während man in Frankreich fast genauso rückständig blieb, waren die Russen, Japaner und Amerikaner weitaus fortschrittlicher in dieser Beziehung.

INNOVATIONSQUELLEN

Erfinder schossen während der damaligen Zeit wie Pilze aus dem Boden. Die praktische Anwendung schon früher entdeckter wissenschaftlicher Prinzipien war in vollem Gange. Alle möglichen Arten von Wärmekraftmaschinen und mechanischen Geräten sowie Erfindungen auf dem Gebiet der Hydraulik, Elektrik und der Sprengstoffe wurden intensiv getestet. Das Spektrum elektromagnetischer Anwendungen war kaum erforscht, die Verbrennungsmaschine steckte noch in den Kinderschuhen und an den elektronischen Computer war noch nicht zu denken. Aber man sollte nicht vergessen, wie viele technische Dinge es schon im Zeitalter der Panzerschiffe gab und wie schnell sich diese Technik durch neue Erfindungen entwickelte.

In einem Zeitalter solch schneller materieller Entwicklungen war es nur normal, dass jede neue Erfindung und Konstruktion ausgiebig getestet werden sollte. Allerdings fanden diese Versuche in vielfältiger Form und unter unterschiedlichen Bedingungen statt. In Frankreich, dem einzigen Land, dessen industrielle Basis für den Schiffbau in dieser Ära meist mit der britischen vergleichbar war, wurde die Erprobung von Neuerungen zentral geplant, wobei die Entscheidung über Rumpfkonstruktionen, Antriebstechnik und Bewaffnung in den Händen von Regierungsbehörden lag, die mit großen Firmen wie Creusot und Belleville zusammenarbeiteten. Die

Schwankungen und Mängel in der französischen Materialwirtschaft entstanden durch widersprüchliche Doktrin zu der Frage, wie der Krieg zur See mit den vorhandenen wirtschaftlichen Möglichkeiten Frankreichs zu führen sei.

In den Vereinigten Staaten wurde die Entwicklung in den frühen Jahren durch die Zwänge des Bürgerkriegs angetrieben. Dann gab es einen Stillstand, der fast dreißig Jahre dauerte und dem in den 90-er Jahren des 19. Jahrhunderts ein Aufschwung des Schiffbaus folgte, bei dem das Bureau of Ships mit Unterstützung der neu gegründeten Rüstungs- und Schiffbaufirmen eine herausragende Rolle spielte. Alle anderen Marinen waren in deutlichem Umfang von der technischen Entwicklungen in Frankreich und vor allem in Großbritannien abhängig.

Wie zu erwarten erfolgte die Durchführung der Tests und Versuche in Großbritannien in weitaus komplexerer und pragmatischerer Weise als irgendwo sonst. Die

Der transatlantische Telegraf wird 1865 an Bord der SS Great Eastern aufgebaut. Während der nächsten zwanzig Jahre wurde die Leitung und Lenkung der Seestreitkräfte durch die Erweiterung des Telegrafennetzes revolutioniert, was dazu führte, dass sie mehr als je zuvor den politischen Entscheidungen der Regierungen unterlagen.

Aufgabe der Admiralität bestand dabei darin über den Controller of the Navy diese Arbeiten zu fördern, zu kontrollieren und zu koordinieren, wobei die Projektierung des gesamten Schiffes unter Leitung der Admiralität erfolgte. Außer einer oder zwei einzelnen Einrichtungen wie die Versuchsanstalten Froude's und Shoeburyness Range waren keine vom Staat subventionierten Forschungs- und Entwicklungsbüros vorhanden. Der Informationsaustausch war sehr liberal und es gab erstaunlich wenige Staats- oder Wirtschaftsgeheimnisse. Dieses System, das recht locker wirkt, wenn man es mit der Situation in Großbritannien nach dem Zweiten Weltkrieg vergleicht, ermöglichte schnelle Fortschritte, sobald eine Entscheidung über eine Innovation getroffen war. Und dafür gab es mehrere Arten von Versuchseinrichtungen, die jedoch weniger geplant wurden, sondern sich mehr spontan bildeten.

Die erste Quelle der Entwicklung waren die Erfahrungen der ausländischen Marinen. Wie schon gezeigt wurde, kamen aus Frankreich, den USA und Russland oft innovative Ideen für die Rumpfkonstruktion, den Antrieb und die Bewaffnung. Die größere Flexibilität der britischen Industrie gewährleistete, dass Konkurrenten nie allzu lange in Führung blieben. Am aufgeschlossensten war man im Hinblick auf die Entwicklung von Wasserrohrkesseln, bei denen Großbritannien deutlich im Rückstand lag.

Die zweite Innovationsquelle war der britische Handelsschiffbau. In diesem Industriebereich fand wahrscheinlich der schärfste Konkurrenzkampf zur damaligen Zeit weltweit statt und möglicherweise war es der größte Wettbewerb aller Zeiten. Ständig strebte man nach höherer Geschwindigkeit und Effizienz und es gab unablässig Neuentwicklungen im Bereich der Maschinen, der Konstruktion und der Rumpfform. So wirkte der Handelschiffbau in vielerlei Hinsicht befruchtend auf die Entwicklung der Kriegsschiffe, was wiederum den Ruf des britischen Kriegsschiffbaus verbesserte. 1878 schrieb ein amerikanischer Kommentator: „Mit Ausnahme der USA und Frankreichs beschäftigen fast alle wichtigen Seemächte englische (!) Konstrukteure, englische Schiffbauer, Ingenieure und Geschützhersteller." Und dies ging so weiter; die Schiffe der homogenen und ausgewogenen japanischen Flotte, die 1905 die Schlacht von Tsushima (siehe Kapitel 6) gewann, waren weitestgehend in Großbritannien gebaut worden. Die dritte Innovationsquelle war die Abteilung des Controller of the Navy selbst. Zahlreiche Versuche wurden unter ihrer Schirmherrschaft durchgeführt: Beschuss von Panzerung, auch auf dem Versuchsgelände in Shoeburyness; Torpedos und Minen wurden ausprobiert, was zwangsläufig u. a. zu der Erfindung von Torpedonetzen als Verteidigungsmittel führte; alle möglichen Arten elektrischer Geräte und auch die Geschwindigkeit von Schiffen mit neuer Konstruktion wurden getestet. Diese Ergebnisse wurden stets mit großer Ungeduld erwartet, obwohl die Skeptiker darauf hinwiesen, dass die leichte Ladung, die Qualität der Kohle und das Fachpersonal, das durch die Hersteller für den Kessel- und Maschinenraum bereitgestellt wurde, nicht den realen Bedingungen entsprach. Alle diese Instrumente zur Aufrechterhaltung des technischen Vorsprungs wurden durch einen stabilen institutionellen Rahmen gestützt. Die Institution of Naval Architects wurde 1860 gegründet, die Royal School of Naval Architecture im Jahre 1864, das Royal Corps of Naval Constructors 1884 und das Institute of Marine Engineers im Jahre 1889. Diese Einrichtungen schufen Foren für regelmäßige Diskussionen unter Schiffskonstrukteuren und Ingenieuren und gewährleisteten den Kontakt zu den Schiffsnutzern; viele aktive Offiziere waren Mitglied dieser Einrichtungen oder nahmen an den dort organisierten Veranstaltungen teil.

Kommunikation

Fast bis zum Ende dieser Ära erfolgte die Kommunikation zwischen Schiffen weitestgehend immer noch so wie zu Zeiten von Admiral Nelson. Die Möglichkeiten beschränkten sich auf Flaggensignale, Kurierboote und direkte Treffen. Erst nach 1900 stand die drahtlose Telegrafie zur Verfügung und Schiffe, die einander nicht sehen konnten, waren dann in der Lage miteinander zu kommunizieren, obgleich zunächst mit großen Problemen.

Allerdings hatten die Regierungen schon ab ca. 1860 die Möglichkeit Nachrichten über Landkabel (oder Unterwassertelegrafie) an einen Oberbefehlshaber zu übermitteln, unter der Voraussetzung, dass dieser Zugang zu einer Telegrafenstelle an Land hatte. Wie in den nachfolgenden Kapitel gezeigt wird, hatte dies tief greifende Auswirkungen auf die militärische Strategie und Taktik. Um Befehle an eine weit entfernte Kommandostelle zu übermitteln brauchte man nun nicht mehr Monate, sondern nur noch ein paar Minuten.

Operative Fähigkeiten

Von den fünf Jahrzehnten, die in diesem Buch beschrieben werden, waren die ersten vier durch technische Umwälzungen gekennzeichnet, die auf dem Gebiet der Rumpfkonstruktion, des Antriebs und der Bewaffnung der Kriegsschiffe stattfanden. Oft erinnerte der Fortschritt dabei an die Bemühungen des berühmten Frosches, der versucht aus einem Brunnen zu klettern und dabei 3 cm vorwärts kommt und dann wieder 2 cm zurückrutscht. Im letzten Jahrzehnt des Jahrhunderts konnte der Frosch jedoch – um im Bild zu bleiben – die letzten 3 cm bis zum Brunnenrand erklimmen und er landete dann auf der (relativ) ebenen Rasenfläche der Vor-Dreadnought-Ära. Zu jener Zeit war die Hierarchie Schlachtschiff – Kreuzer – Zerstörer fest etabliert und die diese Ordnung störenden U-Boote und Flugzeuge sollten erst später hinzukommen.

Angesichts all der operativen Mängel konnten die großen Flotten in den 60-er und mehr noch in den 70-er und 80-er Jahren von Glück sagen, dass sie nicht durch einen größeren Krieg geprüft wurden. Insbesondere ihre Kampffähigkeit auf hoher See war im höchsten Grade zweifelhaft. Im Falle einer Auseinandersetzung auf dem Meer wäre es wohl zu ergebnislosen, sporadischen Gefechten und häufig zu peinlichen technischen Pannen aller Art gekommen und der Einsatz der Seemacht wäre wirkungslos geblieben. Wie später im Kapitel 3 beschrieben wurde ironischerweise gerade in jenen Jahrzehnten die Doktrin von der entscheidenden Seeschlacht als Herzstück der Seemachttheorie entwickelt.

Jedoch hatten die neuen technischen Entwicklungen entscheidenden Einfluss auf bestimmte Operationen, deren Bedeutung heute heruntergespielt wird und die zur Erweiterung der Weltreiche führten, insbesondere des britischen, aber auch des französischen, deutschen, russischen, japanischen und amerikanischen und zwar im Nahen Osten, in Afrika, in der Karibik und in Ostasien. Dort wären viele Fluss- und Landungsoperationen nicht möglich gewesen ohne die Mobilität dank des Dampfantriebs, ohne den Schutz durch die (oft improvisierte) Panzerung, die überlegene Feuerkraft und die Kontrolle durch das Telegrafiesystem. Auch diese Operationen werden in späteren Kapiteln noch eingehender behandelt werden. Jedoch darf man nicht vergessen, dass sie ihren allgemeinen Erfolg nicht nur der Entschlossenheit, den Fähigkeiten und der Kraft der Bauherren dieser Weltreiche verdanken, sondern auch der industriellen Stärke und dem technischen Entwicklungsniveau der Nationen, die sie im Glück wie im Unglück repräsentierten.

Kapitel Zwei

Die Marinen und ihr Personal

Die Marinen des europäischen Kontinents konnten ihr Organisations- und Ausbildungsniveau in der ersten Hälfte des 19. Jahrhunderts stark verbessern. Die Uniform und das Styling dieses französischen Offiziers aus den 50-er Jahren des 19. Jahrhunderts zeugt vom höheren Status und Prestige der französischen Marine.

Die Marinen und ihr Personal

Während die technische Entwicklung in der zweiten Hälfte des 19. Jahrhunderts in großen Sprüngen voranschritt, änderten sich auch die sozialen Strukturen und Organisationsformen der entwickelten Nationen und dies widerspiegelte sich auch in den Marinen. Oft waren die Fortschritte zögerlich und sporadisch, aber letztendlich wurde die Gültigkeit der inzwischen allgemein anerkannten These bewiesen, dass der militärische Bereich eine Art Mikrokosmos seines Zeitalters und der einzelnen Nationen darstellt.

Rekrutierung und Ausbildung

Noch am Ende des Zeitalters der Napoleonischen Kriege wurden Matrosen und Offiziere in Großbritannien auf eine Art und Weise rekrutiert, ausgebildet und organisiert, die sich seit über 200 Jahren kaum verändert hatte. Ernannte Offiziere standen im Dienst der Monarchie und wurden ziemlich regelmäßig bezahlt, wobei der geringe Grundsold durch Prämiengelder ergänzt wurde, wenn man Glück hatte. Diese Offiziere und die Warrant Officers (Master, Boatswain, Gunner) konnten eine Rente erwarten, wenn sie in den Ruhestand gingen, falls sie überhaupt so weit kamen. Seeleute wurden stets für den Dienst auf einem bestimmten Schiff eingestellt, konnten aber in Kriegssituationen auch gegen ihren Willen auf ein anderes Schiff „umgesetzt" werden. Sie bekamen ihren Sold rückwirkend, wenn das Schiff „ausgezahlt" wurde und manchmal auch zu anderen Zeitpunkten. Auch sie hatten Anspruch auf Prämien bei siegreichen Operationen, obwohl die einzelnen Beträge dann weitaus geringer waren als für Offiziere. Ihre einzige Altersversorgung wurde aus Spenden der Commissioners für das Hospiz in Greenwich finanziert.

Die Ausbildung erfolgte fast ausschließlich im Dienst. Es gab zwar eine Marineakademie für junge Offiziere, jedoch bestand keine Pflicht diese zu besuchen und außerdem hatte sie einen schlechten Ruf. So sahen es alle, Offiziere, Freiwillige und ungelernte Seeleute, als besser an, ihre Kenntnisse durch praktische Erfahrungen auf See zu erwerben und da die Schiffe der Royal Navy einen Großteil der Kriegsjahre im Einsatz auf See waren, erfuhren jene, die diese Operationen überlebten, auf schnelle und äußerst praktische Art und Weise eine Ausbildung.

Aber natürlich hatte es schon in den Jahren vor 1815 organisatorische Veränderungen gegeben. Das Divisionssystem, auf dessen Grundlage ein Leutnant oder rangniedriger Offizier eine bestimmte Abteilung der Schiffsbesatzung befehligte, setzte sich in der zweiten Hälfte des 18. Jahrhunderts allgemein durch und trug zur Stärkung der Kommandohierarchie und der Moral bei. Mit wachsender Erfahrung und zunehmenden Kenntnissen verbesserten sich auch die Proviantversorgung und die medizinische Betreuung und Bestrafungen waren zwar nach späteren Maßstäben immer noch ziemlich hart, wurden aber seltener verhängt, insbesondere bei unerheblichen Vergehen.

Trotzdem war das gesamte System weiterhin äußerst lax und bot zahlreiche Möglichkeiten für Disziplinlosigkeit, Missbrauch und sogar Betrug. Mit einer Ausnahme bestand die gleiche Situation auch in den Marinen der anderen Länder. Diese Ausnahme war Frankreich, wo mit der Inscription Maritime ein straff organisiertes Rekrutierungssystem existierte, das darauf basierte, dass alle Personen, die zur See fuhren, registriert wurden und einige Jahre im Staatsdienst verbringen mussten. Dies hatte bestimmte Vorteile gegenüber der britischen Zwangsrekrutierung, wobei durch letztere weniger Rekruten gewonnen wurden, als allgemein angenommen wird. Al-

DIE MARINEN UND IHR PERSONAL

lerdings kam es unter dem französischen System zu fast genauso vielen Fällen von Verweigerung und Flucht als bei der Zwangsrekrutierung. Der häufigere Aufenthalt der französischen Flotte im Hafen, insbesondere nach 1805 (dem Jahr der Schlacht von Trafalgar), führte dazu, dass die praktische Ausbildung auf See einen starken Rückschlag erlitt, sodass nur die Schiffe mit den fähigsten Kommandeuren und der besten Mannschaftsmoral einem Vergleich mit der britischen Marine standhalten konnten.

Das Gleiche galt weitestgehend für alle Marinen des europäischen Festlandes, jedoch in keiner Weise für die Vereinigten Staaten. In dem Krieg mit Großbritannien zwischen 1812 und 1814 wurde die junge US-Marine mit begeisterten Freiwilligen bemannt – tauglichen, erstklassigen Matrosen, die durch enthusiastische Offiziere gut ausgebildet wurden und einen regelmäßigen, hohen Sold bekamen. Sie waren dann auch in der Mehrzahl der Seegefechte gegen die Royal Navy und auf den Großen Seen erfolgreich und nur durch ihre zahlenmäßige Überlegenheit gelang es den Briten eine lähmende Blockade an der amerikanischen Ostküste zu errichten.

Fünfzehn Jahre nach dem Friedensschluss hatte sich wenig im Personalsystem verändert. Alle Marinen waren darum bemüht sich auf die beschlossenen finanziellen und personellen Einschränkungen einzustellen. Dies war immer so nach Kriegen, wobei die Kürzungen dieses Mal wirklich dramatische Ausmaße annahmen. Trotzdem gab es zumindest in der Royal Navy ernsthafte Überlegungen im Hinblick auf Personalgewinnung und Ausbildung, insbesondere für die Mannschaften und dies führte 1829 zur Gründung einer Schule für Kanoniere auf der Hulk der alten *Excellent*. Diese Entwicklung ging auf die Idee zur Schaffung eines ständigen Korps ausgebildeter Matrosen zurück, die für eine feste Zeit verpflichtet wurden und zwar

Eine Geschützmannschaft beim Drill im Jahre 1854. Technik und Methoden hatten sich seit dem vorangegangenen Jahrhundert kaum verändert. Vorderlader und die zugehörigen Einrichtungen wären auch jedem Seemann aus der Zeit Admiral Nelsons vertraut gewesen. Jedoch wurde die Ausbildung seit 1830 systematisch durchgeführt und die Effizienz der Marinen hatte sich allgemein verbessert.

nicht für ein bestimmtes Schiff, sondern für den Dienst in der Navy ganz allgemein, wobei auch die Möglichkeit einer Verlängerung dieser Dienstzeit bestand. All diese Ideen waren ziemlich neu und schufen die Grundlage für die organisatorische Struktur der Seestreitkräfte bis zum heutigen Tag.

Um die Mitte des Jahrhunderts ging die Ausbildung der Decksmannschaften weit über die Bedienung der Artillerietechnik hinaus und schloss auch allgemeine seemännische Schulungen ein. Die Matrosen traten normalerweise als junge Männer, die oft erst fünfzehn Jahre alt waren, in die Navy ein. Die *Illustrious* in Portsmouth und die *Implacable* in Devonport waren die ersten beiden Schulschiffe. Die Ausbildung umfasste Knotenbinden, Steken und Spleißen, Bootsarbeit, Handhabung der

Segel, Grundlagen der Geschützbedienung und Drill mit Entersäbel und Gewehr sowie den Gebrauch von Kompass und Ruder. Der junge Matrose war nach sechsmonatiger Ausbildung bereits ein richtiger kleiner Fachmann auf seinem Gebiet und konnte sich nach einiger Erfahrung auf See in vielen schwierigen Situationen, die sich sowohl bei schlechtem Wetter als auch in Kämpfen gegen feindliche Kräfte ergaben, bewähren. Die Anpassungsfähigkeit und Standhaftigkeit der ausgebildeten Matrosen wurden mehr und mehr zu einem Objekt der Bewunderung.

Auf dem europäischen Festland verlief die Entwicklung in den meisten Fällen ähnlich. Hier gelang es vor allem der französische Marine die Auswahl der Neuzugänge und deren Ausbildung zu verbessern. Dies führte dazu, dass die während des Französisch-Preußischen Krieges von 1870 angelandeten Marinebataillone größeren Mut und mehr Ausdauer bewiesen als die Soldaten. Auch die österreichisch-ungarischen und italienischen Matrosen zeigten in dem Krieg von 1866 eine hohe Kampfmoral und Disziplin und das Gleiche gilt auch für die Dänen in der Auseinandersetzung mit Preußen, die ungefähr zur selben Zeit stattfand. In Russland war die Zwangsrekrutierung allerdings nicht so verbreitet. Die dortige Marine verfügte über eine große Zahl von Wehrpflichtigen, deren Bildungsniveau recht gering war und während die russische Marine oft von anderen Ländern als Schreckgespenst für die eigenen Politiker benutzt wurde, hielten jene, die sich auskannten, nicht allzu viel von ihrer Leistungsfähigkeit, wenn es darauf ankam.

Die US-Marine hatte die härteste Entwicklung aller Flotten durchlaufen. Bis 1860 war sie unter der Monroe-Doktrin bis auf eine kleine Streitmacht zur Küstenverteidigung zusammengeschrumpft und die Motivation der Matrosen hatte in gleichem Maße darunter gelitten. Durch den Bürgerkrieg kam sie dann aber wieder in Schwung, sowohl was die Ausrüstungen betraf, aber auch in Bezug auf Initiative, Kampfgeist, fachliche Fähigkeiten und Teamwork. Dies galt in fast dem gleichen Maße für die Konföderierten Staaten wie für die Union, obgleich die Konföderation nur eine schwache personelle und materielle Basis besaß und sich vor allem auf persönliche Initiativen und weniger auf großangelegte, koordinierte Aktionen stützte. Vom Ende des Krieges im Jahre 1865 an bis zum erneuten Aufschwung der US-Marine in den späten 80-er Jahren des 19. Jahrhunderts konnte die Qualität nur schwer aufrechterhalten werden. Ab 1890 erlangte der Dienst in der Marine jedoch schnell sein altes Prestige wieder und diese Tendenz verstärkte sich noch nach dem Spanisch-Amerikanischen Krieg von 1898 (diesem „herrlichen kleinen Krieg", wie ein amerikanischer Kommentator ihn nannte).

Schließlich verdankte der außergewöhnliche Aufstieg Japans zur Seemacht in den 90-er Jahren des 19. Jahrhunderts sehr viel den japanischen Matrosen und ihrer Ausbildung, die in Bezug auf die Organisation zugegebenermaßen nach westlichem Vorbild erfolgte. Jedoch basierte sie auch auf der starken japanischen Moral, die für westliche Augen sehr spartanisch wirkte. Bei China lag die Sache anders: Hier war der westliche Einfluss geringer und auch die Motivation war nicht so ausgeprägt.

Der neue Stolz und der Einfluss der Marine der Vereinigten Staaten spiegeln sich in der links dargestellten Parade durch die Royal Dockyard in Portsmouth (England) um die Jahrhundertwende wider.

Viele der weiter oben getroffenen Feststellungen und Wertungen gelten ebenso für die Rekrutierung und Ausbildung der Offiziere. Auch hier wurde immer mehr nach einheitlichen Prinzipien gearbeitet, wobei die Ausbildung an Land eine höhere Bedeutung gewann und das praktische Training zur See erst später einsetzte. Jedoch konnte man bis zum späten 19. Jahrhundert in den meisten Marinen eine Offizierslaufbahn nur auf dem Wege der Ernennung einschlagen, und obwohl die Lernfähigkeit und das intellektuelle Potenzial als wichtigste Voraussetzungen immer mehr in den Vordergrund rückten, versuchte man kaum die Leistungen eines Offiziersanwärters an Hand dieser Kriterien zu messen, bevor er nicht einige Jahre lang gedient hatte. Die charakterliche Erziehung im Geist der britischen Eliteschulen, der durch den Lehrplan von Dr. Arnold in Rugby symbolisiert wurde, hatte eine vorrangige Bedeutung für die Ausbildung in den meisten Marinen, wobei Japan mit der außergewöhnlich harten Ausbildung in Eta Jima den westlichen Vorstellungen wie gewöhnlich mindestens einen Schritt voraus war.

Auch die theoretische Weiterbildung der Offiziere wurde in den 70-er Jahren des 19. Jahrhunderts zu einem festen Bestandteil der Ausbildung. In Großbritannien bot das Royal Naval College, zunächst in Portsmouth und dann in Greenwich, einen vorrangig wissenschaftlich orientierten Kurs für Offiziere der mittleren Ränge an, dessen Ziel darin bestand das Wissen, das den Kadetten mit Hilfe des rigorosen Programms auf dem Schulschiff Britannia eingehämmert worden war, zu vertiefen, was nach Meinung vieler noch zu früh war. Allerdings war diese Ausbildung nur für Freiwillige gedacht und der Dienst in der Marine war sehr beliebt. In den Vereinigten

Staaten kam es in den 80-er Jahren des 19. Jahrhunderts zur Gründung des War College und des Naval Institute, die beide nun auch in eindeutigerer Weise durch die übergeordneten Behörden unterstützt wurden. Während die Ausbildung in Großbritannien bis 1900 auf die Kriegsführung ausgerichtet war, gab es unter den aufmerksameren Beobachtern Unzufriedenheit darüber, dass dieses Programm den Diskussionen über die Auswirkungen der sich schnell verändernden Marine und Weltsituation zu wenig Platz einräumte. Jahre später, von 1912 bis 1913, führte die Notwendigkeit eines freieren und tiefer gehenderen Meinungsaustausches zur Schaffung der Naval Society und ihrer Zeitschrift „The Naval Review", die sich zu einer eindrucksvollen und dauerhaften Quelle intellektueller Energie entwickelte.

Ein Modeberuf

Ein einzigartiger Faktor des Marineoffizierskorps, der alle größeren Flotten in einem gewissen Maße beeinflusste, war die Tatsache, dass dieser Beruf in Mode war. Bis ca. 1880 kamen die meisten Marineoffiziere aus den gleichen Bevölkerungsschichten wie in den vorangegangenen vier Jahrhunderten: Es waren Männer mit mäßiger Schulbildung aus Familien mit mittlerem Einkommen oder mittellose Sprösslinge gut situierter Eltern. Dazu gesellten sich Söhne aus alten „Marinegeschlechtern" mit langer Militärdiensttradition sowie andere, die sich ausschließlich dank ihrer Fähigkeiten aus einfachen Verhältnissen hochgearbeitet hatten. Allen gemeinsam war der Wunsch nach einem besseren Leben durch Arbeit, Leistung und Fleiß.

In den 80-er Jahren des 19. Jahrhunderts und darüber hinaus erhielt der Dienst als

Das Ausbildungsschiff Britannia *in den 90-er Jahren des 19. Jahrhunderts. Die Ausbildung der Offiziere war wissenschaftlich ausgerichtet und sehr hart. Allerdings stand dabei das Lernen von Fakten und Zahlen zu sehr im Mittelpunkt und Führungsqualitäten, Initiative und geistige Fähigkeiten wurden zu wenig gefördert.*

Marineoffizier jedoch einen besonderen Glanz, der ihn in Mode kommen ließ. Es ist schwierig einen einzelnen Grund für diese Entwicklung zu erkennen. Zweifellos trugen auch bestimmte Veröffentlichungen, insbesondere die Arbeiten von Mahan, dazu bei. Diese Frage wird im Kapitel drei noch näher behandelt werden. Das stattliche Erscheinungsbild der Schlachtflotten, ihr schmuckes Aussehen und ihre gesellschaftliche Funktion, die mit den nationalen Interessen des jeweiligen Landes in Zusammenhang stand, ließen die Marine nach ihrem ziemlich schäbigen Image während der vorangegangenen dreißig Jahren plötzlich attraktiv erscheinen. Die in früheren Jahrzehnten nur unbewusst angestrebte Errichtung von Weltreichen wurde nun offen betrieben und versprach äußerst verlockende, ziemlich romantische und relativ preiswerte Abenteuerangebote. Der Matrose als Tausendsassa stand im Mittelpunkt des öffentlichen Interesses. Es gab sogar eine Oper: „HMS Pinafore", diese manchmal ironische, immer jedoch liebevolle Betrachtung der Navy durch Gilbert und Sullivan, wurde zum ersten Mal 1878 aufgeführt.

Dies führte dazu, dass die Flotten von Offizieren geleitet wurden, deren sozialer Status allgemein gewachsen war, so dass man sich sogar in den Fürstenhäusern für diese Laufbahn interessierte. Sicherlich hatte es zu Beginn des Jahrhunderts mit William IV. schon einen „Seemannskönig" gegeben. Aber er wurde immer als Ausnahme und sogar als etwas exzentrisch betrachtet. Nunmehr jedoch animierten Fürstenfamilien nicht nur in Großbritannien ihre Söhne offen dazu eine Karriere in der Marine einzuschlagen. Die Zahl der königlichen Jachten nahm ständig zu und adlige Frauen gingen Bindungen mit Marineoffizieren ein (insbesondere mit jenen aus „guter Familie"), die man in früheren Zeiten nur Offizieren der Garde gestattet hätte.

Man kann nicht mit Sicherheit sagen, ob diese Entwicklung für die Marinen als Ganzes von Vorteil oder von Nachteil war. Auf alle Fälle erhöhte sich dadurch die Bedeutung der Flotten in einem solchen Maße, dass es in der letzten Hälfte des hier behandelten Zeitabschnitts politisch schwierig war Streichungen in den Marineprogrammen oder -budgets vorzunehmen. Dies wurde am deutlichsten in Deutschland sichtbar, wo nach dem Machtantritt des Marineliebhabers Kaiser Wilhelm II. starker Druck von oben im Hinblick auf den Ausbau der Marine ausgeübt wurde. Aus Protest gegen ähnliche Expansionspläne in Großbritannien war Gladstone einige Jahre davor zurückgetreten. Aber natürlich war es nicht nur die königliche Gönnerschaft, die diese Entwicklungen verursachte, obwohl dieser Faktor einen erheblichen Einfluss hatte. Mit den Möglichkeiten eines großzügigen Budgets konnten die Marinen nun mit größerer Geschwindigkeit und Sicherheit ihren Kinderschuhen entwachsen, als es ihnen sonst möglich gewesen wäre.

Allerdings kam es auch zu anderen Erscheinungen, die nicht so positiv waren. In einigen europäischen Marinen gab es viele hochrangige Offiziere mit einer dilettantischen Einstellung. Das betraf besonders auf Russland zu. In anderen Ländern, vor

Die britische Mittelmeerflotte in ihrer ganzen Pracht zu Beginn der 90-er Jahre des 19. Jahrhunderts. Die HMS Alexandra, *das Flaggschiff mit weißem Rumpf, spiegelt die Putz- und Prunksucht der Ära wider.*

allem in Frankreich, kam es zu einer Spaltung zwischen den Offizieren mit adliger Herkunft und den anderen. Dies fand interessanterweise seinen Niederschlag in unterschiedlichen Meinungen, die wiederum in den 80-er und 90-er Jahren des 19. Jahrhunderts zu unterschiedlichen Auffassungen in Bezug auf die Marinepolitik führten. Nachdem die deutsche Marine ihre starke Expansion in den späten 90-er Jahren des 19. Jahrhunderts begonnen hatte, wurde sie von dieser „Kasten-Philosophie" am stärksten heimgesucht. Mit großer Sorgfalt prüfte man die familiäre Herkunft der Offiziere und es gab deutliche Bemühungen, jene aus „niedrigen Schichten" auszuschließen.

In Großbritannien waren solche Erscheinungen nur in geringerem Maße vorhanden und man kann grundsätzlich sagen, dass es hier eher einen Trend zu Ehrerbietung und Konformismus gab. In seinem originellen Buch „The Rules of the Game" hat Andrew Gordon diese Situation ausgezeichnet analysiert und er weist dort auf einige Fehler und Missverständnisse hin, die bei Jütland im Jahre 1916 passierten und deren Wurzeln in einem mindestens 30 Jahre alten Verständnis von Disziplin und Kommando liegen. Alle Privilegien wurden mehr oder weniger eifersüchtig gehütet. Der Begriff einer „Offiziersklasse" konnte sich schneller durchsetzen als während aller früheren Jahrhunderte zusammen. Dies führte dazu, dass die Beförderung vom Unterdeck zu einem Offiziersrang während fast des gesamten restlichen Jahrhunderts unmöglich wurde. Warrant officers, die alle, wie es der Begriff ausdrückt, ihren Dienst in der Decksmannschaft begonnen hatten, genossen in vielen Fällen hohes Ansehen (obwohl rangniedrige Mitglieder der Mannschaft schnell übel nahmen, wenn jemand es mit seinem Status übertrieb). Aber bis auf einige seltene Fälle von Beförderungen für ausgezeichnete Bewährung im Kampf gab es für sie bis 1903 keinerlei Aufstiegsmöglichkeiten über den Rang eines Senior Warrant Officer hinaus. Erst danach wurde eine begrenzte Anzahl von Beförderungen zum Leutnant für „lange und verdienstvolle Dienste" bewilligt.

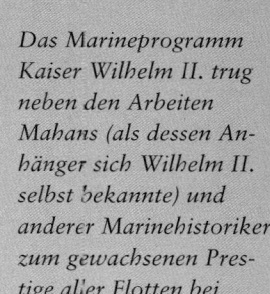

Das Marineprogramm Kaiser Wilhelm II. trug neben den Arbeiten Mahans (als dessen Anhänger sich Wilhelm II. selbst bekannte) und anderer Marinehistoriker zum gewachsenen Prestige aller Flotten bei.

GEGENÜBER: *Der Status der technischen Offiziere verbesserte sich ab 1860 nur langsam. Die Gründung des Royal Naval Engineering College in Keyham war eine Etappe auf diesem Weg. Noch 1882 durfte nur der Chief Engineer eines britischen Kriegsschiffs mit in der Offiziersmesse essen.*

In allen Marinen des 19. Jahrhunderts waren die Aufstiegsmöglichkeiten aus den Mannschaftsdienstgraden äußerst begrenzt. Selbst die besten und fähigsten Männer kamen nicht über den Dienstgrad eines Warrant Officer hinaus (das Foto auf dieser Seite zeigt eine Gruppe Kanoniere) und obwohl dieser Rang schon einen gewissen Status hatte, erfüllte er nicht die Bedingungen für eine Beförderung in die höchsten Dienstgrade.

Das technische Personal

Ein weiterer Faktor, der die Lage komplizierte, war das Auftauchen des technischen Personals. Mit den Maschinen und Kesseln kamen auch Maschinisten und Heizer auf die Schiffe, deren Fähigkeiten auf ganz anderen Gebieten lagen. Der Maschinist kannte sich mit der Einstellung der Maschinen, der Diagnose potenzieller oder tatsächlicher Fehler aus und war vor allem in der Lage Reparaturen durchzuführen oder zu improvisieren, falls durch Beschädigung in einer Schlacht, falsche Bedienung oder mangelhafte Konstruktion etwas nicht mehr funktionierte. Er konnte sich in zunehmendem Maße auf Hilfsmaschinisten stützen, die in einer langen Lehre ausgebildet wurden. Die Heizer wiederum waren auf die Befeuerung der Kessel spezialisiert, eine körperlich anspruchsvolle Arbeit, bei der es darauf ankam die Kohle richtig über den ganzen Rost zu verteilen um eine optimale Dampferzeugung zu gewährleisten.

Mit Fug und Recht kann man behaupten, dass in keiner Marine diese Arbeiten gebührend gewürdigt wurden. Selbst die besten Maschinisten in der Royal Navy mussten darum kämpfen, wenn sie in den Offiziersrang befördert werden wollten. Bis 1883 durfte nur der Hauptmaschinist eines Schlachtschiffes mit in der Offiziersmesse speisen. Zweifellos wurden die meisten Maschinisten wegen ihrer sozialen Herkunft von anderen Offizieren als zweitklassig betrachtet, was die zögerliche und verspätete Anerkennung dieser Arbeit erklärt. Die Schaffung des Royal Naval Engineering College in den frühen 80-er Jahren des 19. Jahrhunderts trug dazu bei diese Situation langsam zu verbessern. Aber auch dann noch war diese Berufsgruppe von „militärischen Kommandopositionen" ausgeschlossen, die den Offizieren mit seemännischer Ausbildung vorbehalten blieben. Was die Heizer betrifft, so gehörten sie alle zu den Mannschaftsdienstgraden. Man rekrutierte sie in einem deutlich höheren Alter als die jungen Seeleute und häufiger als diese kamen sie aus den Industriegebieten des Landes bzw. hatten davor als Soldaten oder Marineinfanteristen ge-

dient. Sie bestanden auf ihrer Unabhängigkeit und waren stolz auf ihre Arbeit. Innerhalb der Schiffsbesatzung bildeten sie jedoch eine Art separate Gruppe.

Auf Grund dieser Bedingungen war es weder in der Offiziersmesse noch auf dem Unterdeck leicht ein Mannschaftsbewusstsein auf dem Schiff zu schaffen. Niemand erkannte dies deutlicher als Sir John Fisher, der als Second Sea Lord im Jahre 1902 die Verantwortung für das Marinepersonal übernahm. Er wollte eine Marine schaffen, die ein gemeinsames Ziel hatte, und dies konnte seiner Meinung nach nur über eine einheitliche Ausbildung für alle Offiziere erreicht werden. Das so genannte Fisher-Selborne-Programm (Lord Selborne war First Lord der Admiralität und der politische Leiter des Vorstandes) beinhaltete genau diese einheitliche Ausbildung und zwar nicht nur für Seeleute und Maschinisten, sondern auch für die Royal Marines. Nach der Grundausbildung sollten die niedrigeren Dienstgrade ein Spezialtraining absolvieren, das bis zum Kommandeursrang ging, wo für alle die gleichen Beförderungsmöglichkeiten bestanden. Dieses Programm wurde tatsächlich teilweise eingeführt, obwohl die Royal Marines starke Einwände dagegen hatten. Der Erste Weltkrieg verhinderte dann jedoch die vollständige Anwendung dieses Programms und schließlich wurde der Status des Maschinenoffiziers im Jahre 1925 als nicht zum militärischen Kommando gehörend eingestuft. Dies war ein Rückschritt, der damals als „großer Betrug" bezeichnet wurde und auch heute noch unter diesem Namen geläufig ist. Man verstieß damit gegen die Ideale, die zwei Jahrzehnte zuvor geschaffen worden waren.

Noch schwieriger war es eine einheitliche Ausbildung für die Mannschaften im Unterdeck zu organisieren. Die dort für jede Arbeit erforderli-

chen spezifischen Fähigkeiten waren so unterschiedlich, dass die Einführung in andere Funktionen nur in äußerst geringem Maße erfolgen konnte und viele junge Matrosen verstanden noch nicht einmal, warum dies überhaupt versucht wurde. Wenn die Mannschaft an Bord des Schiffes war, konnte man ihr jedoch ein gewisses Maß an gemeinsamer Zielstellung vermitteln. Die Leistung des Schiffes bei allgemeinen Drillübungen, die sportlichen Fähigkeiten, das saubere Aussehen des Schiffes und der Beiboote und die Effizienz bei Arbeiten der gesamten Mannschaft wie dem Kohlentrimmen – dies alles waren Instrumente, die den fähigen Kapitänen, Offizieren und Abteilungsleitern zur Verfügung standen.

Was die Integrierung junger Matrosen und ihrer neuen Fähigkeiten betrifft, gab es keine Marine in Europa, die dies besser verstand als die britische und viele betrachteten deshalb die Royal Navy als Vorbild für die eigenen Personalstrukturen. Trotz aller Unterschiede in der Bezeichnung und der Aufgabenverteilung herrschte jedoch überall die gleiche Hierarchie, und auch die Unterschiede zwischen den „seemännischen" Offizieren und jenen der technischen und Spezialabteilungen blieben weiterhin bestehen. Die Marine der Vereinigten Staaten war da schon etwas innovativer. Dort hatte man die Idee einer einheitlichen Ausbildung für Offiziere schon kurze Zeit vor dem Fisher-Selborne-Programm gehabt und zwar in etwas konsequenterer Form. Nach seiner Ausbildung an der Marineakademie konnte ein junger Offizier zunächst als Schiffsmaschinist und später als Geschützoffizier oder auf der Brücke eingesetzt werden. Das Ergebnis war ein Offizierskorps mit technischer Ausrichtung und reichen praktischen Erfahrungen. Die Kehrseite der Medaille bestand darin, dass der Umfang an Fachkenntnissen zwangsläufig ziemlich gering war, sodass sich der Offizier nach Abschluss seiner Ausbildung stärker auf die Hilfe der älteren Mitglieder seiner Mannschaft stützen musste, als dies bei den mehr spezialisierten britischen Offizieren der Fall war. Dank des allgemein hohen Niveaus der

GEGENÜBER: *Admiral „Jacky" Fisher, hier in der Uniform eines Second Sea Lord im Jahre 1903, initiierte das Fisher-Selborne-Programm, dessen Ziel darin bestand, „eine Art Wissensgemeinschaft und lebenslange Gefühlsgemeinschaft" zu schaffen. Damit sollten für alle Offiziere, Matrosen, Maschinisten und Marineinfanteristen die gleiche Ausbildung und gleiche Beförderungsmöglichkeiten gesichert werden. Jedoch wurde dieser Plan schon in den 20-er Jahren des 19. Jahrhunderts endgültig begraben.*

Die amerikanische Naval Academy in Annapolis begann recht spät mit einem breit gefächerten Ausbildungsprogramm auf wissenschaftlicher Grundlage, an das sich der Einsatz in vielfältigen Funktionen im Rahmen der unteren Offizierslaufbahn anschloss, sodass nach dem Dienst an Deck durchaus der als Maschinist folgen konnte.

technischen Entwicklung und der Einsatzmöglichkeiten dieser Technik in den Vereinigten Staaten funktionierte dieses System dennoch recht gut.

Ein Faktor, der mit dem neuen technischen Personal an Bord der Schiffe kam, wurde bisher vielleicht immer zu wenig beachtet – die Kohle.

Die Kohle hatte Auswirkungen auf alle Bereiche. Große Kriegsschiffe verfügten im Durchschnitt über einen Vorrat von 1000 Tonnen in ihren Bunkern. Die Übernahme solch großer Mengen auf das Schiff, die einmal wöchentlich erfolgte, wenn sich das Schiff auf See befand, erforderte die Mitarbeit der gesamten Besatzung des Schiffes, wobei diese Arbeit sehr anstrengend und schmutzig war. Zur Bewältigung dieser Herausforderung an den Gemeinschaftsgeist der Mannschaft mussten alle mit zugreifen, auch bei der anschließenden Säuberung des Schiffes. Außerdem kam es durch den Dampfantrieb, insbesondere bei hohen Geschwindigkeiten, zur

Das „Bunkern" war eine Arbeit, bei der alle Hände gebraucht wurden. Mit dieser „Formierung", wie es in der Marinesprache heißt, wurden Organisation und Stimmung auf dem Schiff einer harten Prüfung unterzogen. Nachdem die Bunker gefüllt waren, mussten alle beim Saubermachen mit Hand anlegen. In Zeiten intensiver Operationen des Schiffes konnte dies jede Woche vorkommen.

Rauchentwicklung, ganz egal, wie fachmännisch die Kessel gefeuert wurden. Als optimale Schornsteinemission galt ein „hellbrauner Qualm", der vielleicht noch tolerierbar gewesen wäre. Jedoch sah man nur allzu oft statt dessen eine schreckliche schwarze Wolke. Wie vorsichtig man auch das Schiff zum Wind steuerte, etwas Schmutz fiel immer auf das Deck.

In den 60-ern und bis zur Mitte der 80-er Jahre des 19. Jahrhunderts wurde den Auswirkungen der Dampferzeugung mit einer Haltung begegnet, die man als zähneknirschende Akzeptanz bezeichnen könnte. Alles in allem hatte der Dampf viele Vorteile, obwohl die Einrichtungen zu seiner Erzeugung Schmutz verursachten und die in diesem Bereich beschäftigten Personen (Maschinisten und Heizer) nie ganz sauber waren und auch nicht seemännisch aussahen. Außerdem war es auf den meisten Schiffen der damaligen Zeit möglich die Maschinen abzuschalten und unter Se-

gel weiterzufahren, wenn der Wind nicht gerade aus der falschen Richtung blies und man den Dampfantrieb nicht wegen bestimmter operativer Erfordernisse brauchte.

Allerdings setzte man sich von dieser Zeit an verstärkt mit diesem Problem auseinander. Zum einen lag dies daran, dass immer mehr Schiffe keine Segeltakelage mehr hatten und der Dampf ihr einziges Antriebsmittel war. Andererseits führte die wachsende gesellschaftliche Rolle der Marinen dazu, dass viele Menschen der Meinung waren das äußere Erscheinungsbild der Schiffe müsse Würde und Attraktivität aus-

Die Flottenparade anlässlich des Diamantenen Kronjubiläums von Königin Victoria im Jahre 1897 war ein Anlass, um die Loyalität der königlichen Flotte und deren Macht und anerkannten Einfluss zu demonstrieren. Das Ansehen der „britischen Teerjacken" befand sich auf seinem Höhepunkt.

strahlen und dürfe keinerlei Makel aufweisen. Und schließlich glaubte man, zumindest in der Royal Navy, dass die lange Tradition peinlicher Sauberkeit, die vor allem aus gesundheitlichen Gründen über 100 Jahre zuvor eingeführt worden war, unterhöhlt werde und erneut gestärkt werden müsse.

Glänzende Flotten

Das Ergebnis war eine Besessenheit in Bezug auf gepflegtes Äußeres und glänzende Außenflächen der Schiffe, die ihren Höhepunkt in den 90-er Jahren des 19. Jahrhunderts in der britischen Mittelmeerflotte erreichte, wobei diese Entwicklung auch auf alle anderen Marinen ausstrahlte und sich in den nächsten Jahrzehnten fortsetzte. (Der Autor glaubt, dass er zu den letzten gehört, die noch mit eigener Hand das Holzdeck eines Schulschiffes lange nach dem Zweiten Weltkrieg mit Bimsstein geschruppt hat.) Alles glänzte und mit Farbe war man so großzügig, dass die Schiffe einen deutlich größeren Tiefgang aufwiesen, als dies von den Konstrukteuren geplant worden war. Admiral „Pompo" Heneage trug bei seinen Inspektionen weiße Handschuhe, die er erforderlichenfalls wechselte, wobei ihm sein Steuermann ein frisches Paar von einem Stapel auf einem Tablett reichte. Nach jedem Kohletrimmen wurden alle Winkel und Ecken des Schiffes gesäubert und das Gleiche geschah mit allen Mitgliedern der Besatzung.

DIE MARINEN UND IHR PERSONAL

Eine Marine, die so viel Wert auf ihr äußeres Erscheinungsbild legte, konnte natürlich keine Spitzenergebnisse hinsichtlich der Kampfkraft erreichen und dies wurde auch durch verschiedene Pannen bestätigt, die sich jedoch nicht unter Schlachtbedingungen ereigneten. Die Hauptbewaffnung wurde nur selten benutzt und wenn überhaupt, dann unter künstlich hergestellten Bedingungen. Der so genannte jährliche „gunlayers' test" der britischen Mittelmeerflotte im Jahre 1899 bestand aus Einzelfeuer auf ein feststehendes Ziel in einer Entfernung von weniger als einer Meile, wobei das feuernde Schiff mit stabilem Kurs und konstanter Geschwindigkeit fuhr. Um die Jahrhundertwende verbesserte sich die Situation durch die Übernahme der Funktion des Oberkommandierenden durch „Jacky" Fisher und die Neuerungen des Geschützspezialisten Percy Scott. Jedoch blieben die Leistungen noch über Jahre hinter dem vorhandenen Potenzial zurück.

Bis auf einige Ausnahmen erging es aber auch den anderen Marinen nicht besser. Die Ausnahmen waren die Japaner, deren Motivation durch das Gefühl erlittenen Unrechts, das ihnen insbesondere durch Russland zugefügt worden war, und das Sinnen auf Wiedergutmachung angespornt wurde, die Amerikaner mit ihren erfolgreichen Operationen im Jahre 1898, zugegebenermaßen gegen einen viel schwächeren und erschöpften Gegner, und die zunehmend größer werdende deutsche Marine mit den Vorteilen von Motivation, junge und leistungsfähige Besatzungen und einer florierenden Industrie an ihrer Seite. Alle waren der Royal Navy jedoch zahlenmäßig weit unterlegen, die sich immer noch im Glanz ihrer vermeintlichen Überlegenheit sonnen konnte.

Andererseits kann man nicht behaupten, dass die Auswirkungen dieser Ära der Putz- und Prunksucht durchweg nachteilig waren. Die Matrosen waren aufrichtig, fleißig, zäh und selbstständig wie nie zuvor. Ihr Stolz auf das eigene Schiff, ihre Flotte und die Marine konnten nicht größer sein. Und mit dem Stolz kam auch das Vertrauen, z. B. in das Marinecollege in Osborne, das 1904 eröffnet wurde. Der erste Satz, den ein neuer Kadett dort las, lautete: „Es gibt nichts, was die Royal Navy nicht kann." Wie in späteren Kapiteln gezeigt wird, kam darin viel von den Leistungen der vorangegangenen Jahrzehnte und auch dem Geist zum Ausdruck, der den Marinedienst bis in den Ersten Weltkrieg hinein begleiten sollte. Und diese Überzeugtheit übertrug sich auch auf viele andere Seestreitkräfte in der ganzen Welt. Die Marinen hatten überall an Prestige gewonnen.

Als lebende Legende war Admiral „Pompo" Heneage der Schrecken aller Offiziere und Mannschaften, da er weder Schmutz, schlampige Kleidung noch Fehler beim Zeremoniell duldete.

DER KRIEG DER PANZERSCHIFFE

DIE MARINEN UND IHR PERSONAL

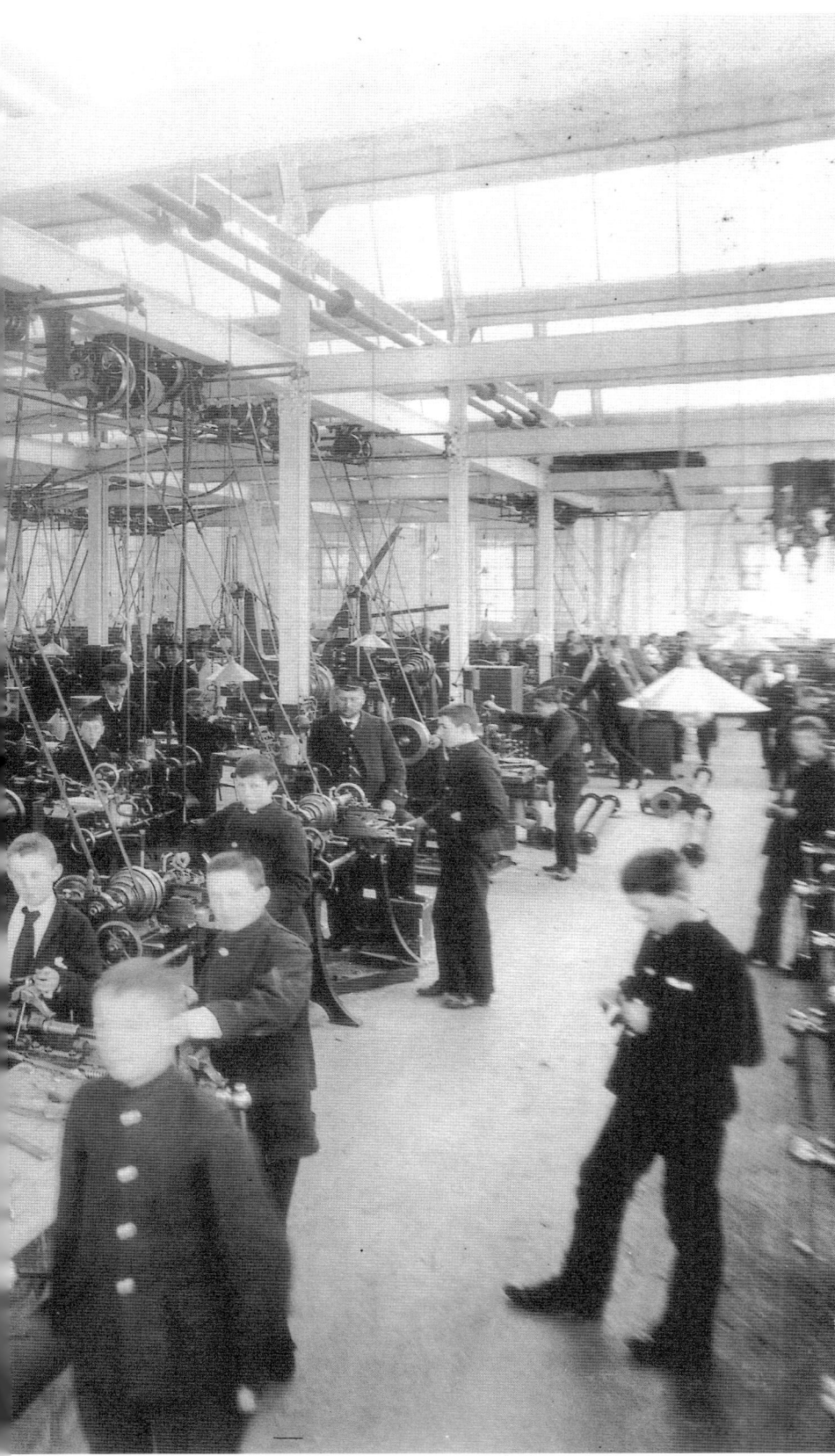

Unterricht in Metallbearbeitung am Royal Naval College zu Beginn des 19. Jahrhunderts. Die Jungen begannen hier im Alter von etwa zwölfeinhalb Jahren ihre Ausbildung als Kadetten und fuhren dann mit ungefähr sechzehn Jahren als Midshipman zur See.

KAPITEL DREI

THEORIEN DER KRIEGFÜHRUNG ZUR SEE

Horatio Lord Nelson war für die meisten Publizisten der damaligen Zeit der Inbegriff eines Strategen, Taktikers und Kommandeurs der Marine. Seine offensive Einstellung, sein Mut und sein Pflichtgefühl wurden immer wieder hervorgehoben, weniger jedoch seine Fantasie und seine unkonventionellen Methoden. Mängel, die er auch hatte, wurden ignoriert oder entschuldigt.

Theorien der Kriegführung zur See

Ein Director of Naval Plans prägte 1967 den klugen Satz: „Wenn das Verteidigungsministerium nichts anderes zu tun hat, reorganisiert es sich selbst." 100 Jahre früher hätte er den gleichen Gedanken unter den damals etwas anderen Bedingungen so ausdrücken können: Wenn es keinen Krieg zur See gibt, ergehen sich die Theoretiker der Kriegführung in theoretischen Überlegungen.

Die britische Theorie

Eigentlich hätte man erwarten können, dass die wissenschaftlichen Forschungen auf der anderen Seite des Ärmelkanals beginnen würden, denn französische Theoretiker wie Hoste im frühen 18. Jahrhundert und Morogues 50 Jahre später hatten sich weit früher als ähnliche Autoren in Großbritannien mit systematischen theoretischen Untersuchungen der Kriegführung zur See beschäftigt. Auch von der anderen Seite des Atlantiks hätte man eher solche Arbeiten erwarten können, insbesondere nach den 1865 zu Ende gegangenen blutigen Auseinandersetzungen, aus denen man eine Reihe von Schlussfolgerungen ziehen konnte.

Aber trotz der allgemein bekannten britischen Vorliebe für Taten anstelle von Worten und für den Pragmatismus und weniger für die Theorie wurden die ersten Diskussionen nicht in Frankreich oder Amerika, sondern in Großbritannien selbst geführt. Die Gebrüder Colomb, die als Erste darüber publizierten, waren beide Offiziere im Dienst der Marine. Philip, der ältere von beiden, hatte in der Navy den Dienstgrad eines Vizeadmirals erreicht und während seiner aktiven Laufbahn verschiedene Funktionen bekleidet. Er veröffentlichte sein erstes Buch im Jahre 1873 unter dem Titel „Slave Catching in the Indian Ocean". Der sechs Jahre ältere John diente in der Royal Marine Artillery, ging aber im Alter von 31 Jahren in den Ruhestand und trat in das Parlament ein, wo er dann noch über zwanzig Jahre lang arbeitete.

Beide Brüder interessierten sich brennend für die Frage der Seemacht im Allgemeinen und die Vorherrschaft der britischen Marine im Besonderen, gingen aber von unterschiedlichen Ausgangspunkten an diese Fragen heran. John war im Wesentlichen ein Publizist, den man 100 Jahre später mit dem Begriff „Kind der Marine" bezeichnet hätte. Er beschäftigte sich mit aktuellen Fragen ohne dabei allzu sehr auf die Lehren der Geschichte einzugehen und für diesen Standpunkt gab es gute Gründe: In den Jahren 1859 und 1860 hatte eine Royal Commission die Probleme der Verteidigung zur See unter genau dem gleichen Blickwinkel beurteilt und war zu dem Schluss gelangt, dass auf Grund der neuen strategischen Situation durch die Einführung des Dampfantriebs der Sicherheit der Flottenstützpunkte eine vorrangige Bedeutung eingeräumt werden müsse. Diese Überlegung bildete dann auch die theoretische Grundlage für den Bau extensiver Forts entlang der Südküste, die den meisten Zeitgenossen als „Palmerstons nutzlose Prunkbauten" bekannt waren und von denen viele noch heute existieren. In seiner Schrift „The Protection of our Commerce, and Distribution of our War Forces Considered" (1867) ging John Colomb auf diese Ideen ein und unterstrich, dass die Seeverbindungen die

Philip H. Colomb als Vizeadmiral. Zusammen mit seinem Bruder John gehörte er zu den ersten Marinepublizisten im Zeitalter der Panzerschiffe. Bei seinen Untersuchungen stützte er sich auf die Geschichte der Segelflotten und befürwortete eine kompromisslose Strategie zur Beherrschung der Meere. Auch in Bezug auf taktische Fragen vertrat er einen ähnlich konsequenten Standpunkt.

Grundlage für die Marinestrategie bildeten und dass starke Streitkräfte im Ärmelkanal das Zentrum der britischen Seeverbindungen schützen und auch die Route für Invasionen oder Angriffe auf die Stützpunkte unter ihre Kontrolle bringen könnten.

Philip Colomb, der stark durch den autoritären John Knox Laughton, einen Marinelehrer mit konsequent „wissenschaftlichen" Ansichten über die Probleme der Marine, beeinflusst wurde, behandelte diese Fragen von einem mehr historischen und analytischen Standpunkt aus, wobei er stets Laughtons Ansichten unterstützte, dessen Arbeiten, wie er später schrieb, „den Schlüssel zu allen ... weiteren Erörterungen" darstellen. Philip Colomb ging es darum, die ewig gültigen Prinzipien der Seemacht aus dem Studium der Geschichte abzuleiten. Dabei formulierte er, allerdings ohne größere Überlegungen, die Doktrin, dass die Beherrschung der Meere das einzige rationale Ziel einer Marinestrategie sein könne und dass es nicht ausreichend sei weniger anzustreben. Falls eine solche Herrschaft in Frage gestellt würde, wäre es nicht mehr möglich die Seeverbindungen zu sichern und die Macht auf andere Ländern auszudehnen. Er schrieb: „Die Grenzen unseres Weltreiches sind die Küsten unserer Feinde."

Notgedrungen basierten Colombs Theorien auf dem damaligen Stand der Geschichtsschreibung, die sich in erster Linie auf die Kriegführung mit Segelschiffen bezog. Zweifellos waren seine Schlussfolgerungen aus der Situation gegen Ende der Napoleonischen Kriege, als Großbritannien eine nie zuvor erreichte Herrschaft zur See besaß, genauso gültig wie andere Interpretationen, die sich auf spezielle Ereignisse bezogen, und einer Marine, die diese Vorherrschaft behalten wollte, und einer Öffentlichkeit, die dieses Ziel unterstützte, waren seine Theorien natürlich sehr willkommen.

Die *Jeune École*

Allerdings konnte man nicht davon ausgehen, dass diese Theorien auch auf der anderen Seite des Ärmelkanals widerspruchslos akzeptiert würden. Frankreich unter Napoleon III. war die britische Vorherrschaft zur See weiterhin ein Dorn im Auge und in den späten 50-er und frühen 60-er Jahren des 19. Jahrhunderts konnte man dort ein erhebliches Gegenpotenzial aufbauen, das jedoch durch die Überlegenheit der britischen Industrie bald wieder neutralisiert wurde. Jedoch entwickelte man in Frankreich in den frühen 70-er Jahren des 19. Jahrhunderts eine Reihe neuer Ideen, die sich auf die Möglichkeiten der modernsten Technik stützten. Es war eine Strategie speziell für eine schwächere Seemacht, die als *Jeune École* bekannt wurde.

Den Vorläufer dieser Schule bildete Baron Richard Grivel, dessen Schrift „De la Guerre Maritime" 1869 veröffentlicht wurde. Als Führer dieser Schule wird jedoch allgemein Konteradmiral Théophile Aube angesehen, der durch die Veröffentlichungen verschiedener anderer Publizisten wie Gabriel Charmes und J. H. Vignot stark unterstützt wurde. Ausgehend von der Entwicklung neuer Waffen, insbesondere des Torpedos und der Seemine, und unter Berücksichtigung der Perspektiven des U-Boots vertraten sie den Standpunkt, dass die Zeit der Schlachtschiffe vorbei sei, Blockaden nicht mehr länger aufrechterhalten werden könnten und die feindliche Handelsschifffahrt deshalb leichter angreifbar wäre. Insbesondere Aube meinte, dass die Gesetze des Krieges nach der Definition im Pariser Vertrag von 1856 in einem größeren Konflikt schon bald nicht mehr funktionieren könnten und dass es überall zu skrupellosen Angriffen auf feindliche Handelsschiffe kommen würde.

Im Gegensatz zu vielen anderen Theoretikern bot sich für Aube die Möglichkeit, seine Ideen in die Praxis umzusetzen, denn er wurde 1886 Marineminister. Im Unterschied zu vielen anderen Autoren mit radikalen Ideen, die ein Regierungsamt erreichten, ging er keine Kompromisse ein, als er mit den Realitäten des Ver-

Der einflussreichste Marineautor des Zeitalters der Panzerschiffe und wahrscheinlich aller Zeiten, Alfred Thayer Mahan, wurde durch das Buch „The Influence of Sea Power upon History" (1890) bekannt, dem noch weitere beeindruckende historische Analysen folgten. Er glaubte an die Notwendigkeit der Zerstörung der gegnerischen Flotte in einer entscheidenden Schlacht, wodurch die Möglichkeit zur Ausübung der Seemacht geschaffen würde.

waltungs- und Finanzsystems konfrontiert wurde. Er stoppte Programme zum Bau von Schlachtschiffen, bestellte Torpedoboote und schnelle Kreuzer in großer Zahl und förderte die Entwicklung von U-Booten.

Wie schon erwähnt ließ der damalige Stand der Technik die praktische Umsetzung von Aubes Theorien noch nicht zu. Die Torpedoboote waren zu dieser Zeit nur für den Hafeneinsatz geeignet. Zwar gab es Pläne sie mit Mutterschiffen in entlegene Gebiete zu bringen, aber diese wurden nie durchgeführt.

Ihm folgte eine Reihe konservativer Minister und höherer Offiziere, welche die mehr traditionelle Schule des *Grande Guerre* bevorzugten, d. h. eine ausgewogene Flotte mit Schlachtschiffen als Basis, was dem Standpunkt der Offiziere entsprach, die der vorherrschenden Richtung folgten und stärker aristokratisch ausgerichtet waren. Jedoch waren einige Maßnahmen, die Aube getroffen hatte, weiterhin von Dauer, insbesondere auf dem Gebiet der Entwicklung von U-Booten, wo Frankreich während des nächsten Jahrzehnts in der Welt führend war. Grundsätzlich erfolgte jedoch eine Rückkehr zu konventionellen Strukturen der Streitkräfte. Dennoch war Aube ein Prophet. Sein größter Beitrag kann in einer sehr einfachen Feststellung über die Zukunft der Kriegführung zur See zusammengefasst werden, die lautet, dass von nun an nicht unbedingt mehr gleichartige Schiffe miteinander kämpfen würden. Das ist eine Aussage über Bedingungen, die aus heutiger Sicht ganz offensichtlich waren, zur damaligen Zeit aber noch nicht.

Luce und Mahan

Zur gleichen Zeit waren auf der anderen Seite des Atlantiks kluge Köpfe am Werk. Die Gründung des US Naval War College unter Captain (später Admiral) Stephen B. Luce in der Mitte der 80-er Jahre des 19. Jahrhunderts war im Rückblick eine schöpferische Leistung. Die Vereinigten Staaten hatten 20 Jahre gebraucht um sich von den Folgen des Bürgerkrieges zu erholen. Während dieser Zeit beschäftigte man sich dort nicht nur mit der Aussöhnung und Neuorganisation der Union, sondern es kam auch zu einer außergewöhnlich schnellen Expansion und Entwicklung dieser Nation, wobei die Hochseemarine jedoch stets ganz unten auf der Liste der Prioritäten stand. Nun begann man allerdings auch den Blick nach draußen zu richten.

Luce gehörte zu den ersten, die dies taten. Auf seiner Suche nach Unterstützung bei der Schaffung einer Vision für die Zukunft stieß er auf Alfred Thayer Mahan, wobei dieser auf den ersten Blick gar nicht so aussah, als ob er Luce helfen könnte. Als Offizier, der damals im Range eines Captain stand, hasste er den Schiffsdienst, war ungesellig und wurde von seinen Kameraden nicht besonders geachtet. Jedoch war er gewissenhaft und fleißig und außerdem hatte er bereits Schriften über den Bürgerkrieg veröffentlicht, die Luce als vielversprechend empfand. 1885 bot man Mahan eine Dozentenstelle am War College an und er akzeptierte sie sofort.

Während der Vorbereitung auf die Übernahme dieser Funktion zeigte sich seine Fähigkeit ein umfangreiches Faktenmaterial zu durchdringen und davon ausgehend grundlegende Prinzipien herauszuarbeiten. Es heißt, dass er seine These über den großen Einfluss, den die Seemacht weit über die einfache Wirkung auf eine bestimmte taktische Situation hinaus ausüben kann, aus den Studien der römischen Strategie in den Punischen Kriege abgeleitet habe, wobei aufschlussreich ist, dass seine erste größere Arbeit tatsächlich mit diesem Thema beginnt. Man kann davon ausgehen, dass seine zentralen Thesen zum Zeitpunkt der Aufnahme der Dozententätigkeit am War College im Jahre 1886 bereits formuliert waren.

Mit seinem Buch „*The Influence of Sea Power upon History*", das 1890 erschien, erreichte er zum ersten Mal eine breitere Öffentlichkeit. Der Ansatz, den Mahan in diesem Buch verfolgte, war genauso historisch geprägt wie bei Philip Colomb und wie dieser stand er auch ebenso stark, wenn nicht sogar noch stärker, unter dem Einfluss der Methoden von Laughton, den er kannte und achtete. Sein Buch bezieht sich nur auf die Zeit von 1660 bis zum Ende des Amerikanischen Unabhängigkeitskrieges im Jahre 1783, die grundsätzlich durch die britische Vorherrschaft zur See gekennzeichnet war, was jedoch für Mahan kein Problem darstellte, da er eine große Bewunderung für Großbritannien hegte. Er betrachtete Großbritannien sogar als Prototyp einer erfolgreichen Marinenation: mit günstiger geografischer Lage, Größe und Gestalt, einer widerstandsfähigen Bevölkerung, die an das Leben am und auf dem Meer gewöhnt war, und einer Regierung, die ihren Blick nach draußen richtete und kommerziellen Unternehmungen aufgeschlossen gegenüberstand. Mit diesen Eigenschaften, so argumentierte Mahan, wäre wahrscheinlich jedes Land in der Lage eine erfolgreiche Handels- und Kolonialpolitik zu betreiben und seine Unternehmungen mit Hilfe einer starken Marine zu schützen. Und genau dies hatte Großbritannien getan.

Genau wie Philip Colomb versuchte Mahan die ewig gültigen Prinzipien der Seemacht aus der Geschichte der Kriege abzuleiten, die bisher nur von Segelschiffflotten geführt worden waren. Allerdings waren seine Arbeiten subtiler und mit Abstechern in die Wirtschaft und Politik auch breiter angelegt, obwohl sie einen grundsätzlich ähnlichen Ansatz aufwiesen. Dies traf auch auf sein späteres Buch zu, das 1892 unter dem Titel „*The Influence of Sea Power on the French Revolution and Empire*" erschien und in dessen Rahmen er sich zwangsläufig für Admiral Nelson zu interessieren begann, den er als die Verkörperung und praktisches Beispiel der Prinzipien ansah, die Mahan selbst später formulierte. 1899 veröffentlichte er dann das Buch „*Life of Nelson*".

Ohne Übertreibung kann man sagen, dass Mahans Schriften eine weltweite Wirkung hatten und zur Veränderung der Art der Waffen während der nächsten Generation und der strategischen Theorien während eines noch längeren Zeitraums führten. Ab 1890 und bis 1914 wurde den Seestreitkräften und insbesondere den Schlachtflotten, die Mahan als die einzige wahrhafte Basis für die Seemacht betrachtete, eine weitaus größere Bedeutung beigemessen. In politischer Hinsicht waren seine Arbeiten vor allem an die US-Regierung gerichtet und sie stießen dort auch auf offene Ohren, was dazu führte, dass das bereits versuchsweise begonnene Schiffbauprogramm stark beschleunigt wurde. Aber seine Theorien wurden auch von den Regierungen auf der anderen Seite des Atlantiks zur Kenntnis genommen. In Großbritannien dienten sie den Befürwortern der Marineentwicklung als Argumente für ihre eigenen Befürchtungen und die Bestrebungen eine Expansion der Navy zu erreichen. Auch in Frankreich, Italien und Russland benutzten die Befürworter großer und ausgewogener Flotten Mahans Theorien für Forderungen, die zu entsprechenden Erhöhungen der Marinebudgets führten. Der ehrgeizige Kaiser Wilhelm II., der sich erst kurze Zeit im Amt befand, war davon so beeindruckt, dass er, wie man sagt, mit Mahans Buch unter dem Kopfkissen geschlafen habe, aber mit Sicherheit hat er es von vorn bis hinten gelesen.

Großadmiral Alfred von Tirpitz, der von Kaiser Wilhelm II. 1897 mit dem Aufbau der kaiserlichen deutschen Marine beauftragt wurde. Er begründete das Konzept der „Risikoflotte", die eine Bedrohung für die Royal Navy und damit Raum für die kolonialen Expansionsbestrebungen Deutschlands schaffen sollte.

Kaiser Wilhelm II. und Tirpitz

Jedoch war die Marine, die Kaiser Wilhelm bei seinem Amtsantritt übernahm, relativ klein. Deutschland besaß eine schnell expandierende industrielle Basis und sehr viele Rüstungsbetriebe für die Landstreitkräfte, was sich im Französisch-Preußischen Krieg gezeigt hatte. Mit Krupp war ein Unternehmen vorhanden, das gute Waffen und Panzerungen produzieren konnte. Allerdings hatte man noch viel Boden gutzumachen, wenn eine ernsthafte Gefahr für die übermächtige Royal Navy geschaffen werden sollte und dieses Ziel wurde ein fester Bestandteil der kaiserlichen Politik.

Im Jahre 1897 ernannte er einen Mann zum Staatssekretär des Reichsmarineamtes, von dem er hoffte, dass er dieses Problem lösen würde. Alfred von Tirpitz war ein Marineoffizier mit schöpferischem Geist, der großen Einfluss und umfangreiche organisatorische Fähigkeiten besaß. Außerdem konnte er sich auf eine relativ gut entwickelte industrielle Basis und ein ehrgeiziges und aktives Offizierskorps stützen, wie dies bereits im vorangegangenen Abschnitt unterstrichen wurde. Allerdings setzte er mit seinen Bemühungen auf einer sehr niedrigen Ebene der Marineeinrichtungen an.

Tirpitz formulierte eine kühne Strategie, die besonders gegen Großbritannien gerichtet war und der daraus entstehende Rüstungswettlauf, der nur zu einem Drittel in den in diesem Buch erfassten Zeitraum fällt, erhielt dann auch dadurch seine Prägung. Interessanterweise wurde diese Strategie als „Risikogedanke" und die daraufhin geschaffene Hochseeflotte als „Risikoflotte" bezeichnet. Die dahinter stehende Theorie lautete folgendermaßen: Selbst wenn die deutsche Marine die Royal Navy nie zahlenmäßig einholen könnte, so wollte man sie dennoch so ausrüsten und organisieren, dass sie in der Lage wäre der britischen Flotte (oder besser noch einzel-

THEORIEN DER KRIEGFÜHRUNG ZUR SEE

nen Teilen davon) Schaden zuzufügen, was Großbritannien bei all seinen anderen Sorgen sicher nicht gefallen würde. Aus diesem Grunde würde Großbritannien eine kriegerische Auseinandersetzung mit Deutschland vermeiden, da die britische Flotte ansonsten Schaden nehmen könnte und demzufolge müsste Großbritannien notgedrungen Deutschland die Möglichkeit zur kolonialen Expansion und zur Erlangung eines größeren Einflusses auf dem europäischen Festland einräumen und genau das wollte der Kaiser – einen Platz an der Sonne.

Die Ergebnisse der Tirpitzschen Strategie liegen außerhalb des in diesem Buch behandelten Zeitabschnitts. Dennoch muss hier erwähnt werden, dass sie weder im Kleinen (2. Marokko-Krise 1911) noch im Großen (Erster Weltkrieg 1914–1918) wie geplant erreicht werden konnten. Dies lag daran, dass die britische Reaktion sowohl im Bereich des Schiffsneubaus als auch hinsichtlich des Einsatzes der Marine konsequenter und drastischer war, als Tirpitz erwartet hatte. Die große Zahl von Schiffen und die hohe Qualität der britischen Flotte wurden weiter beibehalten und in den heimischen Gewässern waren so viele dieser Schiffe konzentriert, dass damit ständig eine erhebliche zahlenmäßige Überlegenheit über die deutschen Hochseeflotte gewährleistet werden konnte. Dank dieser Überzahl war Großbritannien auch in der Lage kleinere Verbände zur Unterbindung der Operationen deutscher Schiffe in entfernte Gewässern zu entsenden und jeglicher Versuch die britische Flotte in einzelnen Gefechten zu schlagen, konnte erfolgreich vereitelt werden.

So gab es am Ende des Jahrhunderts ein wachsendes starres Festhalten an der Theorie der Seemacht, die auf den Arbeiten von Mahan und der Gebrüder Colomb basierte und auch von verschiedenen Autoren anderer Länder unterstützt wurde, deren

Das deutsche Brandenburg-Geschwader mit Schiffen der Vor-Dreadnought-Ära um die Jahrhundertwende. Die ungewöhnlich schnelle Mobilisierung des großen Potenzials der deutschen Industrie zum Aufbau einer starken Marine löste einen Rüstungswettlauf aus, der bis zum Ausbruch des Ersten Weltkrieges anhielt.

In den 70-er Jahren des 19. Jahrhunderts wurde mit dem Bau experimenteller U-Boote begonnen und gegen Ende der 80-er Jahre hatten Frankreich, die USA und mit einigem Widerwillen auch Großbritannien Boote entwickelt, die theoretisch und manchmal auch in der Praxis tauchen konnten.

Werke im Nachhinein als Nachahmung erscheinen, aber damals zweifellos auch einen positiven Widerhall fanden. Diese orthodoxe Lehrmeinung, zu der auch die Schule des *Grande Guerre* in Frankreich gehörte, vertrat die Position, dass Seemacht mit all ihren strategischen und ökonomischen Vorteilen nur durch die Beherrschung der Meere erlangt werden könnte, wobei diese Herrschaft durch einen Sieg über die gegnerische Hauptmacht in einer oder mehreren Entscheidungsschlachten erreicht werden müsste. Es war ein einfaches Konzept zu Gunsten der stärkeren Marine und wurde als solches von Großbritannien, das zur damaligen Zeit die Vorherrschaft inne hatte, und den Amerikanern, die diesen Platz erobern wollten, in höchstem Maße willkommen geheißen.

Die einzige ernsthafte Herausforderung für diese orthodoxe Theorie war von der *Jeune École* gekommen. Allerdings war diese inzwischen in Misskredit geraten, da die versuchte Umsetzung ihrer Ideen gescheitert war, und auch wegen der neuen Strategie von Tirpitz, die sich zwar von der *Jeune École* unterschied, aber dennoch genau wie diese von den Zielen der schwächeren Seemacht ausging. Keine dieser beiden Theorien hatte in den angelsächsischen Ländern und bei deren Alliierten allzu viel Erfolg. Allerdings gab es bestimmte Kommentare, mit denen zunehmend darauf hingewiesen wurde, dass die orthodoxe Theorie vielleicht eine Idee zu simpel sei.

Der wichtigste dieser Kritiker war Sir Julian Corbett, von Beruf Anwalt und Historiker aus Leidenschaft. Er veröffentlichte seine erste Publikation 1898 und wurde 1902 Dozent am Royal Naval War College in Greenwich. Durch historische Studien war er zu der Überzeugung gelangt, dass die Ausübung von Seemacht eine weitaus komplexere und subtilere Frage war und sich nicht darauf reduzieren ließ einfach

der gegnerischen Schlachtflotte das Licht auszublasen und dann die feindlichen Handelsschiffe unter Druck zu setzen, während man den eigenen Handel weiter forcierte. Zum einen könnte man das Ziel auf diesem Wege vielleicht schon dann nicht erreichen, wenn der Feind sich gar nicht zur Schlacht stellen würde und trotzdem weiterhin eine potenzielle Gefahr bliebe. Und zum anderen stellten sich für die Anwendung dieser Theorie nach Errigung der Herrschaft über die Meere, ganz gleich auf welche Weise dies erfolgt ist, auch noch andere, weiterreichende Fragen wie beispielsweise das entscheidende Problem einer Unterstützung von Allianzen auf dem Festland durch kombinierte Operationen vom Wasser aus. Corbett kam zu der abschließenden Meinung, dass die Kriegführung zur See ihre Grenzen habe und dass es eher unwahrscheinlich sei damit Kriege gewinnen zu können. Selbst wenn dies unter bestimmten Umständen möglich wäre, so könnte es nur in einem langen und anstrengenden Prozess erfolgen.

Für viele Verfechter der orthodoxen Schule waren Corbetts Theorien viel zu subtil und zu komplex. Sie wollten alles schön einfach belassen und die meisten taten es auch, den ganzen Ersten Weltkrieg hindurch und auch noch danach und bis hinauf zu den höchsten Kommandeuren wie Sir David Beatty. Als Fußnote sei hier angemerkt, dass Corbett als offizieller Marinehistoriker des Ersten Weltkriegs tätig war. Jedoch wurden seine Aufzeichnungen von der Admiralität nicht in allen Punkten akzeptiert und so findet man im dritten Band eine Anmerkung, aus der hervorgeht, dass die Admiralität mit Corbetts „Hang zum Herunterspielen der Bedeutung des Suchens der Schlacht und eines Kampfes bis zur Entscheidung" nicht einverstanden war. Obwohl diese Notiz erst 1923 geschrieben wurde, spiegelt sich darin das lange Unbe-

Um 1900 begann man mit dem Bau von U-Booten, die bei Operationen praktisch eingesetzt werden konnten. In der Folgezeit nahm das U-Boot als Kriegsschiff eine außerordentlich schnelle Entwicklung, sodass es zum Zeitpunkt des Ausbruchs des Ersten Weltkrieges bereits eine gefährliche Waffe beim Kampf um die Vorherrschaft auf den Meeren darstellte.

hagen wider, mit dem die Regierungsstellen einigen von Corbetts Ideen begegneten. Es gab zwei neue Elemente der Kriegführung zur See, die aus heutiger Sicht von keinem Theoretiker ausreichend berücksichtigt wurden, auch von Aube nicht, obwohl er deren Bedeutung noch am besten erkannte. Diese neuen Elemente waren das U-Boot und das Flugzeug.

Nicht immer wird gesehen, dass diese beiden Entwicklungen eigentlich fast zwei Jahrzehnte voneinander entfernt eintraten. Die ersten schwimmfähigen U-Boote, die von Philip Garratt in Großbritannien, Gustave Zédé in Frankreich und John Holland in Amerika konstruiert wurden, gingen alle zum ersten Mal um die gleiche Zeit, und zwar in den späten 80-er Jahren des 19. Jahrhunderts auf Tauchstation (und manchmal kamen sie auch wieder an die Oberfläche). Das erste motorgetriebene Flugzeug startete erst 1904 und der Autor hat es – wenn auch widerwillig und ganz am Ende – in sein Buch aufgenommen, obwohl es eigentlich nicht in das Zeitalter der Panzerschiffe gehört.

Allerdings war man sich in dieser Ära des Potenzials der Unterseeboote sehr wohl bewusst. Aber es gab nur begrenzte Fortschritte auf diesem Gebiet, was auf die mangelnde Schöpferkraft jener Personen zurückzuführen ist, die dieses Potenzial kannten und darüber nachdachten. Fisher hatte keine Zweifel darüber, dass das U-Boot das Gesicht der Kriegführung zur See verändern würde, wobei er es jedoch mehr als eine Ergänzung der Flotte und weniger als separate Waffe zur Jagd auf andere Schiffe betrachtete.

Insgesamt bewiesen die Theoretiker weniger Voraussicht als die Praktiker. Die Gebrüder Colomb, Mahan und sogar Corbett schenkten dem Potenzial der U-Boote kaum Beachtung. Dies ist teilweise auf ihren überwiegend historischen Ansatz zurückzuführen, der sich zwangsläufig auf die Ereignisse aus der Zeit der Segelschiffflotten stützte, Ereignisse, die stattfanden, bevor die schnellen und beispiellosen Entwicklungen der letzten 30 bis 40 Jahre einsetzten. Ein anderer Grund war ihre Ansicht, dass sich die Autorität des Gesetzes auch auf das Verhalten in der Kriegführung zur See erstrecken würde, dass Angriffe auf Handelsschiffe den Kapereigesetzen, die nach der Pariser Deklaration von 1856 die Freibeuterei verboten, unterliegen würden und dass es überhaupt unvorstellbar wäre ein anderes Schiff ohne Gefecht zu versenken oder keine ordentlichen Vorkehrungen für die Sicherheit der Mannschaft zu treffen. Der Misserfolg von Aube mit seinen konsequenteren Ideen war wahrscheinlich ein Trost für die Vertreter der orthodoxeren Theorien. Auf alle Fälle ging es bei der Frage des Schutzes der Handelsschifffahrt fast ausschließlich immer um die Gefahr der Kaperei durch Oberflächenschiffe und nie um die Bedeutung der U-Boote. Dies war verständlich, denn seit der Einführung des Dampfantriebs gab es viele Beispiele erfolgreicher Operationen durch Oberflächenschiffe gegen Handelsschiffe, auf die in den späteren Kapiteln noch eingegangen wird, während U-Boote zu diesem Zeitpunkt offensichtlich noch nicht in der Lage waren, ähnliche Aktionen durchzuführen, und so fehlte den meisten Theoretikern einfach die notwendige Voraussicht für diese Entwicklung.

Schiffe im Barry Dock in den 90-er Jahren des 19. Jahrhunderts. Die außerordentlich große und vielgestaltige britische Handelsflotte diente gleichzeitig kaufmännischen und expansionistischen Interessen und war ein starker Wirtschaftsfaktor, aber auch ein militärischer Schwachpunkt im Zeitalter der Panzerschiffe.

DER KRIEG DER PANZERSCHIFFE

Patrouillenstützpunkte und Handelswege um 1885

Diese Karte wurde aus zwei Dokumenten der damaligen Zeit zusammengestellt und illustriert das britische Konzept zum Schutz der Handelsschifffahrt im letzten Viertel des 19. Jahrhunderts. An Stelle von Fahrten im Konvoi bevorzugte man Patrouillen und die „Jagd" auf Kaperschiffe.

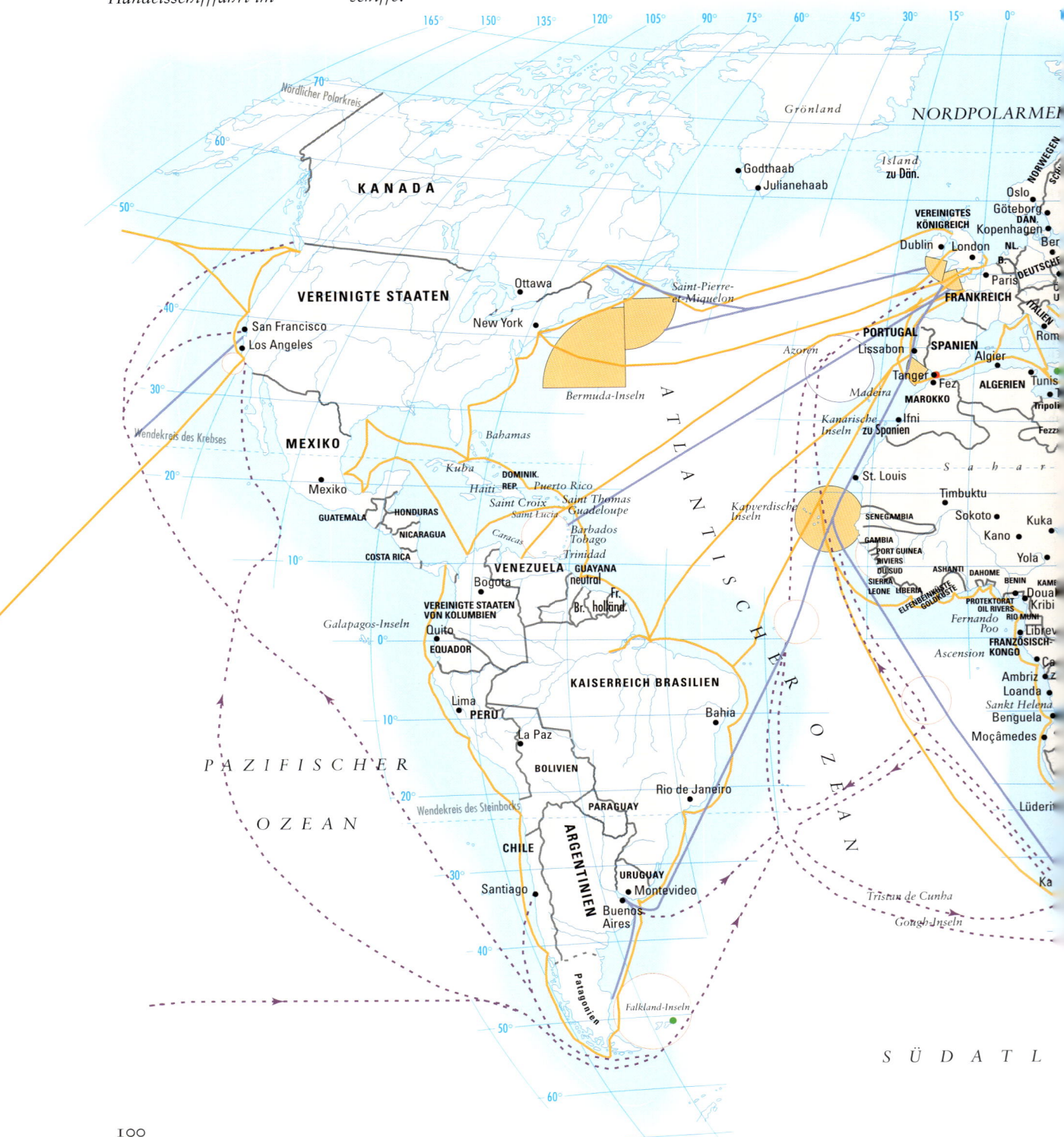

THEORIEN DER KRIEGFÜHRUNG ZUR SEE

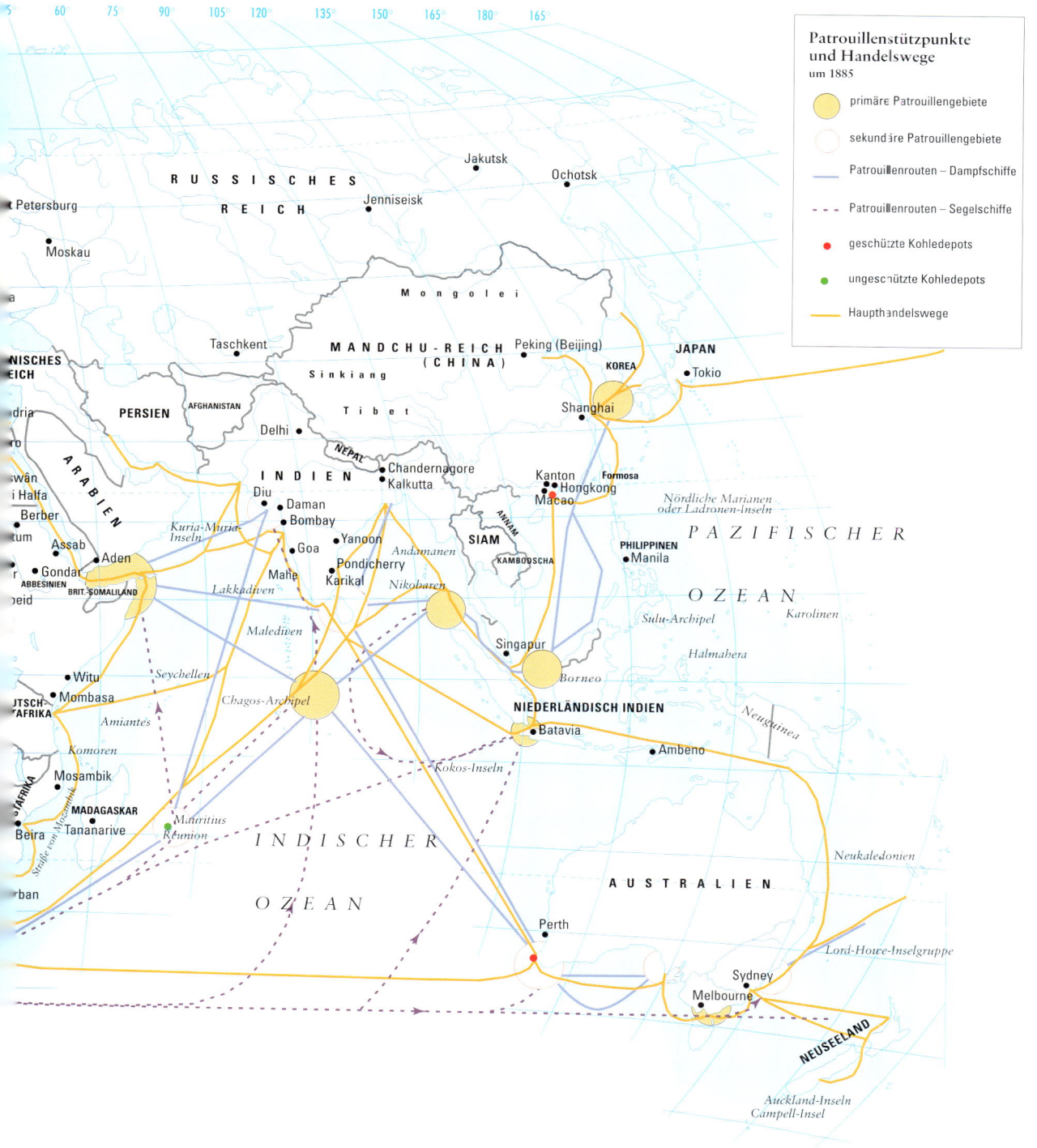

Schutz der Handelsschifffahrt

Der Schutz der Handelsschifffahrt gehörte tatsächlich zu den Hauptproblemen, mit denen sich die Theoretiker in den letzten Jahren des Jahrhunderts beschäftigten. Insbesondere in Großbritannien hatte diese Frage eine vorrangige Bedeutung. Mit einer viermal größeren Handelsflotte als jede andere Nation, einem Empire, dessen Umfang die anderen Weltreiche bei weitem überragte, und einer Bevölkerung, deren Nahrungsmittelversorgung zur Hälfte von Importen abhing, was auch für die Bereitstellung von Rohstoffen für die Industrie galt, war Großbritannien in diesem Punkt sehr verwundbar. Und die Tatsache, dass man mit ansehen musste, wie die Konkurrenz schnelle Kreuzer baute, die durchaus auch für Angriffe auf Handelsschiffe geeignet waren, trug mit Sicherheit dazu bei, dass die Kampagne der Befürworter einer starken Marine in der Mitte der 80-er Jahre des 19. Jahrhunderts großen Auftrieb erhielt.

Die klassische Lösung dieses Problem, die vor allem von Mahan, aber danach auch von anderen Theoretikern formuliert wurde, bestand darin, dass die siegreiche Flotte nach der Erringung der Herrschaft über die Meere mit Hilfe einer Entscheidungsschlacht in der Lage sein würde, sowohl über die Ozeane zu gebieten als auch die Mehrzahl potenzieller Kaperschiffe in die Flucht zu schlagen. Natürlich würde der Feind auch weiterhin über dieses oder jenes Schiff verfügen um einen *guerre de course* durchzuführen, aber in der Geschichte hatte sich diese Strategie nie bewährt und es gab keinen Grund, warum dies unter den aktuellen Bedingungen anders sein sollte.

Diese grundsätzliche Theorie wurde durch Studien der britischen Admiralität und des Foreign Intelligence Committee untermauert, die zu der Einschätzung gelangten, dass Kaperschiffe den größten Schaden in den Zentren der Handelsschifffahrt anrichten könnten und dass man diese Gefahr eindämmen, wenn nicht sogar völlig ausräumen könnte, wenn man die britischen Verbände an diesen Stellen konzentriert, wobei natürlich von den Bedingungen einer allgemeinen Vorherrschaft im Marinebereich ausgegangen wurde.

Fahrten im Konvoi galten nicht als notwendige Maßnahme. Der Geleitschutz von Handelsschiffverbänden durch Kriegsschiffe, der sich mehrere Jahrhunderte hindurch als erfolgreiches Mittel zur Aufrechterhaltung der Seeschifffahrt bewährt hatte, wurde im Zeitalter der Dampfschiffe, des freien Handels und der stark miteinander vernetzten Marineeinrichtungen als nicht zeitgemäß betrachtet. Wirtschaftsunternehmen, die den Zwängen von Angebot und Nachfrage unterlagen, würden die Verzögerungen, die bei Fahrten im Konvoi auftraten, nicht in Kauf nehmen können. Außerdem gab es in Marinekreisen viele, die der Meinung waren, dass der Geleitschutz eine zu defensive Maßnahme sei und deshalb im Widerspruch zu den Prinzipien der Seemacht stehen würde, auf denen die Marinestrategie basierte.

Einige Historiker weisen darauf hin, dass die Bedrohung damals nicht von U-Booten, sondern von den weitaus besser erkennbaren Kreuzern oder Kaperschiffen ausging, die sich auf der Wasseroberfläche bewegten. Allerdings war unwahrscheinlich, dass diese Schiffe größeren Schaden auf dem offenen Meer anrichten würden, unab-

Fahrten im Konvoi waren die übliche Methode zum Schutz der Handelsschiffe, die sich in früheren und späteren Kriegen bewährte (dieses Bild stammt aus dem Jahr 1918). Allerdings setzte man sie im Zeitalter der Panzerschiffe aus technischen und ökonomischen Gründen nicht ein, woraus glücklicherweise keine größeren materiellen Nachteile entstanden.

hängig davon, wie genau man die Grenzen der „imperialen Wasserwege" auch gezogen hatte. Um mit ihren Angriffen Wirkung zu erzielen mussten sie sich auf die Zentren des Handels konzentrieren und dort konnten diejenigen, denen die jeweiligen Schutzverbände unterstanden, eine so große Anzahl von Schiffen einsetzen, dass jeder Angreifer in die Schranken gewiesen wurde, wobei das neu eingerichtete weltweite Telegrafiesystem eine große Hilfe darstellte. Eine Strategie der Fahrt im Konvoi hätte eine völlig neue Struktur und Organisation der Streitkräfte erfordert und außerdem ist noch nicht einmal sicher, ob man es mit den vorhandenen technischen Möglichkeiten geschafft hätte wirksame Geleitschutzverbände aufzustellen.

All das waren durchaus passable Argumente, sie beantworten dennoch nicht die Frage, warum während dieses relativ kurzen Zeitraums von höchstens 40 Jahren Konvois für den Schutz der Handelsschifffahrt als weniger wirksam betrachtet wurden als der Einsatz von Patrouillenbooten oder die Jagd auf Kaperschiffe, zumal sich diese Methode sowohl vor als auch nach dieser Zeit als richtige Maßnahme erwies.

Die Verteidigung des Empires

Ein anderes Gebiet, auf dem insbesondere Großbritannien verwundbar war, entwickelte sich mit dem britischen Empire, das zur damaligen Zeit einzigartig war, da es auf eine längere Tradition als alle anderen Imperien zurückblicken konnte. Die Herrschaft über den indischen Subkontinent und die Settlements in Kanada und Australien waren um 1860 bereits fest etabliert und dies blieb auch so während des restlichen Jahrhunderts. Während sich die anderen europäischen Staaten und die USA eifrig darum bemühten neue Kolonialgebiete zu erobern, konnte Großbritannien von einer bereits gefestigten Basis aus sein Weltreich erweitern und konsolidieren. Jedoch hatte dies auch einen Nachteil, der darin bestand, dass die großen Besitzungen einen umfangreichen Schutz erforderten. Außerdem waren sich die neu entstehenden Dominions nicht nur dieser Verwundbarkeit bewusst, sondern strebten auch eine gewisse Autonomie ihrer Verteidigung an, wobei sie dafür jedoch nur ein Minimum der eigenen Ressourcen zur Verfügung stellen wollten.

Der Schlachtkreuzer HMAS Australia. Obwohl die größeren britischen Dominions um die Jahrhundertwende eigene Flotten bekamen, lag die Hauptverantwortung für die Verteidigung des Empires entsprechend der gültigen Doktrin weiterhin bei den britischen Seestreitkräften.

Dieses Problem bereitete der britischen Regierung von 1887 an zunehmend Kopfzerbrechen, nachdem die Kolonialkonferenz beschlossen hatte, ein Geschwader für den Schutz der Handelsschifffahrt in den australischen und neuseeländischen Gewässern aufzustellen, das teilweise durch Subventionen dieser Dominions selbst finanziert wurde. Zu Beginn des 20. Jahrhunderts verlängerte man diese Vereinbarung noch einmal vorübergehend, aber schon damals wurde deutlich, dass Australien, Neuseeland und Kanada sich bald eigene Seestreitkräfte schaffen würden, was dann auch in den Jahren unmittelbar vor dem Ersten Weltkrieg geschah.

Großbritannien bestand jedoch darauf, dass die Verteidigung des Empires auch weiterhin durch die Royal Navy als Herzstück gewährleistet werden sollte, wobei man dem starren Prinzip folgte, dass die Beherrschung der Meere und damit der Schutz des Empires durch eine dominante Schlachtflotte erfolgen sollte. Auch durch die Tatsache, dass die britische Schlachtflotte in den heimatlichen Gewässern konzentriert wurde um der von Deutschland ausgehenden Gefahr zu begegnen, konnte man den weit entfernten Dominions diese Idee nicht schmackhafter machen. Letztendlich mussten sie die britische Position jedoch akzeptieren und verschiedene größere Verbände dieser Flotte wurden durch die Dominions und Kolonien finanziert. Diese politische Situation während der letzten beiden Jahrzehnte des Zeitalters der Panzerschiffe war nicht einfach und die sich daraus entwickelnden Spannungen blieben noch etliche Jahrzehnte lang bestehen und setzten sich bis zu den von Australien erhobenen Anschuldigungen eines Verrats wegen der vermeintlichen unzureichenden Reaktion Großbritanniens auf die japanische Bedrohung im Jahre 1941 fort.

Wie bereits erwähnt hatte keine andere Kolonialmacht ähnliche Probleme. Die französischen, holländischen, deutschen und neuerdings auch amerikanischen Kolonialbesitzungen waren größtenteils neueren Datums und besaßen keine größeren, neu entstehenden Siedlergemeinschaften. Die für ihren Schutz erforderlichen Marineverbände waren ganz anderer Art als die britischen (hauptsächlich Patrouillen- und Flussboote mit Unterstützung einiger Kreuzer), und ihr Einsatz wurde vom Mutterland aus gesteuert. Noch einmal muss in diesem Zusammenhang auf die Bedeutung des Telegrafiesystems hingewiesen werden, das es den vor Ort befindlichen Kommandeuren ermöglichte, mehr oder weniger ständig Kontakt zu ihren Hauptstädten zu halten, während sie früher auf eigene Faust handeln mussten.

Taktiktheorien

Schon in der ersten Zeit nach Einführung des Dampfantriebs wurde klar, dass Manöver zur Einnahme bestimmter Gefechtspositionen nun mit größerer Genauigkeit und Sicherheit durchgeführt werden konnten, als dies unter Segel allein der Fall gewesen war. Bewegungen in die gewünschte Richtung und Änderungen von Kurs und Geschwindigkeit ließen sich nun nicht nur mit größerer Wahrscheinlichkeit erreichen, sondern es wurde auch möglich, sie auf der Grundlage von Erfahrungswerten vorauszubestimmen. Die Wendekreise der Schiffe waren bekannt und über die Drehzahl der Schiffsschraube pro Minute, die ohne weiteres durch die Maschinisten eingestellt werden konnte, ließ sich die Geschwindigkeit des Schiffes regeln. Dank des Dampfantriebs war man so in der Lage die Probleme, die zuvor aufgetreten waren, wenn man die einzelnen Schiffe einer Flotte fast gleichzeitig in Gefechtsposition bringen wollte, und die für die Segelflotten ein echtes Hindernis gewesen waren und zu solchen Debakeln wie 1744 bei Toulon und 1756 vor Menorca geführt hatten, zumindest theoretisch auf ein Minimum zu reduzieren.

Allerdings war das Manövrieren einer großen Flotte unter Dampf allein selbst dann noch problematisch, als die gleichzeitig mit Segel- und Dampfantrieb ausgerüsteten

Taktische Manöver mit Dampfschiffen

Die so genannte „Dampftaktik" als Methode zum Manövrieren dampfgetriebener Marineverbände in Friedens- und Kriegszeiten wurde im Zeitalter der Panzerschiffe in allen Flotten mit wahrer Besessenheit praktiziert und auch heute noch hat diese Theorie nichts von ihrer Faszination verloren, wie dies die nebenstehenden Diagramme zeigen, mit denen fast 100 Jahre später versucht wurde die 1893 zwischen der Victoria *und der* Camperdown *erfolgte Kollision zu analysieren. Die Abbildungen werden hier ohne den Begleittext der Originalausgabe wiedergegeben, um einfach die Probleme darzustellen, die auftreten konnten, wenn solche Manöver fehlschlugen. Leser, die weitere Erläuterungen suchen, sollten die Originalquellen konsultieren.*

Schiffe um 1875 langsam verschwanden. Einfache Verbände wie eine einreihige Linie konnten sich als kompliziert erweisen, da das hinterste Schiff große Probleme hatte seine Position zu halten und außerdem war diese Formation ungeeignet, wenn man eine kompaktere Gefechtsordnung brauchte. Andererseits konnten komplexere Formationen ohne geschickte Manöver oder starke Veränderungen von Kurs und Geschwindigkeit bestimmter Schiffe des Verbandes nur schwer verändert werden.

Dies waren Probleme, mit denen sich die Royal Navy im Einzelnen (und mit Sicherheit in übertriebenem Maße) in den späten 70-er und während der gesamten 80-er Jahre des 19. Jahrhunderts beschäftigte. Die Mittelmeerflotte unter Admiral Sir Geoffrey Phipps Hornby war stolz auf die Beherrschung der komplizierten „Dampftaktik" und sie bewies diese Fähigkeiten nie eindrucksvoller als bei der Abschreckungsaktion im Jahre 1878, als sie die Dardanellen passierte. Diese Operation hatte man ausdrücklich geplant um andere Länder damit zu beeindrucken und dieses Ziel wurde tatsächlich erreicht. Außerdem war Phipps Horny trotz seiner Vorliebe für Standardmanöver stets auch ein Kommandeur mit scharfem Verstand und wenn er

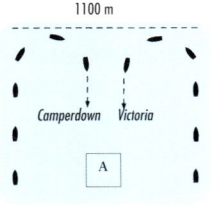 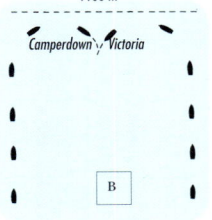 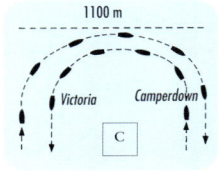

Manöver – I

OBEN: *Dieses Bild zeigt, dass Sir George Tryon seine ersten Schiffe zu dicht beieinander positioniert hatte, sodass es bei dem Wendemanöver nach innen zur Kollision kommen musste,* *da nur das normale Manövrierruder verwendet wurde. Aus Sicherheitsgründen hätte man wie im Diagramm A (starke Verengung des Wendekreises) oder C (beide Schiffe auf unter-* *schiedlichen Wendekreisen) manövrieren müssen. Quelle: Sir William Laird Clowes,* The Royal Navy: A History from the Earliest Times to 1900 *(Sampson Low, 1903).*

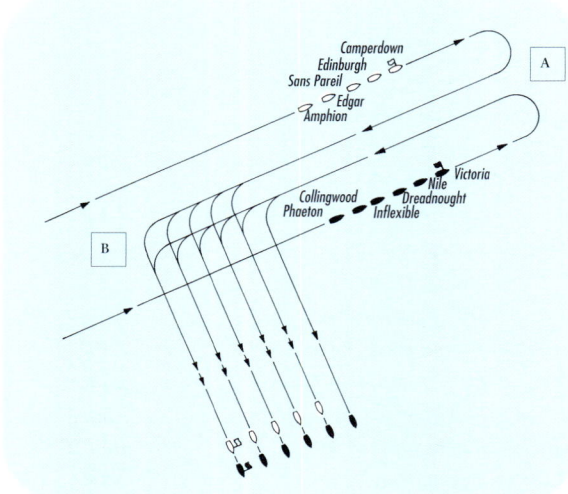

A Erste Division, Wende hintereinander, 16 Strich Backbord.
   Zweite Division, Wende hintereinander, 16 Strich Steuerbord.

B Alle Schiffe wenden gleichzeitig acht Strich Backbord.

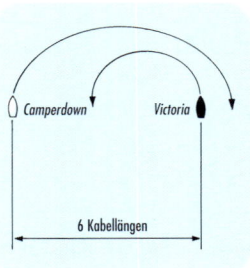 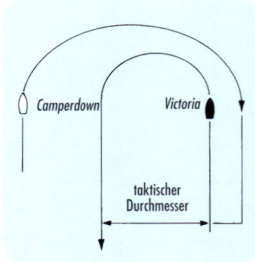

Manöver – II und III

LINKS: *Ankerplan von Sir George Tryon vom 22. Juni 1893. Wenn beide Schiffsreihen im Abstand von 10 Kabellängen zueinander gefahren wären, hätte es nicht zur Kollision kommen können.*

OBEN: *In Bezug auf Tryons Absichten wurden schon viele Vermutungen angestellt, wobei dieses Bild die am weitesten verbreitete Theorie zeigt. Falls dies jedoch sein Plan war, so hat er ihn nicht deutlich machen können. Quelle: A. Gordon,* The Rules of the Game *(John Murray, 1996).*

in den Krieg geschickt worden wäre, so hätte er mit Sicherheit einen Weg gefunden um von den ausgefeilten Manövern wieder zu einfachen, für eine Schlacht erforderlichen Aktionen zurückzukehren und dies selbst mit der heterogenen Flotte, die unter seinem Befehl stand.

Allerdings waren nicht alle Kommandeure so flexibel. Während der 80-er Jahre des 19. Jahrhunderts wurden die Manöver zunehmend komplizierter, man führte immer mehr Signale ein und die radikaleren Offiziere der Flotte beschwerten sich im kleinen Kreis über die Übungen „im Stechschritt", bei denen eine große Zahl bunter Fähnchen benutzt wurde und die immer weniger mit den Bedingungen zu hatten, die beim Kampfeinsatz einer Flotte eine Rolle spielten. Wie Andrew Gordon zu Recht schrieb, wurde das Ergebnis der Methode untergeordnet. Man vergaß das Ziel und konzentrierte sich ausschließlich auf die Wege und Mittel.

Als Sir George Tryon im Jahre 1891 Oberkommandierender der Mittelmeerflotte wurde, versuchte er dieses Brimborium abzuschaffen und wieder zu den Urprinzipien zurückzukehren. Als Mann mit schöpferischem Geist und großem Durchsetzungsvermögen führte er ein System einfacher Signale ein, die auch in der Schlacht eingesetzt werden konnten, wenn die Sicht durch Rauch und Qualm behindert war und der Feind die Flaggenleinen weggeschossen hatte. Die Flotte und die meisten anderen Flaggoffiziere reagierten auf diese Neuerungen mit Erleichterung, obwohl es immer noch einige gab, die meinten, dass das alte System sogar im Gefecht funktionieren würde. Dann kam Tryon jedoch auf tragische Weise ums Leben, als sein Flaggschiff *Victoria* am 22. Juni 1893 durch die *Camperdown* gerammt wurde. Die bittere Ironie dieses Zwischenfalls bestand darin, dass sich die Kollision nicht während eines der von Tryon durchgeführten freien Schlachtmanöver, sondern bei der Kursänderung während einer Fahrt in Standardformation ereignete. Der Unfall war mit an Sicherheit grenzender Wahrscheinlichkeit auf einen einfachen Denkfehler zurückzuführen, den Tryon selbst begangen und starrköpfig verteidigt hatte. Nach dem Unglück und bevor er mit seinem Flaggschiff unterging, soll er gesagt haben: „Es ist alles meine Schuld."

Ganz gleich, wie unbedeutend dieses Unglück für den Wert der Tryonschen Theorien für Schlachtmanöver auch sein mag, so wurden sie doch damit verunglimpft und die Royal Navy kehrte zu ihrem früheren Formalismus zurück. Der Streit zwischen den beiden Methoden zur Führung einer Flotte, der weit älter als die Dampfkraft war und noch weit über den Ersten Weltkrieg hinaus fortgesetzt wurde, war zunächst zu Gunsten von Achtung und Unterordnung unter eine strenge Kontrolle entschieden. Eine weitere Frage, vor der die Royal Navy stand, wurde erst ganz am Ende des Zeitalters der Panzerschiffe beantwortet: In welcher Entfernung vom Gegner sollte man kämpfen?

Der Gerechtigkeit halber muss man jedoch sagen, dass sich viele höhere Offiziere bereits in den letzten Jahrzehnten des 19. Jahrhunderts mit diesem Problem beschäftigten und in überwältigender Mehrheit waren sie wohl der Meinung, dass diese Entfernung so kurz wie möglich gehalten werden sollte, was nicht nur auf die Vorbildwirkung von Admiral Nelson zurückzuführen war. Der Grund für diese Einstellung bestand vor allem darin, dass die Geschütze keine besonders hohe Zielgenauigkeit hatten, dass ihre Feuergeschwindigkeit gering war (oft sogar geringer als auf den Linienschiffen der Segelschiffepoche) und dass man wusste, dass die Panzerung des gegnerischen Schiffes auf große Entfernungen nicht durchschlagen werden konnte. Außerdem wurde der Rammsporn, dieses Symbol viktorianischen Männlichkeitswahns, weiterhin als durchaus nützliche Waffe betrachtet.

Als Folge davon wurde der schon weiter oben erwähnte „Gunlayer's Test" bis um

DER KRIEG DER PANZERSCHIFFE

Admiral Sir Percy Scott, der viele Neuerungen in die Geschütztechnik einführte und die „Schule der Putz- und Prunksucht" reformierte. Die Tatsache, dass von diesem Offizier, der in den Stand eines Baronets erhoben wurde, obwohl er nie eine Flotte kommandierte, eine SPY-Zeichnung existiert, unterstreicht das hohe Ansehen, das die Royal Navy während der Regentschaft Eduard VII. genoss.

1900 unter höchst künstlichen Bedingungen und aus Schussentfernungen durchgeführt, die weit unter der maximalen Schussweite der Geschütze lagen, wobei selbst dann die Treffgenauigkeit nicht besonders hoch war. Die Kanonen wurden selten unter Bedingungen abgefeuert, die denen eines Gefechts entsprachen und viele Kapitäne sträubten sich dagegen überhaupt praxisnahe Schießübungen durchführen zu lassen, wobei diese Haltung durch die leitenden Offiziere unterstützt wurde, die ein persönliches Interesse daran hatten das glänzende Schiff nicht zu beschmutzen.

Allerdings begann sich diese Auffassung um die Jahrhundertwende zu ändern. Der Captain und spätere Admiral Percy Scott agierte als Führer dieser Gegenbewegung, die einer Revolution gleichkam. Er erfand Vorrichtungen zur Verbesserung der Treffgenauigkeit und setzte Veränderungen der Schießmethoden durch, sodass die potenzielle Schussweite der Geschütze besser ausgenutzt wurde. Innerhalb der putz- und prunksüchtigen Marine war Scott umstritten, obwohl die Fortschritte in der Geschütztechnik, dank derer die britische Flotte bis 1905 zu einer starken Macht wurde, weitestgehend ihm zu verdanken sind.

Von den anderen europäischen Marinen beschäftigte sich während dieses Zeitraums nur die französische in systematischer Weise mit Fragen der Taktik. Sie besaß ein „Entwicklungsgeschwader", dessen Aufgabe darin bestand die vom Oberkommando unterbreiteten Ideen möglichst umfassend zu testen. Dabei bestand das Hauptproblem der Franzosen wie auch auf anderen Gebieten jedoch darin, dass die Ergebnisse hinter den angestrebten Zielen zurückblieben, und außerdem bewirkten die häufigen politischen Veränderungen in Frankreich während der 80-er und 90-er Jahre des 19. Jahrhunderts, dass eine Kontinuität nur schwer zu erreichen war. Die amerikanische und japanische Marine, die erst recht spät in die erste Liga aufgestiegen waren, führten als einzige zwischen 1866 und 1905 erfolgreiche taktische Flottenoperationen durch, auf die noch näher eingegangen wird.

Aus heutiger Sicht betrachtet wies die im Zeitalter der Panzerschiffe entwickelte Theorie der Seemacht viele Grenzen und eine enorme Kurzsichtigkeit auf. Ausgehend von der Geschichte einer außergewöhnlich hoch entwickelten und reifen Form der Kriegführung, die während der Epoche der Segelschifffahrt existierte, versuchte diese Theorie bindende Prinzipien aufzustellen, insbesondere die Erringung der Seeherrschaft durch eine Entscheidungsschlacht ohne gleichzeitig zu zeigen, wie dieser entscheidende Sieg unter den Bedingungen der immer stärker verfügbaren neuen technischen Waffen errungen werden konnte. Außerdem, und dies ist noch schlimmer, versäumte sie es die Auswirkungen der noch revolutionäreren Techniken vorherzusagen, die unmittelbar vor ihrer Einführung standen.

Von besonderer Ironie ist dabei die Tatsache, dass die großen Schlachtflotten der Weltmächte während der gleichen Zeit, als diese Theorien formuliert wurden, im Vergleich zur Epoche der Segelschiffe oder zu der Zeit nach 1895 wohl weitaus weniger in der Lage waren eine Entscheidungsschlacht zu führen und zu gewinnen. Diese These wird auch durch die Fakten gestützt, die im ersten Kapitel dieses Buches dargestellt wurden. Für die Befürworter der klassischen Theorien spricht auch die Tatsache, dass zwischen 1895 und 1905 mehrere Schlachten stattfanden, die man als wahrhaft entscheidend bezeichnen kann. Darauf werden wir in den späteren Kapiteln natürlich noch näher eingehen. Was für die Theoretiker von Vorteil war, brachte allerdings für die Welt als Ganzes große Nachteile. Mit dem Nachweis, dass die Theorie der Seemacht in der Praxis wirklich funktionierte, kam es zu einer Beschleunigung des Wettrüstens im Marinebereich. Erst später wurden mit dem ungezügelten U-Boot-Krieg und der Unfähigkeit der Schlachtflotten unter den aktuellen Bedingungen einen entscheidenden Sieg zu erringen bittere Lektionen erteilt.

DER KRIEG DER PANZERSCHIFFE

Die französische Marine war stets darum bemüht neue Ideen auszuprobieren, insbesondere solche, die geeignet waren um die britische Vorherrschaft zur See zu brechen und das „Entwicklungsgeschwader" war die wichtigste Einrichtung zur Durchführung solcher Experimente.

KAPITEL VIER

DER AMERIKANISCHE BÜRGERKRIEG

ABRAHAM LINCOLN, Präsident der Vereinigten Staaten und Oberkommandierender der Streitkräfte der Union im Amerikanischen Bürgerkrieg. Obwohl es bei dieser Auseinandersetzung auch um das Problem der Sklaverei ging, war der Hauptstreitpunkt die Aufrechterhaltung oder Auflösung der Union. Die industrielle Kraft des Nordens und seine Kontrolle über die Küstengewässer stellten dabei entscheidende strategische Faktoren dar.

Der Amerikanische Bürgerkrieg

Der amerikanische Bürgerkrieg (1861–1865) verdient aus verschiedenen Gründen ein eigenes Kapitel in diesem Buch. Zum einen war es der erste große Krieg innerhalb des eigentlichen Zeitalters der Panzerschiffe, obgleich die Hauptmerkmale dieser Ära (Panzerung, Dampfantrieb und Granatenfeuer) bereits während des Russischen Krieges von 1854–1856 in Erscheinung traten. Allerdings geschah dies dort nur bruchstückhaft und ihr potenzieller Synergieeffekt blieb noch weitestgehend unbeachtet. Unter dem Druck der Bedingungen des Krieges entwickelten die beiden amerikanischen Kontrahenten dieses Potenzial ziemlich schnell weiter. Zum anderen und als Folge dieser Entwicklung wies dieser Krieg viele Erscheinungen auf, die zum ersten Mal auftraten und die das Nachdenken über die Kriegführung zur See weltweit beeinflussten. Und schließlich waren auch die Dimensionen der dortigen Marineoperationen sowohl in geografischer Hinsicht als auch in Bezug auf ihre strategische und taktische Tragweite außergewöhnlich groß. Man kann sogar behaupten, dass der Amerikanische Bürgerkrieg unter dem Aspekt seiner bloßen Ausmaße den größten Konflikt des gesamten Zeitabschnitts sowohl zur See als auch zu Lande darstellt.

Allerdings waren die aus diesem Krieg zu ziehenden Schlussfolgerungen aus der Sicht jener Personen, die sich mit dem Studium der Kriegführung zur See beschäftigten und die dafür einzusetzenden Mittel nach besten Möglichkeiten planten, anscheinend eher geringfügig. Der Amerikanische Bürgerkrieg wurde von vielen als Ausnahme betrachtet und obwohl alle Kriege in ihrer Art natürlich einzig sind, war dieser Krieg noch einzigartiger als die meisten anderen. Er beinhaltete eine große Zahl von Problemen und Lösungen, deren Übertragung auf andere Länder schwierig war. Deshalb war eine große Klarsicht nötig um die richtigen Lehren aus dem Bürgerkrieg zu ziehen und sie auf die Bedingungen in Europa und Asien anzuwenden, wozu die meisten Analytiker der damaligen Zeit nicht in der Lage waren.

Die Strategien der beiden Gegner

Der Krieg begann vor einem maritimen Hintergrund. Fort Sumter war ein Vorposten des Hafens von Charleston in South Carolina, dem ersten Staat, der nach der Wahl von Abraham Lincoln zum Präsidenten im Jahre 1860 aus der Union austreten sollte. Nach Gründung der Konföderation im Februar 1861 mit sechs weiteren Staaten, die sich South Carolina anschlossen, hielt die Garnison in Fort Sumter weiter zur Union. Allerdings nahmen die Spannungen zu und am 12. April wurde das Fort durch konföderierte Streitkräfte angegriffen und musste evakuiert werden. Dabei fielen die ersten Schüsse in einem vierjährigen Kampf, dessen miteinander verflochtene Ziele in der Erhaltung bzw. Auflösung der Union sowie in der Abschaffung der Sklaverei bzw. ihrer generellen Beibehaltung bestanden.

Der Konföderation trat später noch eine Reihe weiterer Südstaaten bei, wodurch sich ihre Gesamtzahl auf 11 erhöhte. Allerdings war die Loyalität der einzelnen Staaten unterschiedlich. Die Union umfasste über 20 Staaten, darunter fünf, die sich trotz der dort praktizierten Sklaverei nicht abgespalten hatten, aber auf Grund dieser Tatsache keine ungeteilte Loyalität zeigten. Außerdem gehörten zur Union auch etliche Territorien im Westen, die zu diesem Zeitpunkt noch nicht erschlossen waren.

Die beiden Seiten verfügten über ungleiche Bedingungen, insbesondere in Bezug auf ihre industrielle Entwicklung. Die Union besaß schon viele der infrastrukturellen Voraussetzungen, die zu einem modernen Staat gehörten: Kohle, Eisen und Wasserressourcen, ein ausgedehntes Eisenbahnnetz, Produktionsanlagen insbesondere für Geschütze, Munition, Panzerplatten und Dampfmaschinen sowie Einrichtungen für den Bau und die Instandhaltung von Schiffen. Im Süden waren weitaus weniger Anlagen dieser Art vorhanden und in einigen Gebieten fehlten sie fast völlig, insbesondere auch für die Produktion von Walzblech für Panzerplatten. Auch in Bezug auf die menschlichen Ressourcen hatten die nördlichen Staaten große Vorteile, was vor allem darauf zurückzuführen war, dass der Süden keine größeren Rekrutierungen unter der schwarzen Bevölkerung vornehmen konnte, von der natürlich zu erwarten war, dass sie wegen der Aussicht auf Befreiung auf Seiten der Union standen.

Deshalb war der Süden gezwungen eine Strategie zu entwickeln, mit deren Hilfe er seine offensichtlichen Schwächen wettmachen konnte um so überhaupt eine Chance für die Durchsetzung der Sezession zu haben. Man konnte sich nicht auf einen Zermürbungskrieg einlassen und musste dennoch den Norden in einem solchen Maße entkräften, dass die Union eine Fortsetzung des Krieges als nicht lohnenswert ansehen würde. Hinzu kam noch ein weiterer Faktor: Falls es der Konföderation gelänge eine europäische Großmacht davon zu überzeugen ihr substanzielle Hilfe durch eigenes Eingreifen oder durch Wahrung einer wohlwollenden Neutralität zu gewähren, so würde dies sowohl in moralischer als auch in materieller Hinsicht zu einer Veränderung des Kräfteverhältnisses führen und eine dauerhafte Sezession ermöglichen. Alle diese Überlegungen führten zu dem Schluss, dass der Süden schnelle Erfolge auf militärischem und diplomatischem Gebiet brauchte und im Idealfall könnten sogar beide Mittel gemeinsam genutzt werden um zu dem angestrebten Ziel zu gelangen.

Die Strategie der Union beinhaltete einige klar umrissene Elemente, während sie in anderen Fragen eher konfus war. Man erkannte sofort, dass der einzige große wirtschaftliche Trumpf des Südens die dortige Baumwollproduktion darstellte, die traditionell nicht nur in den Norden, sondern auch nach Europa exportiert wurde. Deshalb war es für die Union von vorrangiger Bedeutung eine Blockade zu errichten, mit deren Hilfe die Baumwollexporte des Südens gestoppt werden konnten und diese wurde offiziell durch Präsident Lincoln am 19. April 1861 verkündet. Die Blockade wurde mit wachsendem Erfolg während des gesamten Krieges aufrechterhalten und durch die Eroberung verschiedener Häfen im Süden sogar noch verstärkt, worauf wir später noch eingehen werden. Eine weitere Priorität bestand darin die im Süden vorhandenen und ohnehin nicht allzu stabilen Verkehrswege zu zerstören, wobei den Marinestreitkräften eine überraschend große Rolle zufiel. Der oft weniger deutlich artikulierte Teil der unionistischen Strategie bildete den Gesamtrahmen und war recht simpel: Es ging einfach darum das stärkere Durchhaltevermögen des Nordens auszunutzen. Ohne das Eingreifen ausländischer Mächte würde man so diesen Krieg gewinnen und die Union letztendlich erhalten können.

Die geografischen Bedingungen zu Wasser und zu Lande spielten eine wichtige Rolle in diesem Krieg. Küsten, Flüsse, Ebenen und Berge hatten eine besondere Bedeutung und übten fast immer einen entscheidenden Einfluss auf den Kriegsverlauf aus. Aus heutiger Sicht ist es nicht erstaunlich, dass der Krieg so lange dauerte, obwohl man zunächst, wie immer zu Beginn eines Krieges, glaubte eine Entscheidung in kurzer Zeit herbeiführen zu können.

Ein Grund für diese Annahme war die relativ große Nähe der Hauptstädte der beiden Kriegsparteien zueinander. Washington, die Hauptstadt der Union, und Richmond, die der Konföderation, lagen nur etwas über 100 Meilen voneinander entfernt und insbesondere Washington betrachtete sich selbst als verwundbar. Wenn die Stadt gefallen wäre, dann hätten die Konföderierten den angestrebten schnellen Erfolg erreicht und auch ihre Position in Europa, wo man ihnen ohnehin bereits offensichtlich Sympathie entgegenbrachte, wäre dadurch weiter gefestigt worden.

DER KRIEG DER PANZERSCHIFFE

Deshalb kann der Norden von Glück sagen, dass die Landstreitkräfte des Südens trotz ihrer hohen Motivation nicht ausreichend organisiert waren und auch nicht über die notwendige Unterstützung verfügten um ihren Erfolg bei Bull Run im Sommer des Jahres 1861 stärker auszunutzen.

Auch die Marinen der beiden Gegner waren auf diesen Krieg kaum vorbereitet. Vor der Sezession verfügte die Union über eine kleine Marine mit ca. 40 Dampfschiffen, die nicht gepanzert waren und von denen sich viele im Auslandseinsatz befanden. Ihre Personalstärke belief sich auf 7600 Mann. Als der Krieg ausbrach ging ungefähr ein Fünftel der 1500 Offiziere zur konföderierten Marine, die jedoch nur über einige wenige Schiffe verfügte, die sie von der Union in den südlichen Häfen gekapert hatte. Nun begann ein Wettlauf im Neubau von Schiffen. Die Union konnte sich dabei auf ihre eigene, im Entstehen begriffene Schiffsbauindustrie stützen, während die Konföderation auf Grund ihrer begrenzten industriellen Ressourcen gezwungen war die vorhandenen Schiffe umzubauen und zu improvisieren, während man sich gleichzeitig intensiv um Neukäufe in Europa bemühte. Auf dem Gebiet der Kaperschiffe, auf die wir später noch näher eingehen werden, konnte die Konföderation in diesen Kaufverhandlungen unter Leitung von James B. Bulloch einige bescheidene Erfolge erzielen, jedoch gelang es ihr trotz intensiver Bemühungen nicht ein größeres Kriegsschiff zu bekommen.

Gleichzeitig versuchte die Marine der Union mit ihren 1861 noch begrenzten Mitteln die verkündete Blockade durchzusetzen. Die dabei erzielten Erfolge waren jedoch nur mäßig und im November des gleichen Jahres führten diese Operationen sogar fast zu einem ernsthaften Bruch der Beziehungen mit Großbritannien, als die USS *San Jacinto* das britische Postschiff *Trent* im Old Bahama Channel abfing und zwei

Die Verhaftung von zwei Gesandten der Konföderation auf dem britischen Postdampfschiff Trent, *nach dessen Kaperung durch die USS* San Jacinto *verursachte große Empörung in Großbritannien, wo die öffentliche Meinung zunächst mehr auf Seiten der Konföderation gewesen war. Es dauerte einige Zeit, bis die Unstimmigkeiten zwischen Großbritannien und der Regierung der Union beigelegt waren.*

Gesandte der Konföderation von Bord holte, da man vermutete, dass diese auf dem Weg zu den Westindischen Inseln seien um dort Maßnahmen zur Durchbrechung der Blockade zu organisieren. Die Wellen der Empörung schlugen auf beiden Seiten des Atlantiks sehr hoch, die Royal Navy wurde eingesetzt und in London gab es bereits Pläne für eine Landung an der amerikanischen Küste, während gleichzeitig der Schutz der schwachen Grenze zu Kanada verstärkt wurde. Einige moderne Historiker meinen, dass man mit diesen Maßnahmen im Grunde nur eine Abschreckungswirkung erzielen wollte. Wenn dies so ist, so handelte es sich allerdings um eine höchst gewaltsame Form der Abschreckung. Auf alle Fälle funktionierte sie. Die Gesandten wurden wieder frei gelassen, während man Wilkes, den Kapitän der *San Jancinto*, in den USA als Nationalhelden feierte und die öffentliche Meinung in Großbritannien einige Jahre brauchte um ihre Feindschaft gegenüber der Union zu überwinden.

Hampton Roads

Mit dem Krieg zur See zwischen dem Norden und dem Süden wurde es eigentlich erst 1862 ernst, wobei sich die Kampfhandlungen auf das strategisch wichtige Gebiet um die beiden Hauptstädte der Kriegsparteien konzentrierten. Die erste Schlacht fand bei Hampton Roads statt, einem Meeresarm, der nach Washington und Richmond führt. Ein Blockadegeschwader der Union, das aus sechs Holzschiffen mit voller Takelage bestand, und von denen das größte mit 50 Kanonen bestückt war, lag im nördlichen Teil dieses Meeresarmes vor Anker.

Den Aufklärungsverbänden der Union war seit längerer Zeit bekannt, dass die Konföderierten einen Angriff auf dieses Blockadegeschwader planten. Deshalb hatten sie ein Schiff wieder flottgemacht und umgerüstet, das früher den Namen *Merrimac* getragen hatte und nun auf *Virginia* umgetauft worden war. Die *Virginia* wurde ausschließlich mit Dampf angetrieben, besaß eine doppelte Panzerung mit einer Gesamtdicke von 10 cm und war mit zwölf Geschützen mit Kalibern von 15 bis 22,5 cm bestückt. Zusätzlich verfügte sie noch über einen Rammsporn, der als wichtiges Element ihrer Bewaffnung betrachtet wurde.

Am 8. März 1862 fuhr die *Virginia* den Elizabeth River hinunter und dampfte quer über die Hampton Roads, um die Sloop *Cumberland* anzugreifen. Obwohl ihre Maschinen bei weitem nicht die erforderliche Leistung besaßen, konnte sie die *Cumberland* rammen und versenken. Gleichzeitig verursachte sie mit ihrem Granatfeuer große Schäden und viele Verluste auf dem Schiff wie auch auf der schweren Fregatte *Congress*, die ganz in der Nähe lag. Das Gegenfeuer von den Schiffen der Union blieb wirkungslos, da die runden Kugeln einfach von der Panzerung der *Virginia* abprallten. Nach hartnäckigem Widerstand strich die *Congress* schließlich die Flagge, während die anderen Schiffe der Union außer Reichweite des Geschützfeuers blieben.

Zum einen taten sie dies, um nicht einer nach dem anderen durch diesen offensichtlich unverwundbaren Gegner geschlagen zu werden und zum anderen geschah dies auf Grund von Gerüchten, die besagten, dass mächtige Hilfe bereits unterwegs sei. Und diese traf tatsächlich in der nächsten Nacht mit einem Schiff der Union namens *Monitor* ein. Die *Monitor* war im Vergleich zur *Virginia* sogar noch etwas außergewöhnlicher, denn bei ihr handelte es sich nicht um einen Umbau, sondern um ein neues Schiff. Sein Herzstück war ein Ericsson-Turm, in dem sich zwei 27,5-cm-Glattrohrgeschütze befanden, mit denen massive Kugeln verschossen werden konnten. Außer einem kleinen, gepanzerten Kommandoturm und zwei winzigen Schornsteinen waren keine weiteren Aufbauten vorhanden. Der restliche Teil des Schiffes lag wirklich sehr flach im Wasser, wobei sich die 2,5 cm starke Deckpanzerung und die 12,5 cm starke Seitenpanzerung über die gesamte Länge und Breite des Schiffes

DER KRIEG DER PANZERSCHIFFE

Hampton Roads
8./9. März 1862

DER AMERIKANISCHE BÜRGERKRIEG

erstreckte. Ihre Maschinen waren stärker und ihre Steuerung war flexibler als jene der Virginia und sie hatte noch einen weiteren Vorteil, der darin bestand, dass ihr Tiefgang nur halb so groß war wie bei dem Schiff der Konföderation.

Jedoch hatte die *Monitor* auf dem offenen Meer Probleme und ihre Fahrt von New York war trotz der Unterstützung durch einen Schlepper und weitere Begleitschiffe ein gefährliches Unternehmen gewesen. Aber natürlich wuchs die Hoffnung unter der Besatzung der verbliebenen Schiffe der Union wieder, als sie am Abend des 8. März in Hampton Roads vor Anker ging.

Das Gefecht zwischen der *Virginia* und der *Monitor* am 9. März 1862 wurde damals weltweit als epochales Ereignis gewertet. Es war die erste Schlacht zwischen zwei Panzerschiffen und wurde als solche späterhin ausgiebig erörtert und analysiert und man zog auch viele Schlussfolgerungen daraus, von denen einige richtig, andere wieder falsch waren und viele beinhalteten etwas von beidem. Für jene, die das Gefecht von der Küste aus beobachteten, muss es einen seltsamen Eindruck vermittelt haben, denn die Feuergeschwindigkeit beider Schiffe war äußerst gering und die hektischen Bemühungen beim Nachladen der Geschütze und Manövrieren der Schiffe in Schussposition waren von außen sicher nicht zu erkennen.

Captain Buchanan von der *Virginia* war am Tag zuvor verwundet worden und so hatte man das Kommando Lieutenant Catesby Jones übertragen, der zunächst versuchte die im östlichen Teil der Hampton Roads vor Anker liegende USS *Minnesota* anzugreifen um so den Erfolg des Vortages zu wiederholen. Die *Monitor* unter dem

HAMPTON ROADS, 8./9. MÄRZ 1862

Als erste große Seeschlacht des Amerikanischen Bürgerkrieges und erstes Gefecht zwischen gepanzerten Schiffen wird die Schlacht von Hampton Roads zu Recht als Meilenstein innerhalb der Ära der Panzerschiffe betrachtet. Das konföderierte Schiff Virginia, *das durch Umbau der ehemaligen USS* Merrimac *entstand, richtete bis zum Eintreffen des Spezial-Turmschiffes USS* Monitor *große Schäden unter einem Geschwader konventioneller Schiffe der Union an. Die anschließende vierstündige Schlacht endete mit einem taktischen*

1. 8. März 1862: Die CSS *Virginia*, die man aus der ehemaligen Dampffregatte *Merrimac* der Union schnell zu einem Panzerschiff umgebaut hatte, verlässt die Marinewerft in Norfolk und fährt zur Mündung des James River um die dort vor Anker liegenden Schiffe der Union anzugreifen.

2. Die CSS *Virginia* eröffnet das Feuer auf die USS *Congress*, während sie mit voller Geschwindigkeit von ca. sechs Knoten auf die USS *Cumberland* zusteuert um diese zu rammen. Die *Virginia* zieht sich dann zurück, feuert auf die *Congress* und rammt die *Cumberland* ein zweites Mal. Diese sinkt daraufhin und die *Congress* steht in Flammen.

3. Die CSS *Virginia* kehrt zur Marinewerft in Norfolk zurück.

4. Am frühen Abend des 8. März trifft das Turmpanzerschiff USS *Monitor* aus New York ein.

5. 9. März: Die CSS *Virginia* taucht an der Mündung des Elizabeth River auf und nimmt deutlich Kurs auf die USS *Minnesota*.

6. Die USS *Monitor* dampft heran und bringt sich in Position um die USS *Minnesota* zu schützen, die bei dem Versuch vor der sich nähernden *Virginia* zu fliehen auf Grund gelaufen ist. Die *Monitor* eröffnet das Feuer auf die *Virginia*.

7. Bei dem Versuch in die Nähe der *Monitor* zu kommen läuft die *Virginia* auf Grund. Nach 15-minütigen Anstrengungen kommt sie wieder frei und kann sich der *Monitor* so weit nähern um eine komplette Breitseite abzufeuern, die jedoch nur geringe Wirkung erzielt. Die *Monitor* erwidert das Feuer, wodurch jedoch nur geringer Schaden entsteht. Nach vierstündigem Gefecht ziehen sich beide Gegner entkräftet zurück.

Unentschieden, da keines der beiden Schiffe in der Lage war das andere durch Geschützfeuer oder Rammen zu versenken. In strategischer Hinsicht war es jedoch ein Sieg für die Union, die damit nachwies, dass sie den Panzerschiffen der Konföderation Paroli bieten konnte und mit der Monitor *über eine technisch solides Schiff verfügte.*

Captain Franklin Buchanan, der zunächst die CSS Virginia *und später das ähnlich konstruierte Panzerschiff* Tennessee *befehligte. Vor dem Krieg war Buchanan Offizier in der US-Navy. Er quittierte den Dienst und trat den Streitkräften der Konföderation bei.*

Kommando von Lieutenant Worden schob sich allerdings dazwischen und so begann die Schlacht, die ungefähr vier Stunden dauerte, wobei die Schiffe die meiste Zeit aus nächster Nähe aufeinander feuerten und auch versuchten den Gegner zu rammen. Bei einem weiteren Angriffsversuch auf die *Minnesota* lief die *Virginia* dann auf Grund. Die *Monitor* fuhr in flachere Gewässer um dort bereitgestellte Munition zu laden und schließlich zog sich die *Virginia* den Elizabeth River hinauf zurück.

Beide Schiffe hatten über zwanzig Treffer erhalten, aber auf keinem gab es größere Schäden. Außerdem waren auf keiner Seite Verluste zu beklagen. Die schwerste Verletzung erlitt Lieutenant Worden, der sein Schiff in dieser Schlacht heldenhaft geführt hatte. Aber vielleicht kann man sogar sagen, dass er auf der schwierigen Fahrt von New York noch größeren Mut bewiesen haben muss. Eine Feststellung, die man in allen Analysen dieses Gefechts findet, besteht darin, dass die auf beiden Schiffen

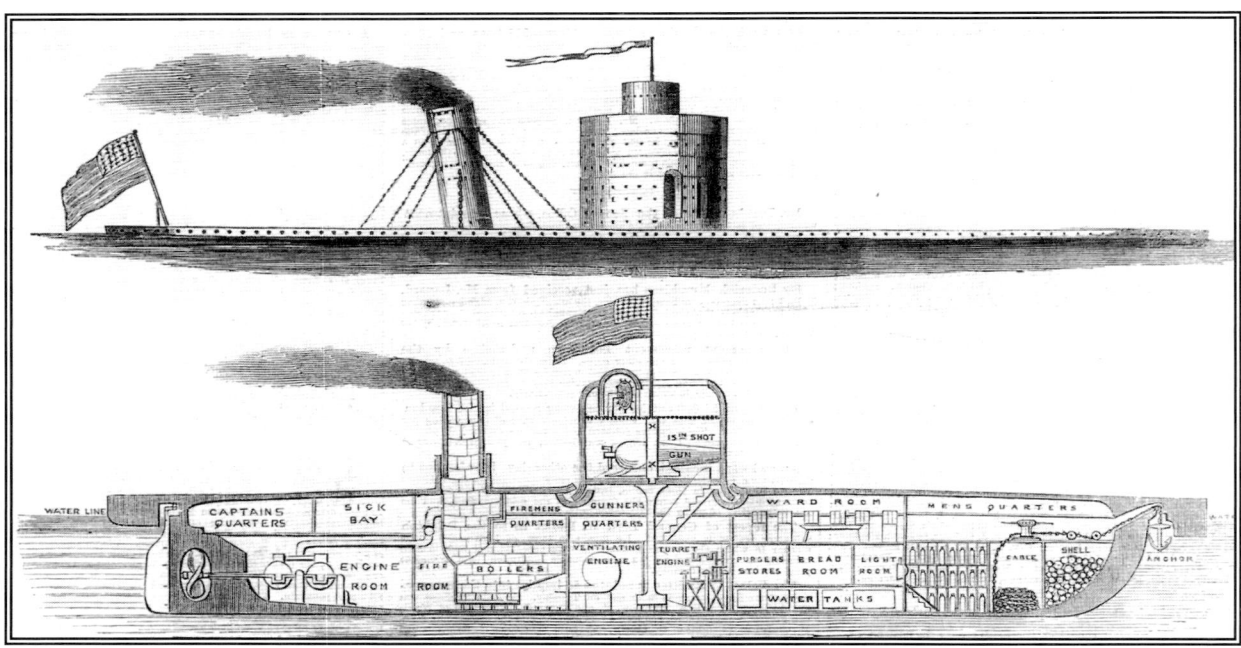

Der Erfolg der Monitor *im Gefecht führte zu einer Serienproduktion ähnlicher Schiffe, zu denen auch die hier dargestellte* Weehawken *gehört. Sie waren von großem Nutzen bei Operationen auf Flüssen und in Küstengewässern sowie bei Angriffen auf Verteidigungsanlagen von Häfen. Unter den Bedingungen des Krieges spielte ihre begrenzte Seetüchtigkeit keine Rolle.*

benutzte Munition ungeeignet war. Hätte man auf der *Virginia* massive Kugeln eingesetzt oder auf der *Monitor* Sprenggranaten, so wäre die Schlacht vielleicht anders ausgegangen.

In taktischer Hinsicht war es ein Unentschieden. Auf strategischem Gebiet erhielt die Union dadurch jedoch großen Auftrieb. Die Blockade war nicht durchbrochen worden und die Bedrohung für Washington konnte abgewendet werden (es hatte große Befürchtungen hinsichtlich eines Angriffs mit Unterstützung der *Virginia* gegeben). Am wichtigsten aber war wohl die Tatsache, dass man einen spektakulären Erfolg des Südens verhindern konnte, der das Eingreifen eines europäischen Staates oder mehrerer auf Seiten des Südens wahrscheinlicher gemacht hätte.

In den Augen der Marineführung der Union hatte die *Monitor* mit ihrem Einsatz die Nützlichkeit dieses Schiffstyps bestätigt und bis zum Ende des Krieges wurden weit über 40 dieser Schiffe gebaut und viele andere lagen noch auf dem Stapel. Die einzelnen Modelle reichten von relativ kleinen Flussschiffen bis hin zu solchen mit zwei Geschütztürmen. Jedoch kann man mit Fug und Recht sagen, dass keines dieser Schiffe wirklich seetüchtig war und Schlachten auf dem offenen Meer waren wirklich nicht ihre starke Seite.

DER AMERIKANISCHE BÜRGERKRIEG

David Dixon Porter, der bei der Zangenoperation zur Eroberung des strategisch wichtigen Mississippi für den nördlichen Verband verantwortliche Flaggoffizier der Union. Trotz seiner Zurückhaltung und seines Gleichmuts zeigte Porter beispielhafte Fähigkeiten bei gemeinsamen Operationen mit den Landstreitkräften.

DER FELDZUG AM MISSISSIPPI

Neben der fortgesetzten Blockade unter Einsatz aller möglichen Arten von Schiffen unternahm die Marine der Union zu Beginn des Krieges auch einen größeren Feldzug, der fast ausschließlich in geschützten Gewässern stattfand. Dabei ging es um die Herrschaft auf dem Mississippi, der strategische Wasserweg schlechthin, der für die Seite, die ihn kontrollierte, einen wichtigen Verkehrsweg darstellte, während er für die andere eine Barriere bildete. Der Fluss war von entscheidender Bedeutung im Bürgerkrieg, da er zwischen den westlichen Staaten der Konföderation mit ihrer großen landwirtschaftlichen Produktion und den östlichen Staaten mit ihrer relativ hohen Bevölkerung lag.

Der Feldzug erforderte einer gute Koordinierung zwischen den Land- und Seestreitkräften der Union, was auch grundsätzlich erreicht wurde, da die Operationen durch die besten Kommandeure der Union geführt wurden. Grant befehligte die Armee und Porter sowie Farragut hatten das Kommando über die Marineeinheiten. Den Ausgangspunkt der Operationen bildete die Stadt Cairo an der Grenze zwischen Illinois und Kentucky, hunderte Meilen vom Meer entfernt. Von dort aus stieß man am 6. Februar 1862 den Tennessee River hinauf vor um Fort Henry zu erobern, wo-

Flaggoffizier (später Admiral) David E. Farragut, der die seeseitigen Verbände der Union bei Eroberung des Mississippi befehligte. Seine Operationen gegen New Orleans und später Mobile Bay waren gründlich geplant, mutig, erfolgreich und entscheidend.

bei auch noch weiter flussaufwärts Angriffe durchgeführt wurden um die schwachen Eisenbahnverbindungen zwischen dem Osten und dem Westen zu zerstören. Bei diesen Operationen wie auch bei der Einnahme von Fort Donelson am 13. Februar wurden Kanonenboote mit improvisierter Panzerung eingesetzt und obwohl sie bei weitem nicht so unverwundbar waren wie die späteren Schiffe der Monitor-Serie, konnten sich die Besatzungen dadurch etwas schützen. Erst nachdem die Panzerung der wichtigsten Schiffsbereiche durchschlagen war, kam es zu größeren Verlusten.

Nunmehr waren die Bedingungen für einen Vorstoß auf dem Mississippi selbst vorhanden. Trotz der dabei zurückzulegenden Entfernungen und der primitiven Bauart vieler Schiffe kam man recht schnell voran. Ein Fort auf Island No. 10 (eine Insel, die auf Grund des geänderten Flusslaufs schon lange nicht mehr existiert) wurde am 8. April erobert; Fort Pillow, 70 Meilen weiter flussaufwärts, am 5. Juni und am nächsten Tag Memphis. Der Fluss war nun bis nach Vicksburg, weitere 180 Meilen südwärts, frei, wobei sich diese Stadt als härtere Nuss erweisen sollte. Auf dem Vormarsch traf man auf Widerstand sowohl auf dem Wasser als auch von den Forts her. Überall tauchten hastig umgerüstete Schiffe der Konföderation auf und es kam oft zu Rammangriffen. Bei all diesen Operationen half der Lauf des Flusses den Streitkräften der Union unter Porter schnell die gefährlichen Stellen zu passieren um dann von flussaufwärts und flussabwärts her anzugreifen.

Für den anderen Teil der Streitkräfte, der sich in einer Zangenbewegung vom riesigen Mississippidelta aus den Fluss hinauf bewegen sollte um sich nach dem Passieren von New Orleans mit den von Norden her vorrückenden Verbänden zu vereinigen liefen die Dinge jedoch nicht so gut. Diese Truppen standen unter dem Befehl von Flaggoffizier Farragut (damals gab es in keiner der beiden Marinen einen höheren Rang als Captain; Flaggoffizier war nur ein provisorischer Dienstgrad). Er verfügte über 20 dampfgetriebene Schiffe mit insgesamt mehr als 150 Geschützen, hatte aber kein Schiff vom Monitor-Typ.

Im April 1862 überschritt Farragut die Mississippi-Barre und steuerte auf die vorgelagerten Verteidigungsanlagen von New Orleans zu, die sich bei den Forts St. Philip und Jackson, ca. 70 Meilen unterhalb der Stadt, befanden. An dieser Stelle ist der Fluss nur ungefähr 40 Meter breit und die Strömung ist sehr stark. Neben den beiden Forts hatten die Konföderierten auf jeder Uferseite eine schwimmende Absperrung aus Hulks errichtet, die durch eine starke Kette miteinander verbunden waren und außerdem existierte dort eine Flotte kleiner, bewaffneter, zumeist improvisierter Schiffe, die bereit waren sich dem Angriff entgegenzustellen.

Farragut ließ diese Stellungen zunächst mehrere Tage lang vor allem durch Mörserboote bombardieren, durchbrach dann die Absperrung mit zwei Kanonenbooten und passierte schließlich die Forts mit seiner gesamten Streitmacht in einer Nachtoperation. Mit Ausnahme einiger kleiner Pannen wie der Tatsache, dass das Flaggschiff vorübergehend auf Grund lief, war die Operation erfolgreich. Die Besatzung der Forts bestand aus unerfahrenen Soldaten und ihr Widerstand war nicht so stark, wie man erwartet hatte. Sobald sich Farragut oberhalb der Forts befand, konnte er die Situation kontrollieren. Er entledigte sich schnell der restlichen Schiffe der Konföderation und zwang New Orleans am 25. April zur Kapitulation, während sich die Forts drei Tage später ergaben. Auch dieser Erfolg wirkte weit über den nordamerikanischen Kontinent hinaus. Frankreich, das immer noch stark an Louisiana interessiert war, hatte New Orleans über längere Zeit zum Aushalten bewegt. Falls man die Franzosen zum Eingreifen gedrängt hätte, wäre es für die Angreifer schwer geworden.

Um den Mississippi vollständig unter ihre Kontrolle zu bringen hatte die Union

DER AMERIKANISCHE BÜRGERKRIEG

Eine typische Operation während des Mississippi-Feldzugs in der Nähe von Vicksburg am 15. Juli 1862. Die Arkansas *der konföderierten Staaten und die* Carondelet *der Union befinden sich in einem erbitterten Gefecht und versuchen mehrmals den Gegner zu rammen. Solche Kämpfe führten im Allgemeinen zu keinen entscheidenden Ergebnissen, jedoch bekam die Union den Fluss immer mehr unter ihre Kontrolle.*

Mitte 1862 nur noch Vicksburg zu erobern, das sich jedoch als echtes Hindernis erwies. In einer weiteren Nachtoperation gelang es Farragut seinen Marineverband am 28. Juni an der Stadt vorbei zu bringen. Aber er entschied sich dann zu Recht gegen einen Angriff vom Wasser aus. Allerdings hatte er erneut bewiesen, dass man mit einem gut organisierten und gelenkten Dampfschiffverband ein Fort passieren kann ohne es dabei unbedingt zu zerstören. Außerdem existierten drei gefährliche Dinge, die ihm Sorge bereiteten. Zunächst war da die *Arkansas*, ein relativ starkes Panzerschiff der Südstaaten, das schon einige Monate lang seiner Zerstörung entgehen konnte. Das zweite und weitaus ernstere Problem war das Fieber, das unter den Besatzungen seiner Schiffe grassierte. Und die dritte Sorge bereitete ihm der fallende Pegel des Flusses, was angesichts der Nähe der konföderierten Armeen katastrophale Auswirkungen haben konnte. Aus diesen Gründen zog Farragut seine Truppen wieder nach New Orleans zurück, während Porter mit seiner Flotte, die er in so ausgezeichneter Weise vom Beginn des Feldzugs weit oben im Norden an befehligt hatte, weiter oberhalb von Vicksburg blieb.

Die endgültige Eroberung des Mississippi erfolgte erst im Frühjahr 1863 in einer klassischen gemeinsamen Operation. Zu diesem Zeitpunkt hatte Grant umfangreiche Landstreitkräfte in Stellung gebracht, die er mit großer Entschlossenheit und Risikobereitschaft operieren ließ, während Farragut seinen Marineverband wieder flussaufwärts brachte, wobei er viele, inzwischen stark verstärkte Verteidigungs-

stellungen der Konföderation passieren musste. Sein Erfolgsrezept, das darin bestand, immer zwei Schiffe zusammenzubinden um so das jeweils schwächere zu schützen erzielte jedoch nur begrenzte Wirkung und es kam zu Verlusten, die man im Vergleich zu den Operationen des Vorjahres als schwer bezeichnen kann. Nach der Verstärkung durch einige Schiffe aus Porters Verband, die es geschafft hatten Vicksburg zu passieren konnte er aber dann die Wasserwege der Konföderation unter starken Druck setzen. Ende April übergab Farragut das Kommando an Porter und begab sich zu seiner Hauptstreitmacht im Süden in der Nähe von Baton Rouge zurück. Gleichzeitig kam es zu einer beispielhaften gemeinsamen Operation von Porter und Grant, in der vor allem Porters Kanonenboote für die Bombardierung eingesetzt wurden und schließlich kapitulierte Vicksburg am 4. Juli.

DIE KAPERPOLITIK DER KONFÖDERATION

Bevor wir zum dritten Schwerpunkt der unionistischen Marineoperationen kommen (der Blockade mit der Eroberung einer wachsenden Zahl konföderierter Häfen), sollten wir uns mit den einzigen Aktionen des Bürgerkriegs zur See beschäftigen, bei denen die Konföderation in die Offensive ging – den Angriffen auf Handelsschiffe.

Es muss bezweifelt werden, ob der Süden überhaupt jemals die Absicht hatte mit diesen Operationen den Krieg zu gewinnen. Sicherlich besaß die Union eine umfangreiche Handelsflotte, die man auch leicht angreifen konnte, da ihre einzelnen Schiffe

General Ulysses S. Grant, der Chefarchitekt der Eroberung des Mississippi durch die Union. Während des gesamten Feldzugs gelang es ihm ausgezeichnet die Seestreitkräfte einzusetzen.

DER KRIEG DER PANZERSCHIFFE

Captain Raphael Semmes vom konföderierten Kaperschiff Alabama. *Als ritterlicher Freibeuter fuhr Semmes zwei Jahre kreuz und quer um den Globus, wobei er über 40 Schiffe der Union (die anschließend zumeist verbrannt wurden) ohne den Verlust eines einzigen Menschenlebens kaperte. Nach dem Krieg wurde er von allen Missetaten freigesprochen.*

über alle Weltmeere verteilt waren. Jedoch verfügte die Marine der konföderierten Staaten über keine großen Ressourcen und zu Beginn des Krieges hatte sie nur wenige Schiffe, die für Angriffe auf Handelsschiffe geeignet waren. Wahrscheinlich sollte man deshalb die Ziele der Konföderation als ein Gemisch aus mehreren Absichten betrachten. Zum einen wollte man die Kräfte des Nordens von den Blockadeoperationen ablenken, die sich auf lange Sicht als äußerst schädlich für den Süden erwiesen, und zum anderen war man wohl damit beabsichtigt den Norden finanziell und wirtschaftlich zu entkräften. Außerdem sah man auch Vorteile für das öffentliche Image der Konföderation: Indem man sich mit ganz anders gearteten und nur gegen die Union gerichteten Operationen der eigenen Kreuzer von den im Rahmen der unionistischen Blockadepolitik gegen neutrale Schiffe durchgeführten Schikanierungsaktionen distanzierte, hoffte man die europäischen Staaten für die Unter-

stützung des Südens gewinnen zu können, insbesondere dadurch, dass diese Kreuzer in ritterlicher und menschlicher Weise operierten.

Das Idealbild des konföderierten Freibeuters verkörperte dabei zweifellos Captain Raphael Semmes. Er begann ganz klein mit der CSS *Sumter*, die zu ihrer ersten Kreuzfahrt im Juni 1861 aufbrach. Diese sechsmonatige Operation, in deren Verlauf man 18 Schiffe kaperte, wovon acht wieder freigelassen wurden, endete im Januar 1862 in Gibraltar. Dort lagen drei Schiffe des Nordens auf Reede und Semmes verkaufte sein Schiff. Er war eindeutig für das Kommando über ein größeres Schiff geschaffen, das er im August 1862 mit der *Alabama*, einem der berühmtesten Kaperschiffe aller Zeiten, auch erhielt.

Die *Alabama* begann ihren Dienst als Rumpf Nr. 290 auf der Laird's Yard in Birkenhead, wo ihr Bau nach Verhandlungen zwischen Bulloch, dem Werfunterneh-

Das Gefecht zwischen der CSS Alabama *und der USS* Kearsarge *vor Cherbourg am 19. Juni 1864. Die Alabama hatte zwei harte Jahre auf See hinter sich, während die* Kearsarge *gut ausgerüstet und vorbereitet in den Kampf ging. Die Alabama sank schließlich nach einem erbitterten Gefecht von mehreren Stunden.*

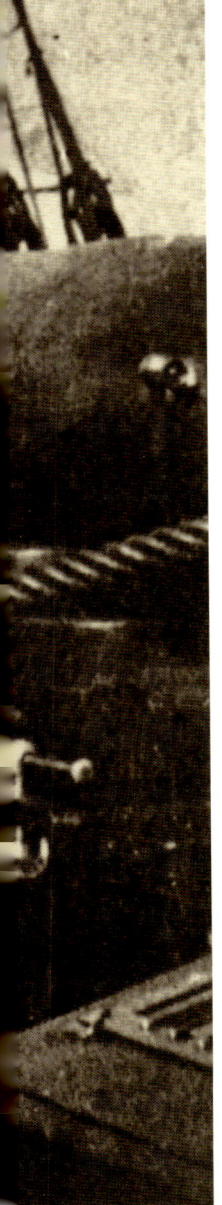

men Laird's und einer vermittelnden Bank- und Schifffahrtsgesellschaft namens Fraser, Trendholm aus Liverpool (England) in Auftrag gegeben worden war. Es war ein schnelles Schiff mit Volltakelage und für Semmes ein angemessenes Werkzeug. Fast zwei Jahre lang segelte es kreuz und quer über die Ozeane, wobei Kohle manchmal aus gekaperten Schiffen und manchmal in neutralen Häfen übernommen wurde. Während dieses Zeitraums kaperte Semmes 68 Schiffe, bei denen es sich fast ausschließlich um Segelschiffe handelte, die in ganz unterschiedlichen Gegenden wie dem Südatlantik, dem Indischen Ozean und den Küstengebieten von Südostasien aufgebracht wurden. Es heißt, dass Semmes während dieser Zeit keinem einzigen Menschen das Leben nahm. Die Mannschaften der gekaperten Schiffe wurden an Bord der *Alabama* genommen, dort peinlich korrekt behandelt und an bewohnten Orten wieder an Land gesetzt. Nach dem Krieg wurde Semmes vor Gericht gestellt, jedoch von allen Missetaten freigesprochen und zwar durch die Sieger.

Oben ein schneller Blockadebrecher, ein wichtiges Instrument in der Strategie der konföderierten Staaten. Mit diesen Schiffen wurde Baumwolle zu den Westindischen Inseln transportiert um die Kriegsausgaben des Südens zu finanzieren. Auf der Rückfahrt brachten sie dann militärische Ausrüstungen mit. Unten ein Schiff der Monitorserie der Union, deren begrenzte Geschwindigkeit und geringer Tiefgang für die Blockadebrecher von Vorteil waren, insbesondere wenn sie sich mit den geografischen Gegebenheiten der jeweiligen Gegend besser auskannten.

Allerdings beendete die *Alabama* ihre Fahrten nicht mit einer glorreichen Rückkehr in den Heimathafen. Am 11. Juni 1864 lief sie in Cherbourg ein um ihre Vorräte zu ergänzen und Reparaturen durchführen zu lassen. Die Nachricht von ihrer dortigen Ankunft wurde schnell nach Flushing telegrafiert, wo die USS *Kearsarge* lag und Captain Winslow segelte sofort los um die *Alabama* abzufangen. Das Schiff der Union, das ungefähr die gleiche Stärke wie die *Alabama* hatte, kreuzte vor Cherbourg bis zum 19. Juni, als die *Alabama* dann den Hafen verließ um sich zur Schlacht zu stellen. Das Gefecht wurde von vielen Zuschauern von der Steilküste aus beobachtet und jemand sagte, dass es aussah, als ob halb Paris dorthin gekommen wäre. Die *Alabama* wurde zunächst von dem französischen Panzerschiff *Couronne* bis zur Grenze der französischen Territorialgewässer gebracht.

Obwohl Semmes zur Schlacht bereit war, hatte sich unter seiner Besatzung zu diesem Zeitpunkt wohl schon Erschöpfung breit gemacht und vielleicht war er selbst auch entkräftet. Sein Schiff hatte noch nie einen Kampf gegen einen ernsthaften Gegner ausgetragen und während der zwei Jahre nur wenige Schüsse im Gefecht abgefeuert. Da die Munition lange Zeit den Elementen ausgesetzt gewesen war, befand sie sich in keinem guten Zustand. So war Semmes im Nachteil im Vergleich zu einem Gegner, der ausreichend Zeit zur Vorbereitung gehabt hatte und außerdem über eine behelfsmäßige Panzerung aus Ankerketten verfügte, während die *Alabama* nicht gepanzert war. Obwohl beide Schiffe äußerst geschickt manövrierten (es heißt, dass sieben vollständige Spiralbewegungen ausgeführt wurden, um sich zu beharken), konnte die *Kearsarge* ihren Gegner einige Male entscheidend treffen, während sie selbst keinen einzigen Schuss abbekam. Nach zwei Stunden strich die *Alabama* ihre Flagge und weniger als eine Stunde danach sank sie mit dem Heck voraus. Die

meisten Überlebenden der Mannschaft wurden gerettet, allein über 60 durch die britische Jacht *Deerhound*, die das Gefecht als Zuschauer verfolgt hatte.

Unter den Kaperschiffen der Südstaaten gab es noch einige andere, die der Handelsschifffahrt des Nordens schwer zu schaffen machten, wobei jedoch keines von ihnen so berühmt-berüchtigt war wie die *Alabama*. Von diesen Schiffen, die ebenfalls alle zahlreiche Kaperungen durchführten, seien hier die *Florida*, die *Georgia* und die *Shenandoah* genannt. Wieder andere, die in Europa gebaut oder umgerüstet wurden, erreichten nie die Marine der konföderierten Staaten, geschweige denn irgendein Einsatzgebiet. Dennoch belief sich die Gesamtzahl der im Verlauf des Krieges gekaperten Schiffe der Union nach den Angaben einer bestimmten Quelle auf 260, was beträchtlich ist. Von gewissen Kreisen wird sogar behauptet, dass „die Flagge der Union von den Meeren verdrängt wurde". Diese Feststellung geht meiner Ansicht nach zu weit, obwohl die Handelsflotte der Union zweifellos beträchtlich (um ca. 40 Prozent) einbüßte, was jedoch weniger auf die Kaperoperationen als vielmehr auf die Tatsache zurückzuführen ist, dass viele Schiffe dann unter anderer Flagge fuhren. Allerdings liegt die Ursache dafür ohne Zweifel größtenteils in der Besorgnis über die Überfälle auf Handelsschiffe.

Was geschah nun aber mit den Prisen? In früheren Kriegen wurden die erbeuteten Schiffe in einen Hafen gebracht und anschließend durch ein Prisengericht im Land des Kaperers einem neuen Besitzer zuerkannt. Unter den Bedingungen dieses Krieges konnte die Konföderation jedoch keine solche Einrichtung schaffen. Folglich bestand die allgemeine Praxis darin alles, was von technischem Wert war, aus dem gekaperten Schiff herauszuholen, die Besatzung an einen sicheren Ort zu bringen und dann die Prise zu verbrennen. Es war ein seltsamer Kompromiss zwischen dem alten System des Krieges gegen Handelsschiffe und dem neuen, wobei noch nichts von den schrecklichen Dingen vorhanden war, die den späteren ungezügelten U-Boot-Krieg kennzeichneten.

Die Union verzettelte sich nicht mit dem Einsatz ihrer Marineeinheiten für den Schutz der Handelsschifffahrt, ganz zu schweigen von der Einrichtung von Begleitkonvois. Unter den damaligen Bedingungen, als das Telegrafiesystem noch in den Kinderschuhen steckte und nur wenige Niederlassungen in Übersee vorhanden waren, gab es noch nicht die materiellen Voraussetzungen, die den Norden in die Lage versetzt hätten, ein wirksames Schutzsystem zu betreiben. Deshalb konzentrierte sich die Union auch weiterhin auf die Blockadepolitik und die allmähliche Zerstörung und Eroberung der Häfen im Süden.

Die Blockadepolitik der Union: Charleston, Mobile, Wilmington

Bis Mitte 1863 konnte der Süden mit seinen Operationen zur Überwindung der Blockade ganz zufrieden sein. Die meisten Handelsrouten waren recht kurz und führten nur bis zu den Westindischen Inseln, wo die Bahamas zu einem Zwischenlager für den konföderierten Handel wurden. Was die Schiffe vor allem brauchten, waren Schnelligkeit und gute Tarnung und die speziell für diese Zwecke neu- oder umgebauten Blockadebrecher hatten diese beiden Eigenschaften, die auch angesichts der immer noch dünn gesäten Streitkräfte der Union gut genutzt werden konnten. Obwohl der Export von Baumwolle und der Import von Waffen und anderen wichtigen militärischen Ausrüstungen nicht unvermindert in gleicher Weise weiterging (in den Baumwollzentren von Lancashire herrschte hohe Arbeitslosigkeit), war der Süden überzeugt, dass man diesen Krieg durchhalten könnte.

Aber die Zeit war auf der Seite der Union. Bereits Mitte 1862 hatte sie die Atlantikküste der konföderierten Staaten im Norden und Süden abgeriegelt. Im Norden waren die Hatteras- und Roanoke-Inseln sowie die Küstenstädte Norfolk und Beaufort an die Union gefallen und auch im Süden befanden sich Port Royal in der Nähe von Savannah sowie mehrere Siedlungen in Florida in ihren Händen. Am Golf von Mexiko kontrollierte die Union nicht nur New Orleans, sondern auch das gesamte Mississippi-Delta. Durch ihre Besetzung waren diese Orte nicht nur für die Konföderation verloren gegangen, sondern sie bildeten damit auch wertvolle Brückenköpfe für die Union für weitere Blockadeoperationen und Marineangriffe.

Jedoch gab es drei Häfen im Süden, die weiterhin einen florierenden Handel mit dem Ausland trieben. Dies war möglich durch den Einsatz mutiger Blockadebrecher, durch die hydrografischen Bedingungen, mit denen die Blockadeschiffe aus dem Norden oft nicht zurechtkamen, durch die starken Verteidigungsunterlagen an den Eingängen dieser Häfen und, so besagten verschiedene Gerüchte, infolge der stillschweigenden Duldung eines umfangreichen Schmuggelhandels durch bestimmte Unternehmen des Nordens, wodurch beispielsweise gewährleistet wurde, dass ein Großteil der Baumwolle aus den Häfen des Südens seinen Weg über Nassau in die nördlichen Fabriken fand. Bei diesen Häfen handelte es sich um Charleston und Wilmington an der Atlantikküste sowie um Mobile am Golf von Mexiko.

Das erste Ziel unter diesen drei Häfen war Charleston. Dieser Hafen hatte eine besondere symbolische wie auch praktische Bedeutung: Dort hatte der Krieg begonnen und die Stadt wurde als Brutstätte der Sezession betrachtet. Im Januar 1863

Eine effektvolle Darstellung der Schlussphase der Schlacht von Mobile Bay. Das gefürchtete Panzerschiff der Konföderation, die Tennessee, *wird schließlich von Schiffen der Union, die in der Überzahl waren, umzingelt und überwältigt, nachdem diese die festen Verteidigungsunterlagen durchbrochen haben.*

DER AMERIKANISCHE BÜRGERKRIEG

Die Operation der Union mit dem geringsten Erfolg während des gesamten Krieges war der langwierige Angriff auf Charleston, der 1863 mehrere Monate lang dauerte. Er zerstörte den guten Ruf von zwei Flaggoffizieren der Union und verursachte beträchtliche Verluste unter den Seestreitkräften der Union. Obwohl einige Forts der Konföderation in Schutt und Asche lagen, konnte sich der Hafen insgesamt halten.

DER KRIEG DER PANZERSCHIFFE

Die New Ironsides *der Union war wahrscheinlich das am weitesten entwickelte Schiff, das während des Bürgerkrieges gebaut wurde. Es wurde 1863 von einem Tauchboot der Konföderation ohne Erfolg angegriffen und konnte den Krieg unbeschadet überstehen.*

wurde die Aufgabe der Eroberung von Charleston an Konteradmiral (dieser Dienstgrad war inzwischen eingeführt worden) Du Pont übertragen, einen Offizier der Union, der sich zuvor bei der Einnahme von Port Royal ausgezeichnet hatte. Sein Verband setzte sich größtenteils aus Holzschiffen zusammen, hatte aber auch ein Monitor-Schiff, die *Montauk*, und zu Beginn der Operation war ihm die Bereitstellung weiterer Schiffe dieses Typs zugesagt worden. Die Verteidigungsgrund der Konföderation bestanden aus einer Reihe von soliden Forts mit insgesamt ungefähr 250 Geschützen, fest vertäuten Seeminen, die sich bereits in den oberen Abschnitten des Mississippi bewährt hatten, und zwei neugebauten kleinen Panzerschiffen, der *Palmetto State* und der *Chicora*, die anfänglich mit großem Elan operierten.

Die Streitkräfte der Union versuchten zunächst die Forts durch Beschuss von den Monitor-Schiffen aus (von denen schließlich sieben vorhanden waren) zu zerstören.

Fest vertäute Minen (die oft als Torpedos bezeichnet wurden, wie dies auch durch den berühmten Ausspruch von Farragut „Zum Teufel mit den Torpedos! Volle Kraft voraus!" belegt wird) gehörten zu den wichtigsten Waffen für die Hafenverteidigung der Konföderation. Da der Herzhorn-Zünder zu dieser Zeit noch nicht erfunden war, konnte die Detonation nicht mit Sicherheit erfolgen.

DER AMERIKANISCHE BÜRGERKRIEG

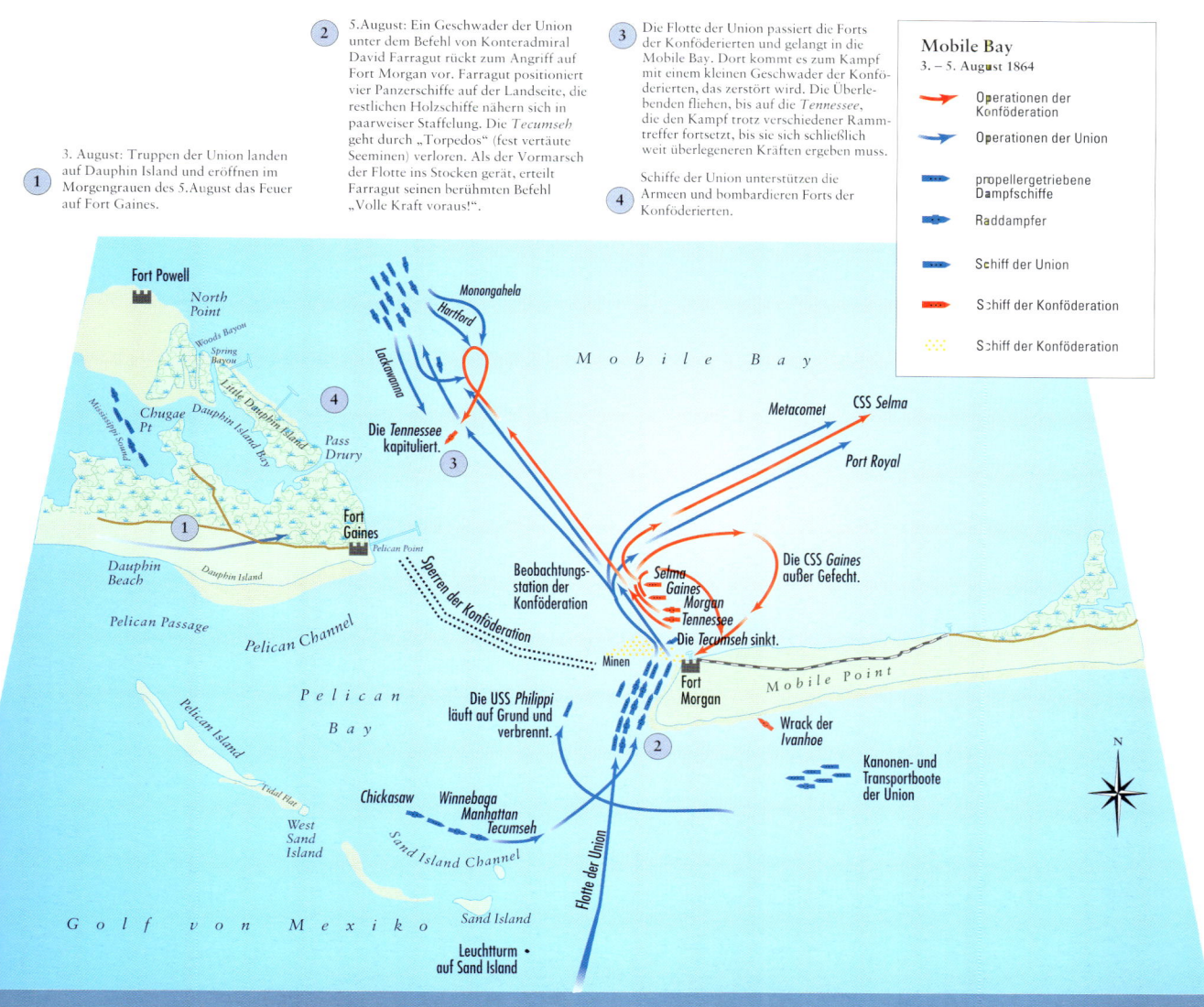

MOBILE BAY, 3.–5. AUGUST 1864

Bei seinem Angriff auf den strategisch wichtigen Hafen der Südstaaten in Mobile (Alabama) sah sich der US-Marineverband unter Farragut allen Verteidigungsanlagen gegenüber, welche die konföderierten Streitkräfte aufzubieten hatten. An der Spitze des Angriffsverbandes fuhren Panzerschiffe, denen paarweise gestaffelte Holzschiffe folgten.

Jedoch war ihre Feuergeschwindigkeit sehr gering und so hatten die Verteidiger ausreichend Zeit um vor dem nächsten Schuss in Deckung zu gehen und dann wieder aufzutauchen und zurückzufeuern. Ein Angriff mit größerer Entschlossenheit erfolgte dann am 7. April. Allerdings traf er auf starkes Gegenfeuer; ein Monitorschiff ging unter und ein anderes wurde durch eine Mine zerstört. Während des Sommers wurden etliche Angriffe dieser Art durchgeführt, aber obwohl man Fort Sumter dabei in Schutt und Asche legte und eine andere Festung aufgegeben wurde, konnte sich Charleston selbst halten. Auch durch die Ablösung von Du Pont durch Konteradmiral Dahlgren änderte sich die Situation kaum.

Eine bemerkenswerte Premiere während dieses Feldzugs stellte einer Reihe von Angriffen dar, die durch konföderierte Schiffe auf das Flaggschiff der Union, die *New Ironsides*, einem Breitseiten-Panzerschiff konventioneller Bauart, durchgeführt wurden. Dabei benutzte man Spierentorpedos, wobei der erste auf einem dampfgetriebenen Stangentorpedoboot und der zweite auf einem Tauchboot namens *David* befestigt war. Keiner der beiden Torpedos richtete größeren Schaden an, aber sie waren

Das Panzerschiff Tennessee, *das in den Augen der Union eine große Gefahr darstellte, war wahrscheinlich das stärkste Schiff, dass die Konföderation während des Krieges baute. Sie war mit zwei 110-Pfünder- und vier 95-Pfünder-Vorderladern mit gezogenem Lauf ausgestattet und wurde durch eine 15 cm starke Panzerung geschützt.*

Vorboten für spätere Ereignisse, die eintraten, als im nächsten Jahr ein U-Boot der Konföderation, das mit einem Handpropeller angetrieben wurde, das Union-Schiff *Housatonic* mit einem Spierentorpedo versenken konnte. Alle Matrosen des U-Boots kamen dabei ums Leben. Noch größere Bedeutung hatte in den Augen einiger Leute der erfolgreiche Angriff eines dampfgetriebenen Stangentorpedobootes der Union unter dem Befehl von Lieutenant Cushing, das im Oktober 1864 das Panzerschiff *Albemarle* ebenfalls mit Hilfe eines Spierentorpedos versenken konnte.

Infolge der gescheiterten Eroberung von Charleston zog die Union als Nächstes einen Angriff auf Mobile in Erwägung. Doch dieses Unternehmen war genauso schwierig wie die Operation gegen Charleston. Die Zufahrt des dortigen Hafens war nur etwas breiter als eine Meile, wobei die Hälfte davon aus nicht schiffbaren Sandbänken bestand und auf jeder Seite befanden sich starke Forts. Der schiffbare Teil des Kanals war stark vermint und die einzige Lücke in diesem Minenfeld, die man für Blockadebrecher offen gelassen hatte, befand sich dicht unter den Geschützen von Fort Morgan. Ein gefährliches Panzerschiff, die *Tennessee*, die nach dem Vorbild der *Virginia* konstruiert, aber viel stärker als diese war und durch den wieder gesundeten Captain Buchanan befehligt wurde, lauerte in der Bucht.

Farragut, dem man das Kommando für diese Operation übertragen hatte, machte sich keine Illusionen. Er wartete so lange, bis seine Streitmacht eine für ihn ausreichende Stärke hatte: vier Monitorschiffe und 14 Holzschiffe, einschließlich seines Flaggschiffs, der *Hartford*. Am 5. August 1864 gingen sie zum Angriff über, wobei die Monitorschiffe voranfuhren, gefolgt von den paarweise zusammengebundenen übrigen Schiffen. Das erste Monitor-Schiff, die *Tecumseh*, wollte sofort die *Tennessee* angreifen, da diese bereits das Feuer eröffnet hatte. Bei ihrem Versuch das Minenfeld zu durchqueren wurde sie jedoch unter schweren Verlusten versenkt. Der Angriff des Nordens geriet in Gefahr in einem Chaos zusammenzubrechen.

Genau zu diesem Zeitpunkt traf Farragut seine berühmte Entscheidung zur Fortsetzung des Kampfes, wobei er den noch berühmteren Satz sagte: „Zum Teufel mit den Torpedos!" Die *Hartfort* glitt über mehrere Minen hinweg (glücklicherweise hatte man den Herzhorn-Zünder noch nicht erfunden) und die restlichen Schiffe der Flotte folgten ihr. Obwohl sie sich danach innerhalb der Bucht befanden, war die Schlacht damit keinesfalls vorbei. Die *Tennessee* kämpfte noch mehrere Stunden lang weiter, bis sie dann schließlich kapitulierte, nachdem sie von Monitor-Schiffen

Farragut war nicht nur ein äußerst fähiger Kommandeur, sondern er trug auch zur Deckung des Bedarfs an Helden in dieser Phase des Krieges bei. Sein Mut und seine Entschlossenheit bei der Fortsetzung des Angriffs auf Mobile nach dem anfänglichen Rückschlag durch den Verlust der Tecumseh wurden legendär. Das Bild zeigt ihn an den Wanten seines Flaggschiffs, der USS Hartford.

umzingelt war, die sie bombardierten und zu rammen versuchten. Die Forts hielten sich noch mehrere Tage lang und Mobile selbst wurde erst 1865 erobert, obwohl der Hafen nach August 1864 als Zuflucht für Blockadebrecher der Konföderation nicht mehr verwendet werden konnte.

Da Charleston sich als uneinnehmbar erwiesen hatte, blieb nun nur noch Wilmington übrig. Dieser Hafen wurde am Eingang bei Cape Fear durch Fort Fisher geschützt, das vor allem dank der Arbeit eines Mannes in eine starke Festung verwandelt wor-

DER KRIEG DER PANZERSCHIFFE

den war und dieser Mann war Colonel Lamb von den konföderierten Streitkräften. Selbst 1864 noch war die Zahl der Blockadebrecher, die den Cape Fear River bis nach Wilmington hinauffuhren, noch erheblich, da es wegen der Gestalt der dortigen Küste und der geringen Wassertiefe über der Barre für Blockadeschiffe schwierig war sich dort aufzuhalten. Jedoch dauerte es bis zum Dezember des gleichen Jahres, bevor man die nötigen Streitkräfte für einen Angriff auf Fort Fisher zusammengestellt hatte.

Der erste Angriffsversuch, bei dem Konteradmiral Porter den Marineverband befehligte und General Butler das Kommando über die Landstreitkräfte führte, scheiterte jedoch. Butler war ein Mann mit großem politischen Einfluss, jedoch mit geringer militärischer Kompetenz und er scheute davor zurück den Angriffsbefehl zu geben, nachdem ein wahnwitziger Plan mit einem Sprengschiff, das vor dem Fort detonieren sollte, nicht aufgegangen war. Butler wurde dann durch General Terry abgelöst, der größere Entschlossenheit zeigte und am 15. Januar

General Benjamin Butler, offensichtlich eine Fehlbesetzung bei dem zunächst erfolglosen Angriff auf Fort Fisher im Dezember 1864. Butler besaß großen Einfluss in Washington, aber seine Fähigkeiten im Kampf waren eher fraglich.

DER AMERIKANISCHE BÜRGERKRIEG

1865 konnte man das Fort nach der heftigsten Beschussoperation des ganzen Krieges schließlich erobern. An diesem Angriff nahmen sowohl Verbände der Marine als auch Armeeeinheiten teil und unter beiden gab es starke Verluste. Von allen Kampfhandlungen an der Küste kann diese wohl am ehesten als wahrhaft gemeinsame Operation bezeichnet werden und obwohl es dabei auch recht hart zuging (Porter war kein Kommandeur, mit dem seine Kollegen leicht auskommen konnten), war es auch die erfolgreichste. Wilmington wurde am 22. Februar besetzt.

Schlussbemerkungen

Einige Monate später ging der Krieg zu Ende, ohne dass den Marinefaktoren immer die gebührende Aufmerksamkeit gewidmet worden war. Beide Präsidenten, Abraham Lincoln von der Union und Jefferson Davis auf der Seite der Konföderation, neigten eher dazu im Vergleich zu den großen Landschlachten diesen Bereich als sekundär zu betrachten, was wohl eine Unterschätzung darstellte. Die Blockadeoperationen des Nordens waren mit Sicherheit ein wichtiger strategischer Faktor. Wenn sie nicht funktioniert hätten, wäre der Süden in der Lage gewesen weitaus länger durchzuhalten und er hätte dann auch, was noch viel wichtiger gewesen wäre, viel länger die Sympathie der europäischen Staaten genossen. Auch die Eroberung des Mississippi war ein wichtiger Erfolg im Rahmen der Kriegskonzeption des Nordens und ohne die Marineverbände wäre dieser Sieg nicht errungen worden. Und schließlich hatte der Verlust der konföderierten Häfen und Küstenpositionen mit Sicherheit äußerst schädliche Auswirkungen auf die Stimmung im Süden, was dort zu der Erkenntnis führte, dass man endgültig isoliert war.

Es gab eine Fülle von Schlussfolgerungen, die sich in taktischer und materieller Hinsicht ziehen ließen, was jedoch nicht immer, wie bereits am Beginn dieses Kapitels erwähnt, in richtiger Weise geschah. Der Spierentorpedo und der Rammsporn wurden als potenzielle Waffen für die Zukunft betrachtet, was sich jedoch als Irrtum erwies. Obwohl sich die Panzerschiffe grundsätzlich bewährten, kam es auf Grund der besonderen Bedingungen der Kriegsführung in den Küstengewässern und auf den Flüssen zum forcierten Bau von Monitor-Schiffen, die sich jedoch nicht für andere Gebiete der Welt eigneten. Und auch die dort eingesetzten U-Boote regten einige Leute zum Nachdenken an. Eine Schlussfolgerung, die nicht genügend beachtet wurde, besteht in der Bedeutung koordinierter Operationen verschiedener Waffengattungen. Bis hin zum Ende des Krieges gab es so viele Rivalitäten zwischen den einzelnen Verbänden, dass es nicht möglich war die verfügbaren Streitkräfte optimal einzusetzen und dies war und ist vielleicht die härteste Erfahrung, die man in einem Krieg machen kann.

Der Angriff auf Fort Fisher an der Mündung des Cape Fear River, der nach Wilmington führte, einem der Zufluchthäfen für Blockadebrecher bis fast zum Ende des Krieges. Dieser Angriff am 15. Januar 1865 war die erbittertste Marineoperation des gesamten Krieges und hatte schwere Verluste auf beiden Seiten zur Folge.

DER KRIEG DER PANZERSCHIFFE

DER AMERIKANISCHE BÜRGERKRIEG

In der Stille nach dem blutigen Angriff auf Fort Fisher inspizieren Soldaten der Union ein Geschütz der Konföderation. Diese gemeinsame Operation stand unter dem Kommando von Admiral David D. Porter und General Alfred H. Terry.

KAPITEL FÜNF

Marinen und imperiale Expansion

Selbstbewusste junge Männer am Ruder des Empire: Lieutenant Roger Keyes und Able Seaman H. Brady an Bord der HMS Fame *auf der Rückfahrt vom Einsatz gegen den Boxeraufstand (1900). Als Offizier eines Zerstörers war Keyes mit allen Wassern gewaschen und stieg später bis in die höchsten Ränge der Royal Navy auf.*

Marinen und imperiale Expansion

Zwischen 1815 und 1855 konnten die europäischen Mächte ihren Besitz und Einfluss in der übrigen Welt nur allmählich vergrößern. Großbritannien festigte lediglich seine Eroberungen aus dem 18. Jahrhundert in Indien, Kanada, Australien und in dem südwestlichen Pazifik, während Frankreich mit der Eroberung neuer Territorien in Algerien und auf den pazifischen Inseln weitaus aktiver war. Russland begann eine Expansion in südöstlicher Richtung, die sich in den nächsten Jahren noch weiter fortsetzen sollte. Die Niederlande konnten ihre ostindischen Besitzungen erhalten, während die einzelnen Länder Deutschlands und Italiens sich noch nicht einmal zu souveränen Staaten zusammengeschlossen hatten und keine deutlichen kolonialen Absichten erkennen ließen. Erst nach 1855 begann dann die dynamischste Phase der imperialen Expansion.

Bis zu diesem Zeitpunkt hatte sich Großbritannien in den Besitz verschiedener strategisch wichtiger Orte gebracht (Singapur 1819, Malacca 1824, Natal 1843), die sich später als gute Ausgangsbasis erweisen sollten. Die Seemacht hatte bei diesen Eroberungen im weitesten Sinne sowohl als Motor als auch als hilfreiches Element gewirkt und sie wurde im nächsten halben Jahrhundert zu einem dominierenden Faktor für die beschleunigte imperiale Entwicklung, sowohl im zivilen Bereich als auch in militärischer Hinsicht. Die Ausübung dieser Macht erfolgte nicht nur durch Großbritannien, sondern in gewissem Maße auch durch alle anderen Kolonialstaaten.

Die im Zeitalter der Panzerschiffe erreichten technischen Fortschritte trugen erheblich zur Stärkung des Einflusses und der Macht Europas bei, wobei die Dampfkraft die größte Stütze bildete. Wie dieses Kapitel zeigt, war die Tatsache, dass dampfgetriebene Marineschiffe und -boote bis zu den Machtzentren der Eingeborenen vordringen konnten, von entscheidender Bedeutung bei vielen kolonialen Operationen und auch im zivilen Bereich kam es dank der Mobilität und Flexibilität dampfgetriebener Handelsschiffe zu einem beispiellosen Aufschwung des Handels. Es heißt, dass der Handel den Flaggen der Kriegsschiffe folgte. Aber man kann etwas weniger pathetisch genauso gut sagen, dass die Kriegsschiffe den Handelsschiffen folgten. Mit einer Handelsflotte, die viermal größer als die anderer Nationen war, dominierte Großbritannien auch diesen Bereich.

Die Indische Meuterei (1857–1858)

Große Teile der indischen Armee, die im Dienst der „Ehrenwerten Ostindischen Kompanie" standen, meuterten im Frühjahr 1857 und gefährdeten dadurch die gesamte britische Herrschaft in Indien. Obwohl die auf dem Subkontinent stationierten britischen Regimenter alles taten um die Meuterei einzudämmen waren sie doch zahlenmäßig unterlegen und mussten verstärkt werden. Drei Schiffe der Royal Navy, die sich gerade in Hongkong befanden, nachdem sie zuvor an der Westküste Südamerikas stationiert waren, wurden abkommandiert und trafen im August in Kalkutta ein. Eines dieser Schiffe, die *Sanspareil*, landete eine beträchtliche Zahl Soldaten zur Bemannung des großen Forts in Kalkutta an und kehrte dann in den Fernen Osten zurück. Die beiden anderen, die Fregatten *Shannon* und *Pearl*, verblieben in indischen Gewässern und leisteten dort einen großen Beitrag zur Unterdrückung der Meuterei.

Die Art und Weise, wie sie dies taten, wurde zum Vorbild für viele Kolonialoperationen in den nächsten fünfzig Jahren. Die Schiffe selbst hatten einen zu großen Tiefgang und konnten deshalb nicht sehr weit flussaufwärts fahren. Deshalb wurde ein Großteil ihrer Mannschaften an Land gesetzt oder fuhr auf von requirierten Dampfbooten gezogenen Flößen weiter, wobei nicht nur kleinere Waffen, sondern auch alle größeren Geschütze, die man hatte verladen können, mitgeführt wurden. Die so entstandene Marinebrigade, in der sich auch viele königliche Marineinfanteristen befanden, hatte grundsätzlich sowohl Artillerie- als auch Infanterieaufgaben zu erfüllen.

Die über 500 Mann starke Brigade der *Shannon* brauchte zwei Monate um die 700 Meilen von der Mündung des Ganges bis nach Allahabad zurückzulegen, wo sie in der zweiten Oktoberhälfte 1857 an Land ging und an einer Reihe von Operationen vor Kanpur und Lucknow teilnahm. Die Zusammenarbeit zwischen der Armee und den Marinekräften funktionierte ausgezeichnet und wurde auch in den ersten drei Monaten des Jahres 1858, als Großbritannien langsam die Oberhand bekam, erfolgreich fortgesetzt. Das einzige schmerzliche Ereignis bei der Rückkehr der Brigade zu ihrem Schiff war der Tod ihres hervorragenden Kommandeurs, Captain William Peel, der an seinen Wunden und der Pockenkrankheit starb.

Die Brigade der *Pearl* unter Captain Sotheby umfasste etwa 200 Mann, die sich mit dem Dampfer *Jumna* auf eine weiter nördlich verlaufende Route begaben. Sie operierte in Zusammenarbeit mit gemischten Landtruppen, unter denen sich auch viele Gurkhas befanden und deren Oberkommando in den Händen von Colonel Rowcroft lag. Im Verlauf des Jahres 1858 trugen sie eine Reihe von Kämpfen am Ghogra River und nördlich davon aus und nahmen auch an der letzten großen Operation des Krieges bei Tulsipur in der Nähe der nepalesischen Grenze teil. Einmal mehr waren die Anpassungsfähigkeit eines Marinekontingents und sein Können beim Einsatz schwerer Waffen unter unterschiedlichen Bedingungen von großer Hilfe für die Landstreitkräfte und es gab auch großes Lob dafür von der Armeeführung.

DER FERNE OSTEN (1856–1865)

Der Opiumkrieg 1840/41 hatte nicht nur die britische Macht in Hongkong gefestigt, sondern auch dazu geführt, dass umfangreiche Konzessionen an Kanton abgetreten wurden, von wo aus der europäische und amerikanische Handel mit China weiter expandieren konnte. Allerdings boten sich aufgrund der inneren Instabilität Chinas in den späten 50-er Jahren des 19. Jahrhunderts Möglichkeiten zu lokal begrenzten Gegenaktionen, die von Piraterie bis hin zu behördlichen Maßnahmen reichten und deren Richtung den westlichen Interessen zuwiderlief und als Bedrohung für den gesamten Handel betrachtet wurde.

Deshalb befahl der britische Oberbefehlshaber, Konteradmiral Sir Michael Seymour, einen Angriff auf die Verteidigungsanlagen von Kanton. Nach der Eroberung der vorgeschobenen Forts im Oktober 1856 beherrschte seine Flotte die Zugangswege nach Kanton. Allerdings wurde ein weiteres Vordringen durch den unerwartet starken chinesischen Widerstand zu Lande und die geschickte Politik des Gouverneurs Yeh gestoppt und so existierte während des Jahres 1857 ein militärisches Patt, wobei die britischen Kräfte auch dadurch geschwächt wurden, dass Truppen wegen der Meuterei nach Indien abkommandiert werden mussten. Der einzige größere britische Erfolg in diesem Sommer konnte in der Foshan-Bucht, oberhalb von Kanton, erzielt werden, wo ein großer Verband chinesischer Kriegsdschunken aufgerieben und verbrannt wurde. Auch hier waren Dampfantrieb, Feuerkraft und Disziplin die Schlüssel zum Erfolg.

Im Dezember traf ein französisches Geschwader zur Verstärkung der britischen Streitkräfte vor Kanton ein und der Kampf wurde mit Truppen aus beiden Ländern weitergeführt. Nach Ablauf eines Ultimatums erfolgte am 28. Dezember 1857 der Hauptangriff (unter Beteiligung einer 1500 Mann starken britischen Marinebrigade) und die Stadt wurde endgültig am 30. Dezember besetzt. Jedoch war die militärische

DER KRIEG DER PANZERSCHIFFE

GEGENÜBER: *Als übertrieben selbstbewusster und lässiger (man beachte die schmutzigen Schuhe!) Oberbefehlshaber erlitt Admiral Sir James Hope 1858 an der Mündung des Peiho die einzige große britische Niederlage zur See im Zeitalter der Panzerschiffe.*

Die Schlacht am Foshan, 1. Juni 1857. In dieser Bucht oberhalb von Kanton wurde ein großer Verband chinesischer Kriegsdschunken durch britische Truppen unter Admiral Seymour und Commodore Henry Keppel geschlagen.

Eroberung einer Stadt mit einer Million Einwohnern nur die eine Sache. Weitaus schwieriger war es diese Stadt zu verwalten. Die chinesische Seite wusste dies sehr gut und so kam es erneut zu einer Art Pattsituation.

Schließlich wollte man mit Chinas kaiserlicher Regierung verhandeln, aber da ein in Schanghai geplantes Treffen nicht stattfand, waren die westlichen Generalbevollmächtigten der Meinung, dass man diese Verhandlungen nun von einer Position der Stärke aus führen müsse. Deshalb wurden Marineverbände nach Norden geschickt. Sie stellten dem Kommandanten der Taku-Forts an der Mündung des Peiho, von wo aus die Zugangswege nach Tientsin und Peking kontrolliert wurden, ein Ultimatum. Als dieses abgelaufen war, erfolgte die gemeinsame Landung von britischen und französischen Truppen unter dem Feuerschutz von etwa elf Kriegsschiffen. Der Widerstand konnte ohne größere Probleme gebrochen werden und die Flotte kam bis nach Tientsin, wo die Chinesen am 27. Juni 1858 ein Abkommen unterzeichneten, an dem auch die USA und Russland als Vertragsparteien beteiligt waren und das viele kommerzielle und diplomatische Konzessionen an die Westmächte enthielt.

Allerdings kam es bald zu Problemen wegen der Interpretation des Vertrages und fast genau ein Jahr später wurde erneut ein Verband britischer und französischer Truppen entsandt um die Chinesen gefügig zu machen. Wieder einmal war es notwendig die Taku-Forts zu passieren und einen Marineverband bis nach Tientsin zu bringen. Allerdings hatten die Chinesen in der Zwischenzeit ihre Befestigungen deutlich verstärkt. Die Briten unter ihrem neuen Oberbefehlshaber Sir James Hope waren übertrieben zuversichtlich, während sich die französischen Truppen die meiste Zeit woanders aufhielten und die Amerikaner praktisch überhaupt nicht präsent waren. So wurde der nur mit Marinelandetruppen durchgeführte Angriff dann auch durch die schwimmenden und fest verankerten Absperrungen, durch das starke Feuer von den Forts und vor allem durch den Schlamm vereitelt, der die Annäherung an die Forts fast unmöglich machte. Die Briten mussten sich unter schweren Verlus-

ten wieder zurückziehen. Allerdings erhielten sie bei dieser Operation ein wenig Unterstützung, jedoch ohne Geschützfeuer, durch einen Verband der US-Navy unter dem Befehl von Commodore Tattnall, der bei dieser Gelegenheit den berühmten Satz prägte: „Blut ist dicker als Wasser."

Entsprechend dem Geist der damaligen Zeit war diese Niederlage als „Beleidigung" zu betrachten, die nach Rache verlangte. Jedoch dauerte es bis zum nächsten Jahr, bevor man eine genügend große Streitmacht für einen erfolgreichen Angriff auf die Taku-Forts zusammengestellt hatte. Die Gesamtzahl der britischen und französischen Truppen, die im August 1860 in Pehtang landeten, belief sich auf über 20 000 Mann und vor dem zu Lande durchgeführten Angriff, der durch das Feuer von Kanonenbooten unterstützt wurde, kapitulierten die Taku-Forts am 21. August. Die Armeeverbände marschierten anschließend weiter nach Tientsin und schließlich bis nach Peking, wo am 24. Oktober ein weiterer Vertrag unterzeichnet wurde, der den westlichen Interessen mehr entsprach als das Abkommen von Tientsin.

Die Lage in China war durch den Taiping-Aufstand gegen die Zentralregierung, der das Land seit 1858 erfasst hatte, sehr verworren. Zwischen 1860 und 1862 versuchte die britische Politik die westlichen Interessen am Jangtse und insbesondere in Schanghai, das

DER KRIEG DER PANZERSCHIFFE

Die Mündung des Peiho, 25. Juni 1859

Gut vorbereitet erwarteten die Chinesen auf den leicht verstärkten Taku-Forts und anderen Verteidigungsanlagen den Angriff der mehrheitlich britischen Truppen, die jedoch über zu geringe Mittel und Kräfte verfügten. Ihr Beschuss blieb erfolglos und ein Landungsversuch über das Watt wurde unter schweren Verlusten zurückgeschlagen. Vier britische Kanonenboote wurden versenkt.

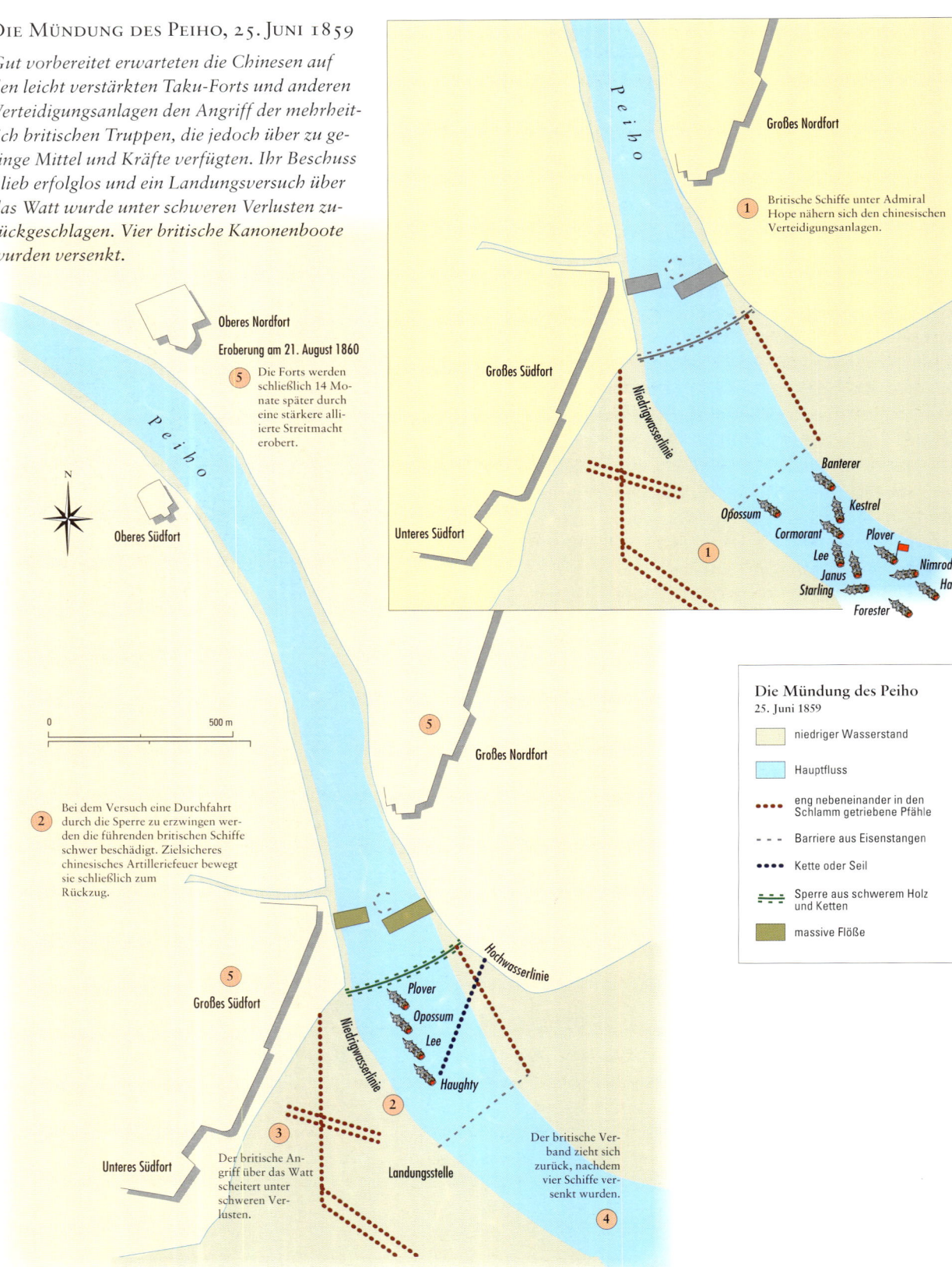

damals schon ein wichtiger Handelshafen an der chinesischen Küste war, zu schützen. Die Kommandeure von Kanonenbooten, die oft nur den Dienstgrad eines Lieutenant hatten, befanden sich in einer äußerst schwierigen diplomatischen Situation, da sie versuchten eine Politik zu verfolgen, die offiziell gegen Interventionismus war, aber in der Praxis oft die Zentralregierung unterstützte.

Konteradmiral Kuper, der Hope im Februar 1862 ablöste, reduzierte die britischen Operationen gegen die Taiping-Rebellen allmählich. Ihn beschäftigten andere Sorgen, die sich auf das noch weiter entfernte Japan bezogen. Auch dort herrschte eine verworrene Lage, die zum einen auf den Niedergang des Shogunats und zum anderen auf das äußerst strittige Problem der Öffnung Japans für den Handel zurückzuführen war, die nach dem Besuch von Commodore Perry im Jahre 1853 von den Westmächten verstärkt betrieben wurde. Im Herbst 1862 kam es dann zu vereinzelten Anschlägen auf Staatsbürger und Konsulate westlicher Staaten. Großbritannien nahm diese Zwischenfälle äußerst ernst und forderte Wiedergutmachung.

Die einflussreichen Kräfte in Japan blieben weiter untereinander zerstritten, wobei die Fraktion, welche die Ausweisung aller Ausländer forderte, bis Mitte 1863 die Oberhand gewann. In der Straße von Shimonoseki kam es zum Beschuss französischer, holländischer und amerikanischer Schiffe, die darauf wiederum mit Bombardierungen und Landungsaktionen reagierten. Im August erhielt Kuper die Anweisung gegen den Satsuma-Bund vorzugehen, der die fremdenfeindliche Fraktion anführte. Zwischen dem 15. und 17. August bombardierte er mit sieben seiner Schiffe die Stadt Kagoshima auf der südlichen Insel Kyushu. Alle diese Schiffe hatten einen hölzernen Rumpf, waren aber mit Dampfantrieb ausgestattet und wie bereits im Kapitel Eins erwähnt funktionierten ihre Hinterladergeschütze nicht besonders gut. Trotzdem wurde Kagoshima stark zerstört, was große Auswirkungen auf die öffentliche Meinung in Japan hatte und die Mehrheit der herrschenden Kreise beugte sich unter diesen Umständen einer Öffnung des Landes für ausländischen Handel und Einfluss.

Vizeadmiral Augustus Kuper, von 1862–1864 britischer Oberbefehlshaber der China-Station. Seine Entschlossenheit und diplomatischen Fähigkeiten wurden durch den Taiping-Aufstand in China und die Probleme mit Japan auf eine harte Probe gestellt.

Allerdings gab es eine Fraktion in Japan, die sich weiterhin dieser Entwicklung entgegenstellte und sie erreichte sogar die Kontrolle über die Straße von Shimonoseki am westlichen Zugang zum Inlandsee. Daraufhin brach Kuper im Sommer 1864 von Yokohama aus auf um gemeinsam mit französischen, holländischen und amerikanischen Verbänden die Durchfahrt durch diese Straße zu erzwingen. Diese Streitmacht umfasste insgesamt 18 Schiffe mit fast 300 Geschützen. Das größte war ein britisches Linienschiff mit Schraubenantrieb, die *Conqueror*, und es war wahrscheinlich das letzte Mal, dass ein solches britisches Schiff im Gefecht eingesetzt wurde.

Bei den Operationen ging man schrittweise von Osten nach Westen vor, wobei zunächst die einzelnen Ketten von Forts durch Bombardierung aufgeweicht wurden und dann ein Truppenverband aus allen beteiligten Nationen angelandet wurde. Aus militärischer Sicht war es für die Angreifer ein voller Erfolg mit nur geringen Verlusten. Auch in Bezug auf die unmittelbaren politischen Auswirkungen war die Operation erfolgreich: Die Straße von Shimonoseki wurde wieder geöffnet und Japan unterschrieb etliche Verträge, mit deren Bedingungen der Westen sehr zufrieden war.

DER KRIEG DER PANZERSCHIFFE

Matrosen aus vier Ländern (Frankreich, Niederlande, Großbritannien und USA) inspizieren und vernageln gemeinsam japanische Geschütze an der Straße von Shimonoseki nach der Beschuss- und Landungsoperation der alliierten Flotten (5.–8. September 1863).

MARINEN UND IMPERIALE EXPANSION

DER NEUSEELÄNDISCHE KRIEG (1860–1864)

Für die Auseinandersetzungen auf der Nordinsel von Neuseeland, in deren Verlauf Maori-Truppen unter der Führung von William King versuchten die Landbesetzung durch Siedler zu stoppen bzw. rückgängig zu machen wurden hauptsächlich Einheiten der britischen Armee eingesetzt. Jedoch trugen auch Marineverbände und andere Hilfstruppen zur Mobilität der Operationen bei, die sich weitestgehend an der Küste abspielten. Die dortigen Landwege waren für die Bewegung großer Truppenverbände nicht geeignet und es war schwierig mittels Aufklärung Informationen über die nächsten Aktionen der Aufständischen zu beschaffen, bevor diese wirklich begannen. Deshalb waren Operationen zur See die beste und einzig mögliche Variante.

Zur Unterstützung der Armee kam es zur wiederholten Anlandung von Marinebrigaden, die oft einige 100 Mann stark waren und sich in verschiedenen Gefechten auszeichneten. Aber sie erlitten auch schwere Verluste gegen den harten Widerstand der im Allgemeinen von Palisadenfestungen aus operierenden Maoris. Allerdings fehlte es der britischen Taktik in vielen Fällen an Einfallsreichtum und nur allzu oft verließ man sich auf den Frontalangriff, der nicht die beste Methode für diese Operationen war, die sich als Zermürbungskrieg erwiesen. Schließlich trugen die Briten aber dank ihrer Überzahl und besseren Bewaffnung den Sieg davon. Beiden Seiten ist es zu verdanken, dass die Beziehungen anschließend nicht für immer eingefroren wurden.

Eine „Anti-Piraterie-Operation". Im peruanischen Aufstand von 1877 kämpfte das Turmschiff Huascar *auf der Seite der Rebellen und wurde der Piraterie beschuldigt. Der britische Kreuzer* Shah *und ein Begleitschiff verwickelten es in ein Gefecht, das jedoch ergebnislos verlief. Dennoch kapitulierte die* Huascar *am nächsten Tag vor den Regierungstruppen.*

MARINEN UND IMPERIALE EXPANSION

DER ZWEITE ASCHANTI-KRIEG (1873–1874)

Die britischen Interessen in der westafrikanischen Goldküste (heute Ghana) beschränkten sich bis 1870 auf einige wenige, unter britischem Schutz stehende kleine Enklaven, die man ursprünglich als Stützpunkte für Operationen gegen den Sklavenhandel eingerichtet hatte und die später als Umschlagsplätze für den Handel mit Palmöl benutzt wurden. An der Küste siedelte der Volksstamm der Fanti, der sich unter den Schutz des britischen Forts bei Cape Coast Castle begeben hatte. Fuhr man etwa 100 Meilen weiter landeinwärts den Prah River hinauf, so kam man in das Gebiet der Aschanti, eines kriegerischen Volksstammes mit einer gut organisierten Armee, die auch über eine durchaus ordentliche Bewaffnung verfügte.

Die Briten erwarben dann ein weiteres Fort bei El Mina von den Holländern und da sie sich weigerten dafür Subventionen zu zahlen, kam es zu einem Streit mit dem König der Aschanti namens Kofi. Dieser fiel mit einer schätzungsweise 30 000 Mann starken Armee in das Küstengebiet ein und schlug im April 1873 verschiedene Aufstände der Fanti nieder. Die dort stationierten britischen Streitkräfte waren zahlenmäßig äußerst gering und verfügten nur über 110 Mann königlicher Marineinfanteristen und fünf Kriegsschiffe, von denen keines größer als eine Radkorvette war. Am 7. Juni brachte die Radkorvette *Barracouta* Verstärkung und ihr Kapitän, Edmund Fremantle, übernahm den Befehl über die Operationen.

Nach der erfolgreichen Landung von Marineinfanteristen und Matrosen der *Bar-*

DER KRIEG DER PANZERSCHIFFE

racouta in El Mina wurde der Vormarsch der Aschanti zunächst gestoppt und mit der *Rattlesnake* sowie einem westindischen Regiment und Commodore John Commerell traf im Juli weitere Verstärkung ein, zu der sich kurz darauf auch noch das Truppenschiff *Simoon* mit weiteren 200 königlichen Marineinfanteristen gesellte. Commerell entschloss sich zu einer Expedition den Prah River hinauf, die fast mit einem Desaster endete, als die von einer dampfgetriebenen Barkasse gezogenen Boote in einen Hinterhalt vom Ufer aus gerieten. Commerell und etliche seiner Männer wurden verwundet, aber die Barkasse blieb unversehrt und konnte die Expedition aus dieser Situation retten. Bei einem weiteren Gefecht im Dorf Chamah gab es erneut Tote unter den britischen Truppen, die das Dorf daraufhin zur Vergeltung bombardierten und in Brand steckten – eine Methode, die übrigens bei vielen Gelegenheiten in diesem und anderen Kriegen angewendet wurde.

Nach weiteren Bombardierungen von Küstendörfern wurde an der gesamten Küste

① 1873: Die Aschanti überfallen und erobern kleine britische Garnisonen an der Küste.

② Juni 1873: Sieben Schiffe der Royal Navy beziehen Position vor der Goldküste.

③ August 1873: Von Chamah aus erfolgt ein Angriff auf die Mannschaft eines Marinebootes. In einem Vergeltungsangriff der Navy wird Chamah niedergebrannt.

④ Oktober/November 1873: Britische Truppen unter Major General Sir Garnet Wolseley marschieren unter Beteiligung einer 350 Mann starken Marinebrigade nordwärts.

⑤ Januar/Februar 1874: Britische Truppen dringen bis nach Kumasi, der Aschanti-Hauptstadt, vor, die erobert und dem Erdboden gleichgemacht wird. Anschließend ziehen sich die Briten wieder zur Küste zurück.

DER ASCHANTI-FELDZUG, 1873–1874

Der Krieg gegen die Aschanti war ein typischer Feldzug im Rahmen der imperialen Expansionspolitik. Jedoch begann er als reine Marineoperation mit kleinen Expeditionen zur Durchsetzung britischer Interessen. Nachdem diese Expeditionen zu einem umfassenden Krieg gegen die Aschanti im Inneren des Kontinents eskaliert waren, übernahm die britische Armee unter Sir Garnet Wolseley, zu der auch eine Marinebrigade gehörte, die Hauptrolle. Nach der großen Schlacht bei Amoaful und der Besetzung von Kumasi zogen sich die britischen Truppen wieder geordnet zur Küste zurück, da man nach Wolseleys Ansicht die „Befriedung" erreicht hatte.

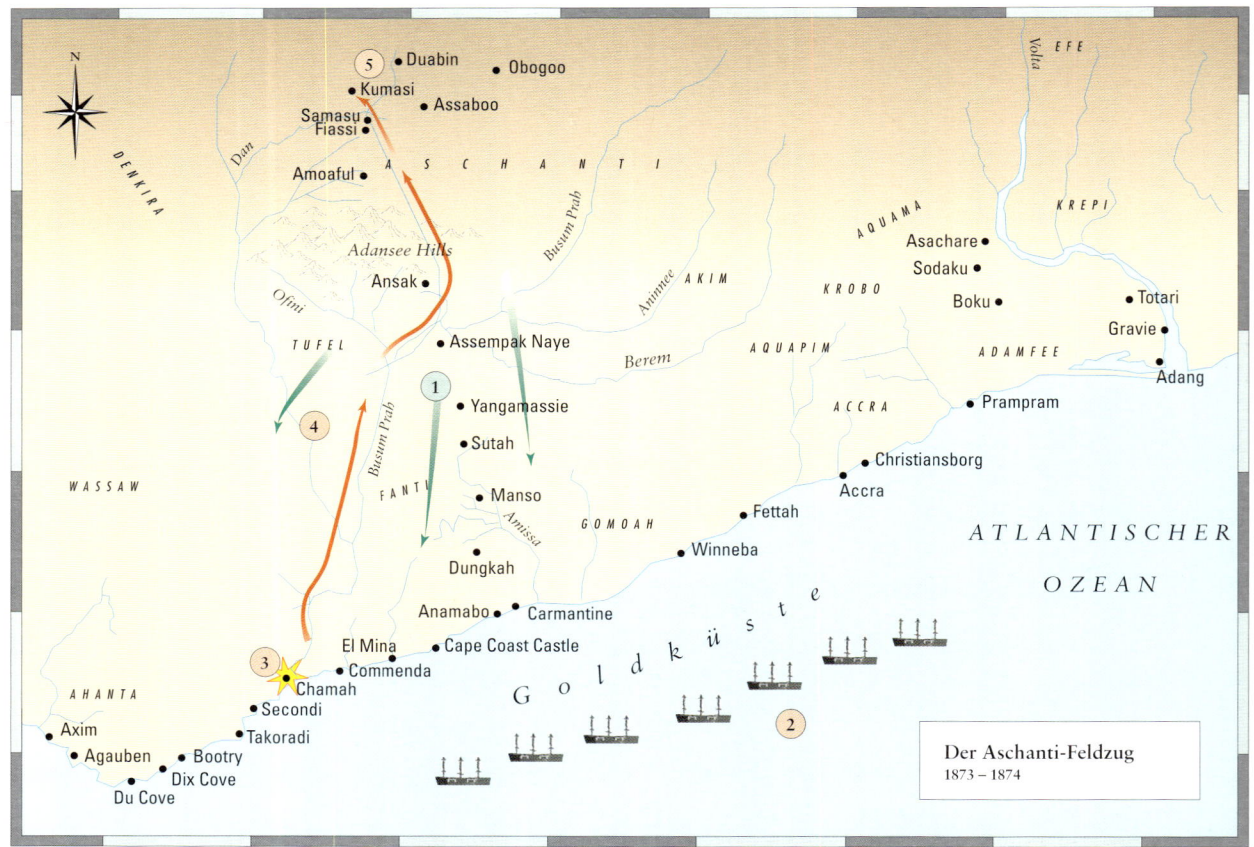

Der Aschanti-Feldzug 1873–1874

MARINEN UND IMPERIALE EXPANSION

Ein Konvoi mit kranken und verwundeten britischen Soldaten kehrt während des Aschanti-Krieges (1873–1874) vom Vorstoß auf Kumasi an die Küste zurück.

eine Blockade errichtet, mit deren Hilfe die Waffenlieferungen für die Aschanti unterbunden werden sollten. In London bezweifelte man aber, dass diese Maßnahme den gewünschten Erfolg haben würde und Kofi damit zum Rückzug seiner Truppen bewegt werden könnte. Schließlich überzeugte Major General Sir Garnet Wolseley das Kabinett, dass man einen umfassenden Feldzug gegen Kumasi, die Hauptstadt der Aschanti, durchführen müsse, und nach umfangreichen Vorbereitungen trafen Anfang Oktober 1873 drei Regimenter in der Goldküste ein.

Wolseleys Feldzug war eine Angelegenheit der Landstreitkräfte, denn da die Landung auf keinen Widerstand traf, hatten sich die Marineverbände nur um die Sicherheit der Küstenstützpunkte zu kümmern und der Prah River selbst stellte eher ein Hindernis als einen strategisch vorteilhaften Wasserweg dar. Trotzdem nahm Wolseley eine Marinebrigade aus 250 Bluejackets und 100 königlichen Marineinfanteristen auf den Feldzug mit und dieser Verband leistete auf dem Weg nach Kumasi und zurück wertvolle Dienste, wobei er manchmal als Nachhut und teilweise auch als Vorhut eingesetzt wurde. Während des Feldzugs kam es zu vielen kleinen Gefechten, bevor der hartnäckige Widerstand der Aschanti in der großen Schlacht bei Amoaful gebrochen werden konnte. Bei ihrer Rückkehr im April 1874 wurde die Expedition in London stürmisch gefeiert.

Der Aschanti-Krieg zeigte, dass mit Seemacht allein zwar die Kontrolle über ein Küstengebiet ausgeübt werden konnte, dass dies jedoch keinen entscheidenden Einfluss auf die Lage im Hinterland hatte, insbesondere wenn dort ein gut organisierter und bevölkerungsreicher Staat existierte. Ein weiteres und noch deutlicheres Beispiel eines solchen Einsatzes war der Zulu-Krieg von 1878 bis 1879. Dort wurde nach dem Debakel von Isandhlwana eine fast 1000 Mann starke Marinebrigade aufgestellt, die dann zusammen mit der Armee meilenweit vom Meer entfernt kämpfte und auch schnell lernte sich mit militärischer Genauigkeit im Karree zu formieren.

Der Sudan-Feldzug (1884–1885)

Während die Bombardierung von Alexandria im Jahre 1882 (siehe Kapitel 6) Arabi Paschas Einfluss stark geschwächt und Alexandria als Einfuhrhafen gesichert hatte, fehlte in Ägypten selbst eine feste Führung und so begann im Sudan, der sich seit 1822 unter ägyptischer Souveränität befand, ein Aufstand. Die aufrührerischen Derwische wurden dabei durch einen Mann angeführt, der sich selbst zum Mahdi erklärt hatte. Die britische Regierung unter Gladstone zögerte zunächst mit einem Eingreifen, drang aber trotzdem darauf General Gordon nach Khartoum zu entsenden um den ägyptischen Rückzug aus dem Sudan zu überwachen. Dieser fuhr dann auch im Januar 1884 dorthin.

Etliche Monate lang sah die britische Regierung keine Gefahr für Gordon und dessen Mission, während man im östlichen Sudan durchaus die Notwendigkeit eines militärischen Einschreitens erkannte, nachdem dort zwei ägyptische Verbände unter dem Befehl britischer Offiziere eine Niederlage gegen die Derwische erlitten hatten (Hicks Pascha im Oktober 1883 und Baker Pascha im Februar 1884). Man befürchtete, dass die Kontrolle der Derwische über das Westufer des Roten Meeres die Seewege nach Indien gefährden könnte, die eines der wichtigsten Elemente der britischen Politik darstellten. Deshalb wurde eine britische Streitmacht mit fünf Infanterie- und zwei Kavallerieregimentern aus Ägypten gemeinsam mit einer 550 Mann starken Marinebrigade mit 6 Gardiner-Geschützen in den östlichen Sudan geschickt und dort bis zum 28. Februar 1884 angelandet. In einer Reihe harter Gefechte, deren Ausgang oft auf des Messers Schneide stand, konnten diese Truppen unter Major General Graham in den nächsten zwei Wochen vorübergehend die Macht des

Charles G. Gordon (links) und William Gladstone. Der damals fast schon legendäre „China-Gordon" wurde im Januar 1884 zu Verhandlungen mit dem sudanesischen Regime entsandt. Seine Eigenwilligkeit und das Zögern der britischen Regierung unter Gladstone angesichts der Gefahr, in der seine Mission schwebte, führten schließlich zu dem verspäteten Sudan-Feldzug 1884/85 und Gordons Tod im Januar 1885 in Khartoum.

Hadendoa-Stammes unter Führung von Osman Digna brechen, der sich mit einer zeitweise bis zu 10 000 Mann starken Streitmacht dem Mahdi angeschlossen hatte. Das Ziel und der Umfang dieser Operation waren genau begrenzt und die Truppen wurden anschließend wieder nach Ägypten zurückbeordert.

Den Sommer über gestalteten sich die Kontakte zwischen Gordon und den britischen Vertretern in Kairo zunehmend komplizierter, nachdem die Telegrafieverbindung nach Khartoum bereits seit März unterbrochen war. Es gab konkrete Anzeichen dafür, dass sich Gordon nicht an die Befehle hielt und seine Kompetenzen überschritt. Trotzdem lehnte es Gladstone weiterhin ab eine umfassende Intervention im Sudan anzuordnen und erst am 19. September erhielt Wolseley den Befehl zur Durchführung einer Entsatzoperation.

Für diesen Feldzug sollte der Nil als Hauptweg benutzt werden. Daneben gab es aber auch noch andere Pläne, die einen direkten Vorstoß von der Küste des Roten Meeres aus über einen der großen Nilbögen hinweg vorsahen (diesen Marsch hätte Graham bereits im März trotz des schwierigen Geländes durchführen können). Aber Wolesley war ein Mann mit festen Überzeugungen und so ließ man ihn gewähren. Die Aufgaben der Marine während dieses Feldzuges beschränkten sich darauf von verschiedenen Stationen aus die Schiffe den Nil entlang über die Stromschnellen zu geleiten. Außerdem wurde eine kleine Brigade aus königlichen Marineinfanteristen und Bluejackets zusammengestellt, die das neu formierte Kamelkorps mit ein paar Gardiner-Geschützen und den entsprechenden Bedienungsmannschaften ergänzten. Dieser Verband sollte später noch eine entscheidende Rolle spielen. Wie alle Marineoperationen während dieses Feldzuges stand auch diese Brigade unter dem Kommando von Lord Charles Beresford. Schon als Commander kannte ihn die ganze Flotte unter seinem Spitznamen „Charlie B.".

Matrosen auf Kamelen boten zwar einen ungewöhnlichen Anblick, bewährten sich aber mit ihren Gardiner-Geschützen in den Kämpfen bei Abu Klea Anfang

Commander Lord Charles Beresford fuhr im Februar 1885 mit dem requirierten Flussdampfer Safieh *den Nil hinauf um Colonel Sir Charles Wilson zu retten, nachdem dieser Gordon nicht mehr hatte helfen können. Der Hurrapatriotismus dieser Operation wurde durch wahrhaften Mut und großen Einfallsreichtum ausgeglichen.*

Januar 1885 und dem anschließenden, durch eine Änderung von Wolesleys Plan unternommenen Abkürzungsmarsch über den großen Nilbogen hinweg sehr gut und am 21. Januar standen die Truppen bereits vor Metemmeh, nur noch 80 Meilen von Khartoum entfernt. Hier wurden die Marinemechaniker beauftragt für das letzte Stück des Feldzuges zwei Flussdampfer umzurüsten und zu bewaffnen. Da Beresford selbst unter Furunkeln an einer ungünstigen Körperstelle litt, war er gezwungen Colonel Sir Charles Wilson das Kommando über den ersten Dampfer zu überlassen. Wilson kam schließlich am 28. Januar vor Khartoum an und musste dort feststellen, dass die Residenz gefallen und Gordon tot war. Bei seinem Rückzug geriet er unter Feuer, lief auf Grund und hatte noch verschiedene andere Pannen. Einem Desaster entging er nur dadurch, dass ihm der andere Dampfer, der *Safieh*, zu Hilfe kam. Dieser wurde von Beresford selbst befehligt, nachdem er sich ausreichend erholt hatte um die Operationen von einem Bett aus zu kommandieren, das man speziell für ihn auf dem Oberdeck aufgestellt hatte. In der Woche zwischen dem 29. Januar und dem 4. Februar geriet die *Safieh* in alle möglichen Gefahrensituationen. So entstand unter anderem durch Granatenfeuer ein Schaden an der Maschine, der aber mit einem an Heldentum grenzenden Fleiß vom Hauptmaschinisten Benbow und seinen Mechanikern behoben werden konnte. Das Schiff kehrte schließlich mit Colonel Wilson und seiner Mannschaft nach Gubat nördlich von Metemmeh zurück.

Damit war der Hauptteil des britischen Feldzuges am Nil vorüber, ohne dass man die Zielstellungen erreicht hatte. Dennoch wollte man etwas von dem Prestige der britischen Truppen retten und die Gelegenheit dazu ergab sich durch die erneute Erhebung von Osman Digna und seinen Hadendoa-Truppen im östlichen Sudan. Eine Streitmacht unter General Graham, die jener von 1884 ähnelte, nur etwas größer war, wurde zusammengestellt und wie inzwischen üblich war auch wieder eine Marinebrigade daran beteiligt. Am 22. März 1885 kam es bei Tofrek zu einer Schlacht („McNeills Zareba"), die, wie aus dem englischen Beinamen hervorgeht, dem bekannten Schema blindwütiger Angriffe der Derwische auf befestigte Karreeformationen der Briten folgte und demzufolge zu schweren Verlusten unter den Hadendoa führte, deren Macht von diesem Zeitpunkt an beträchtlich zurückging.

Der Sudan-Feldzug wies viele Elemente einer griechischen Tragödie auf: Hybris und Nemesis gab es in Hülle und Fülle, ergänzt durch viele Fälle von Missverständnissen und Unentschlossenheit. Eine Ironie besteht darin, dass im Januar 1885 der Bau einer Eisenbahnstrecke zwischen Suakin an der Küste des Roten Meeres und Berber am Nil bewilligt wurde. Wäre dies elf Monate früher geschehen, so hätte sich eine ganz andere Situation ergeben. Der beschwerliche Vormarsch den Nil hinauf, der nur begrenzte Möglichkeiten für den Einsatz der Seemacht bot, wäre dann nicht nötig gewesen. Aber natürlich hatte die Regierung in London zu jener Zeit keine Notwendigkeit für ein Eingreifen gesehen.

Die französische Marine und imperiale Expansion

Bis 1880 beschränkten sich die französischen Expansionsbestrebungen außerhalb des Mittelmeeres auf die Erweiterung der Macht im Senegal (mittels einer Flussexpedition, die dem britischen Feldzug gegen die Aschanti nicht unähnlich war, obwohl in diesem Fall gegen einen moslemischen Dschihad gekämpft wurde) und auf gemeinsame Operationen mit anderen westlichen Staaten an den Küsten Chinas und Japans.

In den 80-er und 90-er Jahren des 19. Jahrhunderts kam es jedoch zu einer deutlichen Zunahme der französischen Aktivitäten. Davon ausgehend, dass ihnen der Berliner Kongress von 1878 freie Hand für Operationen in Tunesien gegeben hatte, besetzen französische Truppen dort strategisch wichtige Punkte, insbesondere Bizerte,

Admiral Courbet und Mitglieder seiner Mannschaft auf der Brücke seines Flaggschiffs. In der Mitte der 80-er Jahre des 19. Jahrhunderts war Courbet Oberbefehlshaber aller Operationen der französischen Marine im Fernen Osten. Frankreich hatte starken Einfluss vom Golf von Thailand bis nach Taiwan und konnte sich umfangreiche Besitzungen in diesem Gebiet sichern.

das sich später als ausgezeichneter potenzieller Stützpunkt erwies. Von hier und vom benachbarten Algerien aus, dass sich bereits in französischer Hand befand, stießen die französischen Truppen in den nächsten 20 Jahren südwärts nach Westafrika vor und vereinigten sich in Guinea, der Elfenbeinküste, Dahomey und dem Kongo mit anderen französischen Verbänden, die vom Meer aus in diese Länder eingedrungen waren. So kam es unvermeidlich zur Konfrontation mit den Briten, die in Nigeria, Gambia und der Goldküste etwa das Gleiche taten. Zur Zuspitzung dieser Situation kam es jedoch viel weiter östlich, und zwar 1898 bei Fashoda am Oberen Nil.

Die dortige Situation wurde durch die Überlegenheit der britischen Schlachtflotte entschieden, deren Mobilisierung die Franzosen sehr schnell davon überzeugte, dass sie hier nicht mithalten konnten und jede Auseinandersetzung unvermeidlich zur Isolierung ihrer ausländischen Truppen führen würde. Außerdem fürchteten sie auch um die Sicherheit ihrer Stützpunkte und es war bekannt, dass in Großbritannien nicht nur Angriffspläne gegen die Überseegebiete Frankreichs, sondern auch in Bezug auf das französische Mutterland existierten. So wurde die Situation zu Gunsten Großbritanniens geregelt.

Inzwischen hatte Frankreich seinen Einfluss im Indischen Ozean auf die große Insel Madagaskar ausgedehnt, wo man in Diego Suarez einen großen Stützpunkt erworben hatte. Im Fernen Osten war Frankreich sogar noch aktiver. Ein umfassender Krieg gegen China, in dessen Ergebnis Frankreich die Kontrolle über Indochina

DER KRIEG DER PANZERSCHIFFE

Eine chinesische Darstellung der Niederlage französischer Truppen bei Keelung (Taiwan) 1884. Dieses Bild enthält viele interessante Einzelheiten.

MARINEN UND IMPERIALE EXPANSION

Jules Ferry, ein äußerst einflussreicher französischer Staatsmann in den 70-er und 80-er Jahren des 19. Jahrhunderts. Als Marineminister während des Großteils dieser Zeit war er auch für die koloniale Verwaltung und Expansion verantwortlich.

mit seinen großen Reisanbaugebieten erlangen konnte, begann mit einer großen Seeschlacht vor Fuzhou im August 1884. Gleichzeitig errichtete die französische Marine einen provisorischen Stützpunkt in Keelung auf Taiwan, wobei die Ausbeutung der umfangreichen Kohlevorkommen im Vordergrund stand.

Zu beachten ist dabei, dass die meisten dieser Operationen unter maßgeblicher Beteiligung der Marine durchgeführt wurden. Die französische Kolonialverwaltung unterstand bis 1893 dem Marineministerium und Jules Ferry, der verantwortliche Minister während eines Großteils dieser Zeit, kümmerte sich persönlich um die politische Ausrichtung der Marine und manchmal sogar um einzelne Operationen. Insgesamt spielten die Marineinfanterie und -artillerie eine große Rolle in der französischen Kolonialpolitik. Die zentrale Figur des Indochina-Konflikts war Admiral Courbet. Die *Jeune École* stand voll und ganz hinter der kolonialen Expansion, die sie als Produkt der indirekten Umsetzung der von ihr befürworteten Marinestrategie ansah. Insbesondere Admiral Aube betrachtete eine Kette von Stützpunkten, die von Bizerte, Obock (Djibouti), Diego Suarez und Tonkin bis nach Keelung reichte, als potenzielle Möglichkeit zur Unterbrechung der britischen Seewege im Falle eines Krieges.

Die Burenkriege (1880–1881, 1899–1902)

Zum Ersten Burenkrieg kam es im Ergebnis der – mit Zustimmung einiger Burenführer erfolgten – britischen Annexion von Transvaal im Jahre 1877 und der anschließenden Verweigerung ausreichender Autonomie für die dortigen Siedler. Die kleinen und verstreut stationierten britischen Garnisonstruppen unter Führung von General Colley wurden bei diesen Operationen durch eine Marinebrigade ergänzt, deren endgültige Stärke sich auf etwa 200 Mann belief.

Der Krieg wurde durch eine Reihe von Führungsfehlern gekennzeichnet; die schlimmsten Fälle ereigneten sich in Laing's Nek und Majuba Hill. In dem letzteren Gefecht wurde eine mehrere 100 Mann starke britische Streitmacht aufgerieben, die Colley selbst mit nahezu unglaublicher Selbstgefälligkeit kommandiert hatte. Die Verluste beliefen sich auf über 50 Prozent und auch die Marinebrigade verlor 36 Mann. Der Krieg endete mit einem vorläufigen Friedensvertrag, auf dessen Grundlage der Transvaalpräsident Krüger die Unabhängigkeit seines Staates zu sichern hoffte.

Der Zweite Burenkrieg hatte viele ökonomische, kulturelle und politische Wurzeln, deren genaue Analyse wir anderen Büchern dieser Thematik überlassen wollen. Hier sei nur erwähnt, dass bei Ausbruch des Krieges im Oktober 1899 die Buren-Truppen in Transvaal und Oranjefreistaat mit modernen Waffen ausgerüstet und den britischen Garnisonen in Natal und der Kapprovinz zahlenmäßig um das Vierfache überlegen waren. So wurde ihr Vordringen als Bedrohung für die gesamte britische Herrschaft im südlichen Afrika betrachtet.

Was die britischen Truppen zu ihrer Verstärkung am dringendsten brauchten, waren schlagkräftige Geschütze, die nur von der Marine bereitgestellt werden konnten. Zum Glück für Großbritannien befanden sich die großen, schnellen Kreuzer *Powerful* und *Terrible* in der Gegend und so schickte man sie nach Simonstown um das kleine, aus der *Doris* und der *Monarch* bestehende Kapgeschwader zu ergänzen. Außerdem stand die *Terrible* unter dem Befehl von Captain Percy Scott, dem größten Geschützspezialisten der Navy und einem Mann von höchst schöpferischem Geist.

Die ersten angelandeten Kanonen waren 12-Pfünder-Feldgeschütze auf Lafetten, die Scott selbst konstruiert hatte. Aber er zeigte bald, dass er über noch bessere Ideen verfügte. Angetrieben durch verzweifelte Bitten von Sir George White aus Ladysmith

MARINEN UND IMPERIALE EXPANSION

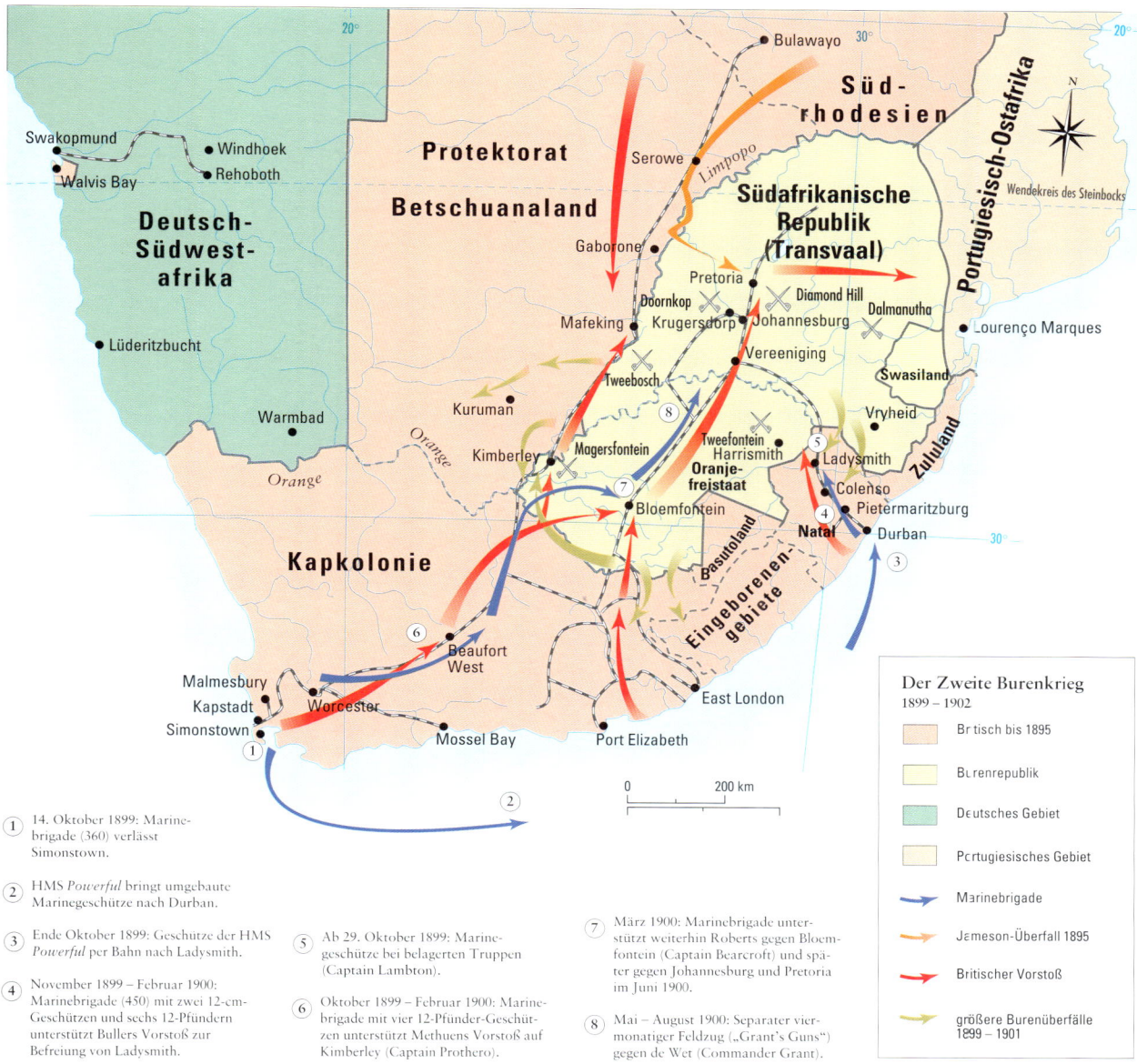

① 14. Oktober 1899: Marinebrigade (360) verlässt Simonstown.

② HMS *Powerful* bringt umgebaute Marinegeschütze nach Durban.

③ Ende Oktober 1899: Geschütze der HMS *Powerful* per Bahn nach Ladysmith.

④ November 1899 – Februar 1900: Marinebrigade (450) mit zwei 12-cm-Geschützen und sechs 12-Pfündern unterstützt Bullers Vorstoß zur Befreiung von Ladysmith.

⑤ Ab 29. Oktober 1899: Marinegeschütze bei belagerten Truppen (Captain Lambton).

⑥ Oktober 1899 – Februar 1900: Marinebrigade mit vier 12-Pfünder-Geschützen unterstützt Methuens Vorstoß auf Kimberley (Captain Prothero).

⑦ März 1900: Marinebrigade unterstützt weiterhin Roberts gegen Bloemfontein (Captain Bearcroft) und später gegen Johannesburg und Pretoria im Juni 1900.

⑧ Mai – August 1900: Separater viermonatiger Feldzug („Grant's Guns") gegen de Wet (Commander Grant).

um schwerere Geschütze, entwickelte Scott mobile Lafetten für 12-cm-Geschütze und schickte sie auf dem Seeweg mit der *Powerful* nach Durban, von wo aus sie per Zug nach Ladysmith transportiert wurden. Dem folgte ein noch ehrgeizigeres Projekt mit einem 15-cm-Geschütz, das nach seiner Anlandung innerhalb von vier Tagen gefechtsbereit gemacht wurde.

Während der anschließenden Belagerung von Ladysmith war es wohl die Marinebrigade unter dem Befehl von Captain Hedworth Lambton, die für die Entscheidung der Frage, ob man die Belagerung überstehen könnte oder kapitulieren müsste, ausschlaggebende Bedeutung hatte. Obgleich diese Einheit mit ihren insgesamt etwa 280 Mann im Vergleich zur Gesamtzahl der belagerten Truppen, die sich auf ungefähr 12 000 belief, relativ klein war, fiel ihrer Feuerkraft dennoch eine entscheidende Rolle zu. Mit den zwei 12-cm-Geschützen und vier 12-Pfündern bildete sie das Gros der Artilleriekräfte, die sich den Landtruppen der Buren mit ihren insgesamt 22 Geschützen ähnlichen Kalibers entgegenstellten. Allerdings musste man mit Munition und

MARINEBRIGADEN IM ZWEITEN BURENKRIEG

Vom Beginn der Operationen an leistete die Royal Navy mit der Bereitstellung von Feuerkraft einen wichtigen Beitrag: 12-cm- und 12-Pfünder-Geschütze wurden von Schiffen demontiert und nahmen mit ihren Bedienmannschaften an den Feldzügen in Natal und im Oranjefreistaat sowie an der Belagerung von Ladysmith teil.

allen anderen Dingen äußerst sparsam umgehen und so stand vom 76. Tag der Belagerung an nur noch Pferdefleisch auf dem Speiseplan.

Am 6. Januar 1900 kam es zu einem entschlossenen Angriff der Buren, der jedoch nach ganztägigem Kampf zurückgeschlagen werden konnte und mit einem verlustreichen Gegenangriff wurden schließlich auch noch die letzten Buren vom Schlachtfeld verjagt. An diesem Tag konnte sich ein Marinekanonier namens Sims besonders auszeichnen. Er lenkte das Feuer der Geschütze, setzte deren Bedienungsmannschaften als Infanterie ein, wenn es die Umstände erforderten, und führte mit aufgepflanztem Bajonett selbst einen Sturmangriff an. Anschließend wurde er direkt zum Leutnant befördert. Allerdings konnte Ladysmith auch in den nächsten sieben Wochen nicht befreit werden. Zu diesem Zeitpunkt hatte die Marinebrigade sechs Männer im Kampf verloren, während weitere 27 an Krankheiten gestorben waren. Verluste in dieser Höhe waren in diesem Krieg durchaus nichts Ungewöhnliches.

Die zweite Marinebrigade verfügte ebenfalls über Geschütze, die von Schiffen stammten. Sie umfasste etwa 54 Mann, die mit zwei 12-cm-Geschützen und sechs 12-Pfündern ausgerüstet waren. Unter dem Kommando von Captain Jones von der *Forte* schloss sie sich General Bullers Verband an, der von Durban aus zur Befreiung von Ladysmith aufgebrochen war. In der Schlacht von Colenso am 15. Dezember 1899 war es einem glücklichen Umstand (vielleicht aber auch der Vorsicht) zu verdanken, dass die 12-Pfünder-Geschütze der Marinebrigade nicht so weit vorn platziert waren wie die 15-Pfünder-Geschütze des unerschrockenen Colonel Long, denn diese musste man aufgeben, als sie unter Gewehrfeuerbeschuss gerieten, während die Marinegeschütze, obgleich mit Schwierig-

LADYSMITH (1899–1900)

Die Bedienmannschaften der zwei 12-cm- und vier 12-Pfünder-Geschütze der Marinebrigade mussten sparsam mit Munition umgehen. Obwohl sie einer überlegenen Feuerkraft gegenüberstanden, konnten die Kanonen die burische Artillerie in Schach halten und sogar in mindestens einem Fall einen ganztägigen entschlossenen Infanterieangriff abwehren. In der Brigade starben 33 Mann, davon 27 an Krankheit.

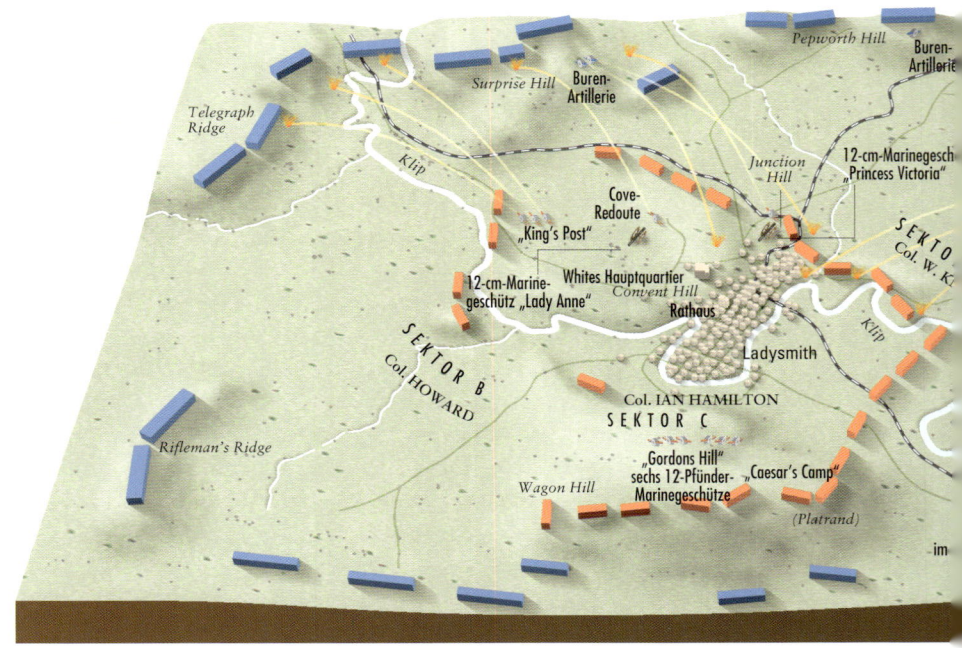

MARINEN UND IMPERIALE EXPANSION

keiten, gerettet werden konnten. Insgesamt erlitt der britische Feldzug bei Colenso aber einen Rückschlag. Erst nach zwei weiteren Monaten harter Kämpfe, in denen die 12-cm-Geschütze der Marine und später auch die berühmte umgerüstete 15-cm-Kanone eine wichtige Rolle spielten, konnte der Tugela River überschritten und die Straße nach Ladysmith gesichert werden. Nach der Befreiung von Ladysmith wurden die Geschütze der Marinebrigade nach und nach der königlichen Artillerie übergeben.

Die dritte Marinebrigade schloss sich den Truppen unter Lieutenant General Lord Methuen an und zog mit diesen an der Eisenbahnlinie entlang durch Oranjefreistaat in Richtung Kimberley (das ebenfalls belagert wurde) und schließlich nach Pretoria. Sie war ähnlich wie die anderen Brigaden zusammengesetzt: 400 Mann und zu Beginn vier 12-Pfünder-Geschütze, die später durch 12-cm-Kanonen ergänzt wurden. Ihr Kommando hatte der riesige, Furcht erregende Captain Prothero („Prothero, der Böse") von der *Doris*.

Nachdem er in der Anfangsphase des Zweiten Burenkrieges eine entscheidende Unterstützung war, kehrte der Panzerkreuzer Powerful *1900 wieder nach Portsmouth zurück und wurde dort begeistert empfangen.*

In den Schlachten von Belmont, Graspan und am Modder River wurde der größte Teil der Marinebrigade als Infanterie eingesetzt, wobei sich auch die Nützlichkeit der 12-Pfünder als Feuerschutz erwies. Prothero selbst wurde schwer verwundet, nachdem er alle Ratschläge in Deckung zu gehen in den Wind geschlagen hatte, und obwohl abzusehen war, dass er sich bald erholen würde, ersetzte man ihn durch Captain Bearcroft von der *Philomel*. In der gleichen Woche, in der die Schlacht bei Colenso stattfand („schwarze Woche"), wurde auch ein britischer Angriff bei Magersfontein unter schweren Verlusten zurückgeschlagen. Dabei kam es zum falschen Einsatz der Marinegeschütze, deren früher Beschuss der burischen Stellungen nichts ausrichten konnte und gleichzeitig die Verteidiger vor dem bevorstehenden Angriff warnte.

Nach dem Eintreffen von Lord Roberts als Oberkommandierender und umfangreichen weiteren Verstärkungen aus Großbritannien konnte der Vormarsch schließlich fortgesetzt und Kimberley im Februar 1900 befreit werden. Die Geschütze der Marinebrigade wurden nach und nach in die Artillerie als Ganzes integriert, wo sie weiterhin nützliche Dienste leisteten. Eine Ausnahme bildeten lediglich die Kanonen („Grant's Guns"), die auf einem separaten Feldzug gegen die Guerillatruppen von de Wet mitgeführt wurden. Dabei handelte es sich um zwei 12-cm-Geschütze auf Rädern, die von einer Marinemannschaft von mehr als 50 Mann bedient wurden, wozu noch die notwendigen Fahrer, Wagen sowie Zugpferde und -ochsen kamen.

Der Krieg zog sich noch fast zwei weitere Jahre hin, wobei die Marinebrigaden in den ersten drei bis vier Monaten ihren wesentlichsten Beitrag leisteten. Sie bildeten eine wichtige Verstärkung für die Garnisonstruppen, die ansonsten mit großer Wahrscheinlichkeit überwältigt worden wären. Dann hätte Großbritannien entweder die Kontrolle der Buren über das gesamte Gebiet von Südafrika akzeptieren müssen (unter den gegebenen Umständen und angesichts des damaligen Zeitgeistes war dies allerdings keine Option, über die man ernsthaft nachgedacht hätte), oder es wäre ein erneuter Angriff auf dem Kontinent vom Meer her notwendig geworden, der zu noch höheren Verlusten geführt hätte als der tatsächlich durchgeführte langatmige und beschwerliche Feldzug zu Lande. Die Mobilität der Marinetruppen, die Flexibilität der Schiffsgeschütze und die Anpassungsfähigkeit der Matrosen wurden einmal mehr deutlich demonstriert.

Ein 12-cm-Geschütz der Marine im Einsatz in der Schlacht von Colenso (15. Dezember 1899). Insgesamt nahmen sechs dieser Geschütze am Zweiten Burenkrieg teil. Sie waren von Schiffen demontiert und in aller Eile umgerüstet worden. Für ihren Transport setzte man Zugochsen ein und ihre Bedienung erfolgte durch Marinemannschaften.

MARINEN UND IMPERIALE EXPANSION

MODDER RIVER UND MAGERSFONTEIN

Auch an dem Feldzug unter Methuen nahm eine Marinebrigade teil und wurde dort vorrangig für Infanterieaufgaben eingesetzt, obwohl auch 12-cm-und 12-Pfünder-Marinegeschütze mitgeführt wurden. Vor der schweren Niederlage bei Magersfontein feuerte man mit einem 12-cm-Marinegeschütz, das den Spitznamen „Joe Chamberlain" trug, wahllos ins Gelände und verriet so die britischen Angriffspläne.

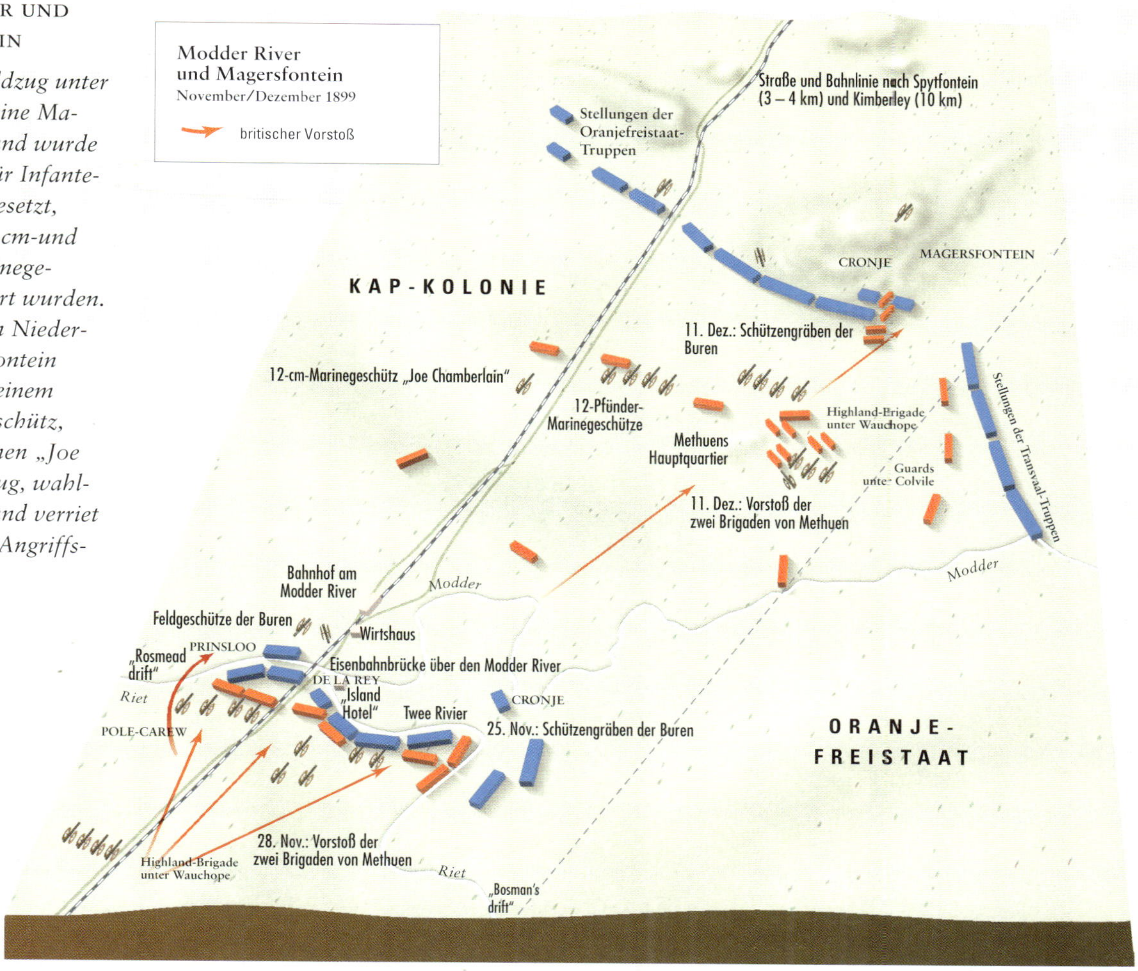

Modder River und Magersfontein
November/Dezember 1899
→ britischer Vorstoß

Straße und Bahnlinie nach Spytfontein (3 – 4 km) und Kimberley (10 km)

Stellungen der Oranjefreistaat-Truppen

CRONJE — MAGERSFONTEIN

KAP-KOLONIE

12-cm-Marinegeschütz „Joe Chamberlain"

11. Dez.: Schützengräben der Buren

12-Pfünder-Marinegeschütze

Methuens Hauptquartier

Highland-Brigade unter Wauchope

Stellungen der Transvaal-Truppen

Guards unter Colvile

11. Dez.: Vorstoß der zwei Brigaden von Methuen

Bahnhof am Modder River

Feldgeschütze der Buren

PRINSLOO

„Rosmead drift"

Wirtshaus

Eisenbahnbrücke über den Modder River

DE LA REY „Island Hotel"

Twee Rivier

CRONJE

Modder

Riet

POLE-CAREW

25. Nov.: Schützengräben der Buren

ORANJE-FREISTAAT

Highland-Brigade unter Wauchope

28. Nov.: Vorstoß der zwei Brigaden von Methuen

Riet

„Bosman's drift"

Der Boxeraufstand (1900)

Nach verschiedenen chinesischen Konzessionen an die Westmächte kam es in China 1900 erneut zu einem Aufstand. Die Boxer waren ein extrem fremdenfeindlicher Geheimbund, der vom kaiserlichen Regime nicht eindeutig verurteilt wurde. Nach einer Reihe von „Verletzungen" der westlichen Interessen erschienen erneut britische, französische, amerikanische, russische und japanische Marine- und Armeeverbände vor den Taku-Forts an der Mündung des Peiho um die Sicherheit der westlichen Gesandtschaften in Peking wiederherzustellen.

Dieses Mal konnten die Forts am 16. und 17. Juni 1900 ohne große Probleme genommen werden, wobei vier moderne chinesische Zerstörer durch die britischen Zerstörer *Whiting* und *Fame* (unter Lieutenant Roger Keyes) in klassischer Weise ausmanövriert wurden. Anschließend geriet der Vormarsch jedoch ins Stocken, da die alliierten Landstreitkräfte in Tientsin gestoppt wurden. Aber schließlich konnte auch dort der Widerstand gebrochen werden und man stieß bis nach Peking vor, wo am 14. August alle Gesandtschaften befreit wurden. Von den etwa 20 000 Mann, die an Land eingesetzt waren, stellte Japan fast die Hälfte. Das britische Kontingent belief sich auf 3000 Mann, darunter 1700 von der indischen Armee und eine 450

HMS Whiting *in Hongkong. Als Zerstörer der chinesischen Flotte wurde das Schiff während des Boxeraufstandes am 16./17. Juni 1900 durch die HMS* Fame *in klassischer Weise ausmanövriert und vier weitere chinesische Zerstörer konnten kurz oberhalb der Taku-Forts erobert werden.*

Mann starke Marinebrigade, zu der wie üblich auch eine bestimmte Anzahl Marineinfanteristen gehörte.

Marinebrigaden im Zeitalter der Panzerschiffe

Die mit den Konventionen der Seemacht von 1905 aufgewachsenen Theoretiker neigten eher dazu den Einsatz von Schiffsmannschaften als Marinebrigaden zu bedauern. Nach ihrer Meinung sollten Matrosen nur eingesetzt werden um Schlachten auf See zu gewinnen und alles, was sie von dieser Aufgabe ablenkte, wäre Missbrauch. Dies war natürlich eine übertriebene Vereinfachung, die aus der Doktrin der Beherrschung der Meere entsprang. Denn Großbritannien besaß diese Herrschaft praktisch bereits, und zwar gegenüber allen Gegnern, mit denen man während der Ära der Kanonenboote konfrontiert war. Außerdem basierte diese Herrschaft auf einer entsprechenden Quantität, Qualität und Autorität, sodass andere Länder von einer Intervention gegen Großbritannien abgeschreckt werden konnten. Es stand somit Großbritannien frei die See auf die Art und Weise zu nutzen, die aus militärischer Sicht am effektivsten war.

KAPITEL SECHS

FLOTTENOPERATIONEN

GLORIFIZIERENDE DARSTELLUNG des Commodore Dewey von der US-Navy. Nachdem man ihn telegrafisch über den Ausbruch des Spanisch-Amerikanischen Krieges informiert hatte, segelte Dewey mit seinem Fernost-Geschwader zur Bucht von Manila (Philippinen) und fügte den dortigen spanischen Verbänden am 1. Mai 1898 eine vernichtende Niederlage zu, wonach er in ganz Amerika als Held gefeiert wurde.

DER KRIEG DER PANZERSCHIFFE

FLOTTENOPERATIONEN

Es ist eine bittere Ironie des Zeitalters der Panzerschiffe, in dessen Verlauf die Doktrin der Seeherrschaft und die Theorie ihrer Erringung durch eine Entscheidungsschlacht gegen eine gegnerische Flotte entstand, dass es recht wenige Schlachten zwischen Flotten gab und dass jene, die tatsächlich stattfanden, bei weitem nicht alle diesen entscheidenden Charakter hatten. Wie auch im Amerikanischen Bürgerkrieg lagen die Schlussfolgerungen außerdem nicht immer sofort auf der Hand und in vielen Fällen kümmerte man sich nicht um eine korrekte Analyse.

Trotzdem hat das halbe Dutzend der damals tatsächlich ausgetragenen Schlachten und Feldzüge einen eigenen Reiz, denn sie illustrieren zumindest die Probleme, mit denen die Gegner in ungewohnten und unvorhersehbaren Situationen konfrontiert wurden, und zeigen die Grenzen auf, an die man auf Grund der technischen Ausrüstung und der in Schlachten unerfahrenen Besatzungen stieß. Die Tatsache, dass die Royal Navy an keiner größeren Operation beteiligt war, sollte für den Historiker kein Anlass zum Bedauern sein, denn auch aus den Erfahrungen anderer kann man lernen. Einige Angehörige der Royal Navy versuchten dies auch, während andere, vielleicht sogar die Mehrheit, es vorzogen, sich weiter an ihrer vermeintlichen Überlegenheit zu freuen. Diesen stand noch eine harte Schule bevor.

KRIEGE IN EUROPA (1864–1870)

Dieses Jahrzehnt wurde in Europa durch den Aufstieg Preußens unter Bismarck charakterisiert. In den dabei geführten Kriegen (1864 gegen Dänemark, 1866 gegen Österreich und 1870 gegen Frankreich) hatten Auseinandersetzungen zwischen Flotten grundsätzlich nur eine geringe Bedeutung, denn es handelte sich in erster Linie um Landkriege, bei denen man von den inneren Verkehrswegen aus operierte, oft unter Einsatz der neuen Eisenbahntechnik. Den Kern dieser Strategien schilderte später Sir Halford Mackinder in seiner Abrechnung mit den Mahanschen Theorien.

Das erste in einer Schlacht eingesetzte europäische Turmschiff, die dänische Rolf Krake, bewährte sich im Krieg von 1866 gegen Preußen und Österreich. Jedoch konnte sie den Ausgang des Krieges nicht beeinflussen, der durch die preußischen Landstreitkräfte entschieden wurde.

Dennoch spielte die Marine in jedem Krieg eine gewisse Rolle. 1864 lief der preußische Angriff auf Dänemark Gefahr durch eine kleine, aber wirksame dänische Flotte aufgehalten zu werden, deren Rückgrat eines der allerersten Turmschiffe, die *Rolf Krake*, bildete. Sie war in Großbritannien gebaut worden und besaß einen Coles-Turm. Und den Dänen gelang es tatsächlich zu verhindern, dass ein österreichisch-preußischer Flottenverband unter dem Befehl des österreichischen Kapitäns W. von Tegetthoff, den wir später noch einmal unter glücklicheren Umständen wiedertreffen werden, zur Elbe vorstieß. Jedoch hatten die Dänen nicht die notwendigen Ressourcen um ihre Blockade der norddeutschen Häfen aufrechtzuerhalten und sich dem preußischen Vorstoß nach Schleswig auf See entgegenzustellen und so endete der Krieg zwangsläufig zu Gunsten der stärkeren Preußen.

Obwohl der Krieg von 1870 anders verlief, führte er zu einem ähnlichen Ergebnis. Die französische Marine, die damals ungleich stärker war als die preußische Flotte, errichtete eine Blockade der norddeutschen Häfen und konnte damit tatsächlich über mehrere Wochen den Handel großer Städte wie Hamburg behindern. Allerdings gab es dieses Mal keine größeren Gefechte: Die preußische Marine unternahm keinen Ausfallversuch und die Franzosen taten nichts um sie anzugreifen. Wäre eines von beiden passiert, so hätte dies wahrscheinlich zu einem taktischen Erfolg der Franzosen geführt, den Bismarck und von Moltke allerdings nur als kleinen Nadelstich empfunden hätten. Ihnen ging es vor allem um den Sieg in den großen Landschlachten von Wörth, Gravelotte und Sedan, der andere Überlegungen in den Hin-

Im Französisch-Preußischen Krieg von 1870 errichtete die französische Marine eine Blockade vor den Elbe-Häfen, die dank der schnellen preußischen Siege zu Lande jedoch ohne Konsequenzen blieb. Die schweren französischen Schiffe hatten einen zu großen Tiefgang um die Häfen selbst angreifen zu können.

tergrund treten ließ und mit dessen Hilfe die Deutschen dann auch diesen Krieg eindeutig gewannen.

Im Jahre 1866 war die Situation wiederum anders. Dieses Mal stand das mit Italien verbündete Preußen den Österreichern gegenüber. Unter Ausnutzung des neu entstandenen italienischen Nationalismus versprach Bismarck den Italienern Venedig als Belohnung und erreichte damit eine für ihn sehr vorteilhafte Schwächung der österreichischen Truppen, die gegen seine eigenen Armeen ins Feld zogen. Dabei spielte es auch keine große Rolle, dass die italienische Armee am 24. Juni bei Custoza eine Niederlage erlitt, denn der preußische Sieg bei Sadowa zehn Tage später wurde dadurch umso leichter und führte schließlich zu Friedensverhandlungen.

Jedoch suchten die stolzen Italiener nach einer Möglichkeit um sich für Custoza zu rächen und gleichzeitig sicherzustellen, dass Venedig ein Teil Italiens wurde. Als bestes Werkzeug dafür erschien ihnen ihre Flotte, da sie der österreichischen zahlenmäßig weit überlegen war. So erhielt Graf Carlo di Persano, der 60-jährige Oberbefehlshaber, Mitte Juli den Befehl, mit seiner damals vor Ancona liegenden Flotte die Insel Lissa auf der anderen Seite der Adria anzugreifen. Lissa besaß eine Festung mit insgesamt 84 Geschützen, deren Garnison aber nur über weniger als 2000 Mann verfügte. Außerdem war sie isoliert, denn die österreichische Flotte befand sich in Pola, mindestens eine Tagesfahrt entfernt.

Persanos Angriff auf Lissa kam nur langsam voran und eines seiner Schiffe, das

Stapellauf der in Großbritannien für die italienische Flotte gebauten Affondatore. *Admiral Persanos Vertrauen in die Schnelligkeit, Manövrierfähigkeit und Rammeigenschaften des Schiffes verleiteten ihn bei Lissa zu vielen taktischen Fehlern. Selbst die Möglichkeit die österreichische Kaiser zu rammen nutzte er dort nicht aus.*

Rammschiff *Formidabile*, wurde sogar durch die Küstenbatterien getroffen und musste nach Ancona zurückkehren. Als die österreichische Flotte unter Tegetthoff dann am Morgen des 20. Juli auftauchte, verfügten die Italiener immer noch über 12 gepanzerte und 17 ungepanzerte Schiffe sowie eine entsprechende Überlegenheit bei Geschützen und Mannschaften im Vergleich zu sieben gepanzerten und elf ungepanzerten Schiffen auf österreichischer Seite. Außerdem besaßen sie mit der *Affondatore* das einzige Turmschiff, das an dieser Schlacht teilnahm. Es war in Großbritannien gebaut worden und gerade von dort eingetroffen. Außerdem besaß es einen übertrieben großen Rammsporn, der, so hoffte Persano, dem Namen des Schiffes („Versenker") alle Ehre machen würde.

Die beiden Flotten verfügten über recht unterschiedliche Voraussetzungen, was ihre Fähigkeiten, das Ausbildungsniveau der Mannschaften und die Qualitäten der Befehlshaber betraf. Die italienische Marine stand um es mit einem modernen Ausdruck zu beschreiben nicht im Training. Persano selbst hatte nur wenige Gefechte oder Manöverübungen mitgemacht und die Operationen seiner Flotte waren für den Angriff auf Lissa nur ungenügend geplant und vorbereitet worden. Seine Untergebenen hatten nur unzureichende Informationen über seine Pläne und die eigentliche Schlacht mit den Österreichern bekommen. Dem 39-jährigen Tegetthoff hatte man eine ähnlich unvorbereitete Flotte übergeben. Allerdings hatte er sein Bestes getan, um die Flotte in der verfügbaren Zeit für die Schlacht zu präparieren und außerdem

DER KRIEG DER PANZERSCHIFFE

① 20. Juli 1866: Ein italienisches Geschwader aus 10 Panzerschiffen und 22 anderen Schiffen wird während der Belagerung der Insel Lissa von einem österreichischen Geschwader angegriffen.

② Die Österreicher greifen die Italiener mit 7 Panzerschiffen und 14 anderen Schiffen in Keilformation an.

③ Die Österreicher brechen durch eine Lücke in der italienischen Schlachtlinie, die hauptsächlich durch den Wechsel von Persano auf die *Affondatore* entstand, und beginnen einen ungeordneten Kampf auf kürzeste Distanz.

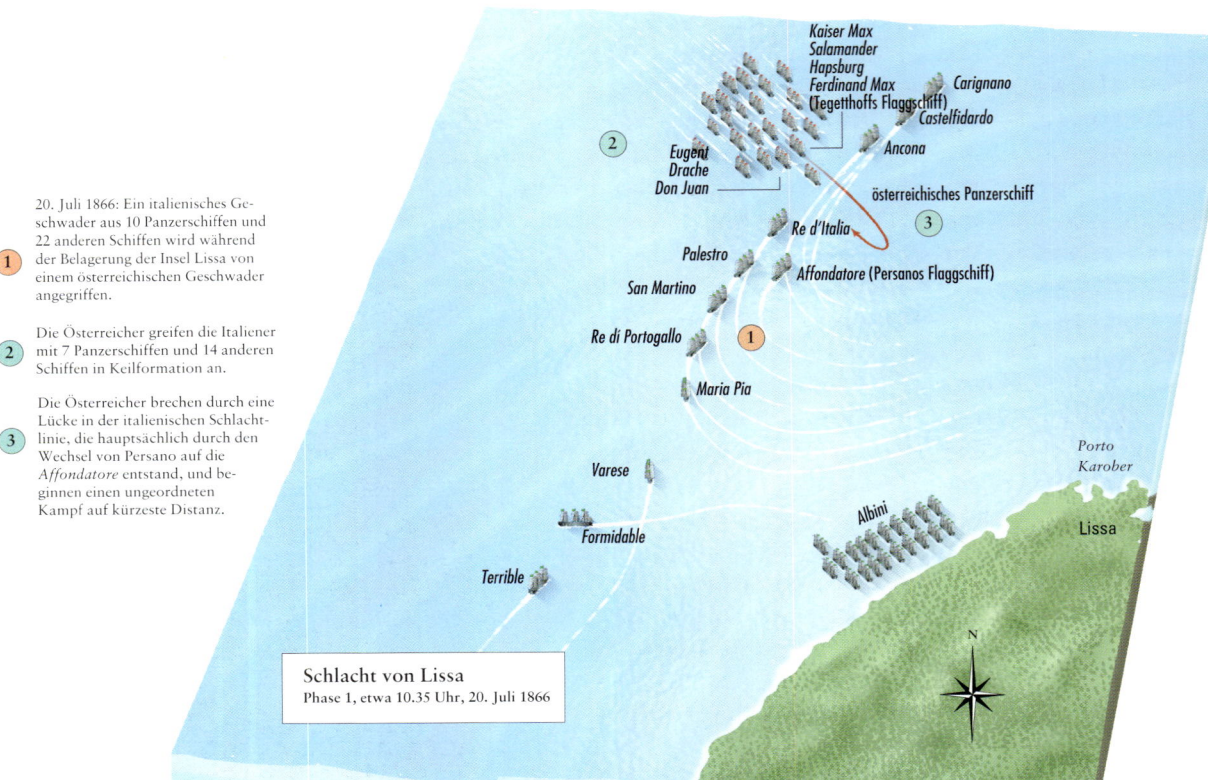

④ Das italienische Panzerschiff *Re d'Italia* wird durch einen Rammangriff versenkt. Die italienische *Palestro* explodiert. Die *Affondatore* sinkt zwei Tage später.

⑤ Die restlichen Schiffe des italienischen Geschwaders brechen das Gefecht ab und ziehen sich zurück.

LISSA, 20. JULI 1866

Der Krieg zwischen Österreich und Preußen/Italien hatte praktisch schon mit der österreichischen Niederlage geendet, als Persano mit einer großen italienischen Flotte die dalmatinische Insel Lissa überfiel. Am nächsten Tag wurde er dort von einem kleineren österreichischen Geschwader unter Admiral Tegetthoff angegriffen, wobei es zu einer bemerkenswerten An-

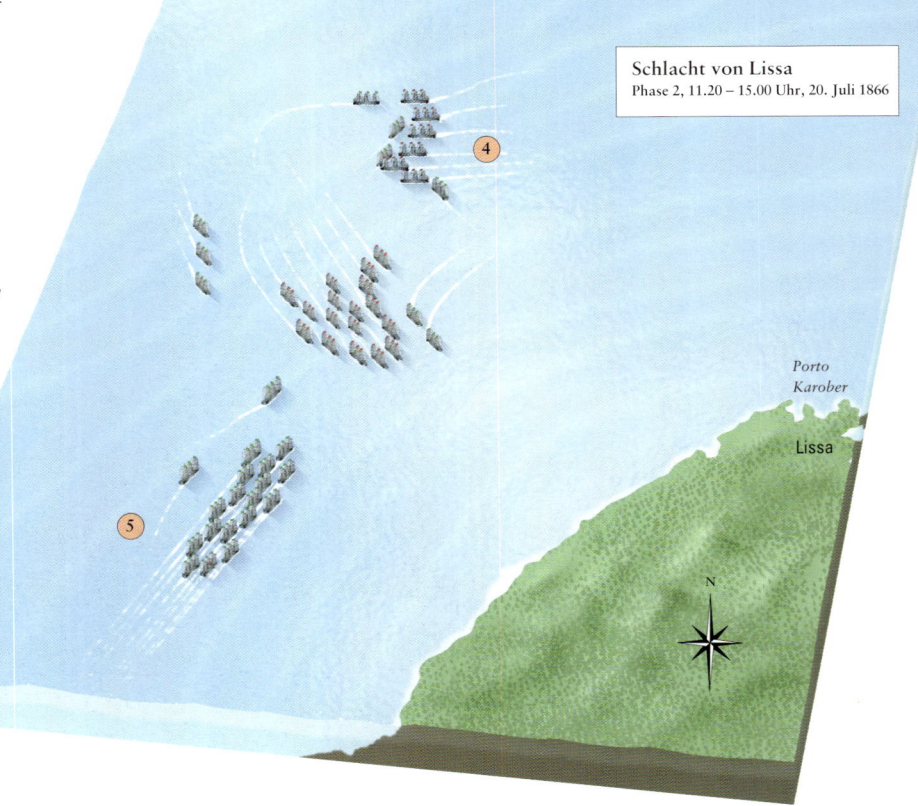

versuchte er, die vielen Unzulänglichkeiten seiner Flotte durch Kampfgeist und Elan sowie vor allem durch eine einfache Gestaltung seiner Angriffspläne auszugleichen.

Dieses Konzept kam dann auch in der anschließenden Schlacht zum Ausdruck. Tegetthoff hatte die Kapitäne seiner Schiffe genau darüber instruiert, dass er in einer losen Keilformation in die Schlacht fahren wollte und zwar um den Rammangriff anwenden zu können, was er dann auch mit seinem Flaggschiff, der *Ferdinand Max*, tat. Seine Absicht bestand darin die konventionelle Schlachtlinie, in der die Italiener ihn erwarteten, zu durchbrechen. Persano, der bereits so ziemlich alle Unterlassungssünden begangen hatte, denen ein Flottenkommandeur fähig sein kann, fügte diesen noch einen weiteren Kommandofehler hinzu und unterstützte damit seinen Gegner enorm in dessen Absichten. Er verließ sein Flaggschiff, die *Re d'Italia*, und begab sich auf die *Affondatore*, da er zweifellos glaubte von dort die Operationen besser lenken zu können und außerdem wollte er mit dem mächtigen Schiff persönlich den entscheidenden Schlag führen. Jedoch bestand das Problem darin, dass dieser Wechsel des Flaggschiffs nicht geplant war und man auf den anderen Schiffen der Flotte allgemein nichts davon wußte, was dann dazu führte, dass Persanos Kommandosignale im weiteren Verlauf der Schlacht weitestgehend nicht mehr beachtet wurden.

Außerdem musste die *Re d'Italia* ihre Fahrt für den Umstieg unterbrechen, wodurch eine Lücke in der italienischen Linie entstand, durch die der glückliche Tegetthoff seine Schiffe lenken konnte. Die Schlacht entwickelte sich daraufhin zu einem ungeordneten wendung der Rammtaktik kam. In dem verworrenen Gefecht wurde das italienische Schlachtschiff Re d'Italia *durch Rammen versenkt und zwei weitere große italienische Schiffe gingen verloren. Persanos Zögern und Tegetthoffs Entschlossenheit waren entscheidende Faktoren für den Ausgang dieser Schlacht. Obwohl beide Flotten über Schiffe mit voller Takelage verfügten, wurden keinerlei Segel für Schlachtmanöver eingesetzt.*

OBEN: *Wilhelm von Tegetthoff, der die österreichische Flotte in der Schlacht von Lissa befehligte. Die gute Vorbereitung der Flotte auf die Schlacht und seine Führungsqualitäten an diesem Tag waren von entscheidender Bedeutung.*

LINKS: *Graf Carlo Pellion di Persano, der Befehlshaber der italienischen Flotte. Die mangelhafte Führung seiner zahlenmäßig überlegenen Kräften war der Hauptgrund für deren schlechte Leistung.*

ten Gefecht, in dem beide Seiten aus nächster Distanz aufeinander feuerten. Dabei gewannen die österreichischen Kanoniere mit ihrer weitaus höheren Zahl Hinterladern die Oberhand und eines der kleineren italienischen Panzerschiffe, die *Palestro*, wurde in Brand geschossen. Der Rauch des brennenen Schiffes und der Geschütze steigerte die allgemeine Verwirrung noch weiter. Der die italienische Vorhut kommandierende Admiral Vacca versuchte die Österreicher zu überholen, während die italienische Nachhut unter Albini kaum in den Kampf eingreifen konnte.

Im Qualm und Rauch dieser verworrenen Situation tauchte plötzlich die *Re d'Italia* mit ihrer Breitseite vor dem Bug der *Ferdinand Max* auf. Der Kapitän des österreichischen Flaggschiffs, Baron Sterneck, befahl sofort volle Kraft voraus und stoppte die Maschinen erst, als sein Schiff nur noch eine Kabellänge von der *Re d'Italia* entfernt war. Mit dem Schwung der Vorwärtsbewegung versetzte die *Ferdinand Max* dem italienischen Panzerschiff den Todesstoß und als sie ihren Rammsporn wieder herauszog, legte sich die *Re d'Italia* nach Backbord und kenterte, wobei zwei Drittel der 600 Mann starken Mannschaft mit in die Tiefe gerissen wurden.

Inzwischen war die *Affondatore* hin- und hergeeilt und hatte ziemlich hoffnungslos nach gegnerischen Schiffen gesucht um diese zu rammen. Irgendwann fand sie dann auch ein konkretes Ziel mit dem österreichischen Linienschiff *Kaiser* und seiner 900 Mann starken Besatzung. Aber aus einem bestimmten Grund, den er auch anschließend nicht genau erklären konnte, ließ Persano die *Affondatore* nicht angreifen. Die Schlacht gestaltete sich dann zu Gunsten der Österreicher; die *Palestro* flog in die Luft und forderte viele Opfer. Die italienische Flotte zog sich schließlich nach Ancona zurück. Tegetthoff versuchte nicht sie zu verfolgen, vielleicht weil er zu wenig Brennstoff und Munition hatte, vielleicht auch, weil er seine Flotte nicht weiter in Gefahr bringen wollte. Zwei Tage später ging die *Affondatore* im Hafen von Ancona unter und machte damit ihrem Namen letztendlich doch noch Ehre.

Der Angriff auf Lissa war die umfangreichste Flottenoperation, die zwischen dem Beginn des Zeitalters der Panzerschiffe und der Schlacht bei Tsushima am Ende dieser Ära stattfand und sie zeigte viele der typischen Dilemmas, mit denen jeder in diesen Flotten, die sich noch weitgehend in der experimentellen Phase befanden, zu kämpfen hatte, vom Oberbefehlshaber bis hin zu den Matrosen und Heizern. Sollte man nun eher Geschützfeuer oder den Rammangriff einsetzen? War es besser in konventioneller Schlachtlinie oder mit einem Verwirrung stiftenden Frontalangriff vorzugehen? Wie waren die Maschinen und das Ruder einzusetzen, die beide zu den Schwachpunkten des Schiffes gehörten (bemerkenswert ist, dass keine der beiden Seiten vor Lissa an den Einsatz von Segeln dachte, obwohl fast alle Schiffe volle Takelage trugen). Und wie vor allem sollte man die Flotten unter diesen neuen Bedingungen vorbereiten und kommandieren? Dies waren Fragen, die sich jene stellten, die diese Schlacht analysierten und daraus zu lernen versuchten. Zumindest eine Schlussfolgerung konnte man ziehen: Die Bedeutung der Festlegung und Beibehaltung des Zieles als wichtigstes Element eines Operationsplanes wurde durch Tegetthoff nachgewiesen und seine Befehle und Pläne zahlten sich am Ende aus.

FLOTTENOPERATIONEN

Das peruanische Turmschiff Huascar. Nachdem es 1877 auf Seiten der Rebellen kurz gegen die Briten gekämpft hatte (siehe S. 150), spielte das Schiff im Salpeterkrieg eine große Rolle, wo es im Kampf gegen schwächere Gegner und als Kaperschiff erfolgreich eingesetzt wurde. Im Oktober 1879 konnte es durch stärkere chilenische Schiffe vor Kap Angamos erobert werden.

In strategischer Hinsicht hatte der österreichische Sieg fast keine Konsequenzen. Trotz des Geschützfeuers, des Qualms und des Rauchs, der schweren Verluste und der versenkten Schiffe war die Schlacht um Lissa nur eine symbolische. Vielleicht wurde dadurch ein gewisser Einfluss auf die späteren Friedensvereinbarungen ausgeübt, was aber schwer zu sagen ist. Die Mannschaft der *Re d'Italia* schrie und jubelte „Venezia e nostra" (Venedig ist unser), als ihr Schiff unterging – und so sollte es auch kommen.

Der Salpeterkrieg (1879–1883)

Bis zur Mitte des 19. Jahrhunderts hatte sich ganz Südamerika von seinen früheren Kolonialherren befreit. Allerdings ging es in den jungen Republiken noch ziemlich turbulent und stürmisch zu, da sie bestrebt waren sich unter Nutzung ihrer eigenen Ressourcen einen Platz in der Welt zu sichern. An der Pazifikküste gab es wertvolle Salpetervorkommen, um die sich zwischen Chile auf der einen Seite und Peru und Bolivien auf der anderen ein Streit entwickelte, der 1879 zum Krieg führte.

Die chilenische Marine waren größer und moderner als die peruanische, während Bolivien gar keine Seestreitkräfte besaß. Da die Infrastruktur auf dem Festland recht schwach entwickelt war, ging es in dem Krieg vorrangig um die Benutzung der Seewege. Die chilenische Marine errichtete eine Blockade vor dem peruanischen Hafen Iquique, während die peruanische Strategie darin bestand eine äußerst mobile Kriegführung zur See zu organisieren und gleichzeitig größere Schlachten zu vermeiden. Bis hierher folgte der Krieg klassischen Vorbildern.

Im Mai 1879 gelang es den Peruanern dann die chilenische Hauptmacht aufzusplittern um mit ihren beiden stärksten Schiffen über die schwachen chilenischen Schiffe, die man vor Iquique zurückgelassen hatte, herzufallen. Dabei wurde die

DER KRIEG DER PANZERSCHIFFE

Kap Angamos, 8. Oktober 1879

Das Turmschiff Huascar *war das einzige größere Schiff, über das die peruanische Marine noch verfügte. Durch die frisch überholten chilenischen Zentralbatterieschiffe* Blanco Encalada *und* Cochrane *konnte es vor Antofagasta aufgebracht werden. Die* Blanco Encalada *sichtete die* Huascar *zuerst und verfolgte sie nordwärts. Dann kam die* Cochrane *schnell nach, fing die* Huascar *backbord voraus ab und verwickelte sie in ein Gefecht, während auch die* Blanco Enclada *herankam und in den Kampf eingriff. Rammangriffe führten nicht zum Erfolg, aber nachdem die* Huascar *ihren Kapitän Grau und große Teile der Mannschaft verloren hatte, wurde sie durch Geschützfeuer zur Kapitulation gezwungen.*

Kap Angamos
8. Oktober 1879

- Fahrtrichtung der chilenischen Schiffe
- Fahrtrichtung der peruanischen Schiffe

FLOTTENOPERATIONEN

Sloop *Esmeralda* im dritten Versuch durch das peruanische Turmschiff *Huascar* gerammt und versenkt, wobei auch der tapfere Kapitän der Sloop namens Prat ums Leben kam, als er im Alleingang versuchte das feindliche Schiff zu entern. Das peruanische Breitseitenpanzerschiff *Independencia* musste jedoch schwer für seinen Rammangriff auf die andere chilenische Sloop *Covadonga* bezahlen. Es wagte sich zu nah an die Küste, lief auf Grund und endete als totales Wrack.

Die Peruaner hatten ein starkes Schiff verloren und im Gegenzug nur ein kleines Boot zerstört. Die *Huascar* unter Admiral Grau verursachte jedoch weiterhin eine Menge Ärger. Ihren größten Coup konnte sie am 23. Juli mit der Eroberung des chilenischen Pferdetransporters *Rimac* landen. Auf Grund technischer Schwierigkeiten hob der chilenische Admiral Williams dann die Blockade von Iquique auf und brachte seine Hauptstreitmacht zur Überholung nach Valparaiso, wo er selbst auch durch Commodore Galvarino Riveros abgelöst wurde. Am 20. September setzte die chilenische Flotte wieder Segel. Zunächst fuhr sie nach Antofagasta um die dortigen Truppen zu verstärken und dann teilte man sie in zwei Verbände auf, immer noch in der Hoffnung die *Huascar* aufzubringen.

Und genau dies passierte am 8. Oktober 1879. Die *Huascar* versuchte ein Gefecht zu vermeiden, aber die frisch gesäuberten chilenischen Zentralbatterieschiffe *Cochrane* und *Blanco Encalada* waren schneller und zwangen die *Huascar* um ca. 9.30 Uhr vor Kap Angamos zum Kampf. Es war ein ungleicher Wettstreit, aber die Huascar wehrte sich tapfer, obwohl viele Mit-

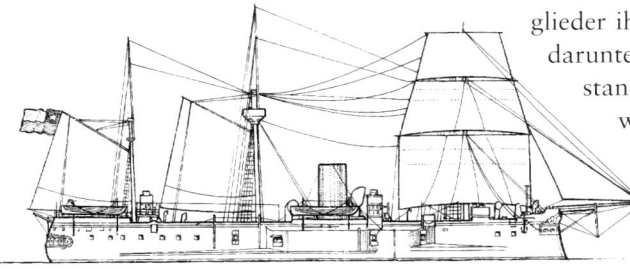

ALMIRANTE COCHRANE

Als Zentralbatterieschiff klassischer Bauart wurde das chilenische Panzerschiff Almirante Cochrane nach Thomas Cochrane, Lord Dundonald, benannt, der in den 20-er Jahren des 19. Jahrhunderts für die chilenische Unabhängigkeit gekämpft hatte. Gemeinsam mit seinem Schwesterschiff Blanco Enclada *gewann es die Schlacht vor Kap Angamos.*

glieder ihrer Mannschaft bei diesem Gefecht ums Leben kamen, darunter auch Kapitän Grau. Nach eineinhalbstündigem Widerstand kapitulierte das Schiff schließlich. Fast alle Schäden waren durch Granatfeuer von den chilenischen Vorderladern verursacht worden, während mehrere Rammangriffe nicht zum Erfolg geführt hatten. Bei einem dieser Versuche hätte die *Cochrane* sogar fast die *Blanco Encalada* gerammt.

Die *Huascar* wurde danach in chilenischen Dienst gestellt. Sie hatte eine außergewöhnliche Karriere hinter sich: 1877 war sie von peruanischen Rebellen während einer der regelmäßig wiederkehrenden Revolutionen übernommen worden und hatte mit dem britischen ungepanzerten Kreuzer *Shah* eine ergebnislose Schlacht ausgetragen. Die Geschwindigkeit der *Shah* und die Panzerung der *Huascar* hatten sich damals gegeneinander aufgehoben und der Angriff der *Shah* mit Fischtorpedos, übrigens die ersten in der Geschichte, hatte ebenfalls nicht zum Erfolg geführt. Am nächsten Tag kapitulierte die *Huascar* dennoch vor der peruanischen Regierung, was wohl eher aus politischen und weniger aus militärischen Gründen geschah. Nun diente sie schon dem dritten Herrn und war eine nützliche Ergänzung der chilenischen Streitkräfte, die während der restlichen Zeit des Krieges die Seemacht in weitestgehend klassischer Weise ausübten, indem sie umfangreiche Truppenanlandungen mit einer Reihe von Seeoperationen durchführten und so versuchten den Krieg zu ihren Gunsten zu beenden.

Eine Darstellung der Schlacht vor Kap Angamos. Wie auf vielen anderen Bildern dieser Art werden nur Informationen wiedergegeben, über die der Maler damals verfügte. Allerdings stimmen die deutlich sichtbaren schweren Schäden an der Huascar *hier durchaus mit den historischen Tatsachen überein.*

Der Salpeterkrieg erscheint wie eine Miniaturausgabe eines Stückes von Mahan. Der Versuch der schwächeren Seite einen „guerre de course" aufzuziehen, der Einsatz der Blockade durch die stärkere Seite, die schließlich entscheidende Flottenoperation und die anschließende Handlungsfreiheit dank der Seemacht – alle diese Elemente folgten den Prinzipien, die von den Gebrüdern Colombs und Laughton entwickelt worden waren und später die Grundlage für die Mahansche Theorie bildeten. Mit Sicherheit sahen viele in der anderen Hemisphäre diese Auseinandersetzungen als kleines Scharmützel zwischen irgendwelchen Schiffen weit draußen auf dem Meer an. Aber es gab auch einige, die die exemplarische Bedeutung dieses Krieges erkannten und die Zukunft sollte ihnen Recht geben.

DREI BEISPIELE FÜR DIE AUSÜBUNG BRITISCHER ÜBERLEGENHEIT ZUR SEE (1878–1885)

Die „orientalische Frage", eine Bezeichnung für die verworrene, von kriegerischen Auseinandersetzungen gekennzeichnete Situation, mit der sich die Staatsmänner in der Zeit von 1875 bis 1880 intensiv beschäftigten, drehte sich wie so oft bei politischen Turbulenzen in Europa um den Balkan. Das Osmanische Reich zerfiel, die christlichen Religionsgemeinschaften wurden zunehmend aufsässig, strategische Interessen standen auf dem Spiel und keiner traute dem anderen. Die Hauptakteure dieses Spiels waren der reformfreudige Zar Alexander II., die türkische Hohe Pforte, der österreichische Kaiser und die britische Regierung, die jedoch nicht immer den gleichen Standpunkt vertrat.

Dem äußeren Anschein nach war es keine Situation, in der Seemacht einen großen Einfluss haben könnte. Zwar besaß Bulgarien als Hauptschauplatz der Auseinandersetzungen einen Zugang zum Meer, doch wurde dieser Umstand kaum ins Kalkül gezogen. Dennoch sahen die britischen Strategen unter Führung von Disraeli hier etliche Gefahren, denn ihr Denken orientierte sich nunmehr an den Verbindungswegen innerhalb ihres Weltreiches, welche die Arterien der britischen Außenpolitik bildeten und deren Ausbau auch der Grund war, warum Großbritannien 1875 den Suezkanal erworben hatte. Da man andererseits das russische Streben nach Machterweiterung erkannte, war es ein vorrangiges Ziel Russland daran zu hindern sich einen Zugang zum offenen Meer zu verschaffen.

So kam es, dass Großbritannien in seiner Politik gegenüber den anderen europäischen Staaten mehr auf der türkischen als auf der russischen Seite stand, wobei man gleichzeitig bestrebt war nicht in einen Krieg verwickelt zu werden. Nach mehrjährigen Kämpfen und Verhandlungen dachte man die Probleme im Januar 1878 geregelt zu haben. Bis zu diesem Zeitpunkt hatten die Türken etliche Niederlagen zu Lande gegen Russland erlitten und Großbritannien fürchtete, dass sich der russische Vorstoß bis zur Ägäis und nach Konstantinopel fortsetzen könnte, wenn man nichts dagegen unternahm. Königin Viktoria persönlich intervenierte beim Zar und bat ihn einzuhalten.

Um diese Forderung durchzusetzen bedurfte es allerdings einer entsprechenden Machtdemonstration und diese Aufgabe fiel der Marine zu. Admiral Hornby, der Oberbefehlshaber der Mittelmeerflotte, die bereits durch ihre Präsenz in der Besika-Bucht eine abschreckende Wirkung ausgeübt hatte, machte sich nun mit einem sehr starken Verband auf den Weg durch die Dardanellen. Einige Wochen lang blieb er dann im Marmarameer in höchster Alarmbereitschaft um angeblich das Leben der britischen Bürger in Konstantinopel zu schützen, obwohl seine Flotte auf eine richtige Schlacht vorbereitet war. Hornby war ein äußerst fähiger Kommandeur, wahr-

Die HMS Alexandra, *ein Symbol britischer Seemacht in den 70-er und 80-er Jahren des 19. Jahrhunderts. Sie war eines der schönsten und besten Kriegsschiffe der damaligen Zeit und diente zumeist als Flaggschiff der Mittelmeerflotte. Bei der Passage der Dardanellen im Jahre 1878 zur Abschreckung Russlands führte das Schiff die Flotte an.*

scheinlich der beste britische Admiral der damaligen Zeit, und obwohl er vor allem beeindruckende Standardmanöver meisterhaft beherrschte, wofür übrigens die Durchfahrt durch die Dardanellen ein ausgezeichnetes Beispiel darstellte, hätte er seine Flotte mit Sicherheit in jedem Gefecht so gut kommandiert, dass jeglicher Widerstand von russischer Seite zerschlagen worden wäre. Außerdem wäre ihm in einem solchen Fall natürlich auch die Unterstützung oder zumindest die Duldung durch die türkischen Küstenanlagen sicher gewesen.

Auch in der öffentlichen Meinung seines Heimatlandes wäre eine solche Aktion auf breite Zustimmung gestoßen. In den britischen Varieteetheatern trällerte man damals ein Lied, in dessen Text der Stolz auf die Marine und ihre Männer zum Ausdruck kam und in dem es sinngemäß hieß, dass man Konstantinopel niemals den Russen überlassen würde.

Die Verhandlungen auf dem dann stattfindenden Berliner Kongress zogen sich monatelang hin und wurden schließlich am 13. Juli abgeschlossen (die Hohe Pforte war immer schon sehr starrköpfig gewesen und im offiziellen Bündnis mit Großbritannien war sie es nun nicht minder). Die Briten konnten mit den Ergebnissen jedoch zufrieden sein, denn man hatte nicht nur Konstantinopel gerettet, sondern auch erreicht, dass das eindeutig unter russischer Vormundschaft stehende Bulgarien keinen Zugang zur Ägäis erhielt. Der Einsatz der Seemacht zur Ausübung von Druck und Abschreckung hatte sich wieder einmal ausgezahlt.

Auch an dem zweiten Beispiel der Demonstration britischer Überlegenheit zur See war die Mittelmeerflotte beteiligt. Um 1880 befand sich Ägypten in einem kritischen Zustand und 1881 kam es dort zu einer Revolte unter Führung von Arabi Pascha, die eine stark fremdenfeindliche Orientierung hatte und die Macht der Khedive zu stürzen drohte. Alexandria, wo sowohl Großbritannien als auch Frankreich bis Ende Mai 1882 eine Marinepräsenz errichtet hatten, war das Zentrum dieses Aufstandes. Nach Unruhen in der Stadt wurden alle Ausländern evakuiert. Vizeadmiral Seymour, der zu diesem Zeitpunkt als Oberbefehlshaber fungierte, befürchtete, dass die Verteidigungsanlagen an der Küste vor Alexandria in einem solchen Maße verstärkt werden könnten, dass kein Angriff ihnen mehr etwas anhaben könnte. Die Admiralität erteilte ihm dann die Erlaubnis die notwendigen Maßnahmen zu ergreifen um dies zu verhindern. Seymour stellte daraufhin Arabi Pascha ein Ultimatum, das am Morgen des 11. Juli ablief.

Da man keine Antwort erhalten hatte, ließ Seymour seinen vorbereiteten Plan zum Beschuss der Forts durchführen. Die Streitmacht, über die er für diese Operation verfügte, war sehr heterogen und umfasste acht Schlachtschiffe

Admiral Sir Geoffrey Phipps Hornby, ein hervorragender Flottenkommandeur in den 70-er Jahren des 19. Jahrhunderts. Als Meister präziser Manöver und Standardübungen besaß er mit Sicherheit auch die notwendigen Fähigkeiten um jede Gefechtssituation zu bewältigen, musste aber seine Talente nie im Kampf unter Beweis stellen.

(zumeist Zentralbatterieschiffe mit wenigen Turmschiffen und keines vom Typ der mastlosen *Devastation*) sowie sechs kleinere Schiffe. Alle erhielten genaue Instruktionen in Bezug auf das Ziel, hatten aber gewisse Freiheiten bei der Entscheidung, ob sie auf den ihnen zugewiesenen Positionen manövrieren oder dort vor Anker gehen wollten. Der Beschuss sollte zielgerichtet erfolgen und mit Munition war sparsam umzugehen.

Letztendlich war das Ganze eine ziemlich eintönige Operation, die nur durch einige orginelle Aktionen unterbrochen wurde. Eine davon führte Lord Charles Beresford mit der *Condor* durch. Nachdem er erkannt hatte, dass die ägyptischen Geschütze nur bis zu einer bestimmten Reichweite feuern konnten, fuhr er mit seinem kleinen Schiff dicht unter das Fort Marabout und beschoss es mit allem, was er hatte, auch mit Maschinengewehren.

Die Bombardierung wurde bis zum Sonnenuntergang fortgesetzt, wobei aus einer Entfernung von 1 bis 4 km auf die Forts gefeuert wurde. Es kam nur zu einer kleinen Landungsoperation, bei der einige Geschütze in der Nähe von Mex Fort vernagelt wurden. Das ägyptische Gegenfeuer war zunächst sehr stark, ließ dann aber allmählich nach. In der britischen Flotte gab es nur geringe Verluste an Menschen und Material. Fünf Soldaten wurden getötet und 28 verwundet. Alle Schiffe waren am Ende des Tages noch einsatzfähig. Als der Angriff am 13. fortgesetzt werden sollte (am 12. ließ das Wetter keinen Beschuss zu), stellte man fest, dass die Ägypter die Verteidigungsanlagen verlassen hatten.

Als Landungstruppen dann die Forts besichtigten, fanden sie die meisten der dortigen Geschütze noch in funktionstüchtigem Zustand vor, obwohl die etwa 3000 britischen Granaten schon beeindruckende Schäden hinterlassen hatten. Wahr-

Die HMS Alexandra *war nicht nur ein hübsches Flaggschiff. Dieses Bild ihrer Zentralbatterie zeigt die Anordnung der schweren Geschütze, die über einen relativ weiten Richtwinkel feuern konnten.*

scheinlich hatten Schock und Erschöpfung einen stärkeren Effekt auf die Verteidiger gehabt als die tatsächlich entstandenen Schäden. Auch zur Genauigkeit des britischen Feuers gab es unterschiedliche Meinungen: Für Fisher war es durchschnittlich, während Percy Scott wie für ihn typisch der Meinung war, dass man eine erbärmliche Vorstellung gegeben hatte.

Ganz gleich, wie starr und förmlich auch die Bombardierung von Alexandria durchgeführt wurde, ihr Ziel hatte sie jedenfalls erreicht. Arabi Pascha wurde weiter landeinwärts gedrängt und obwohl der Aufstand weiterging und schließlich erst durch einen mehrmonatigen Landfeldzug niedergeschlagen werden konnte, erleichterte die Öffnung von Alexandria viele Dinge. Die Schlussfolgerungen für die Kriegführung zur See waren nicht allzu offensichtlich und sind selbst heute noch umstritten. Obwohl es sich um starke Festungen handelte, waren sie lange nicht so stark wie einige andere auf der Welt und ihre Verteidiger kämpften zwar wacker, zeigten

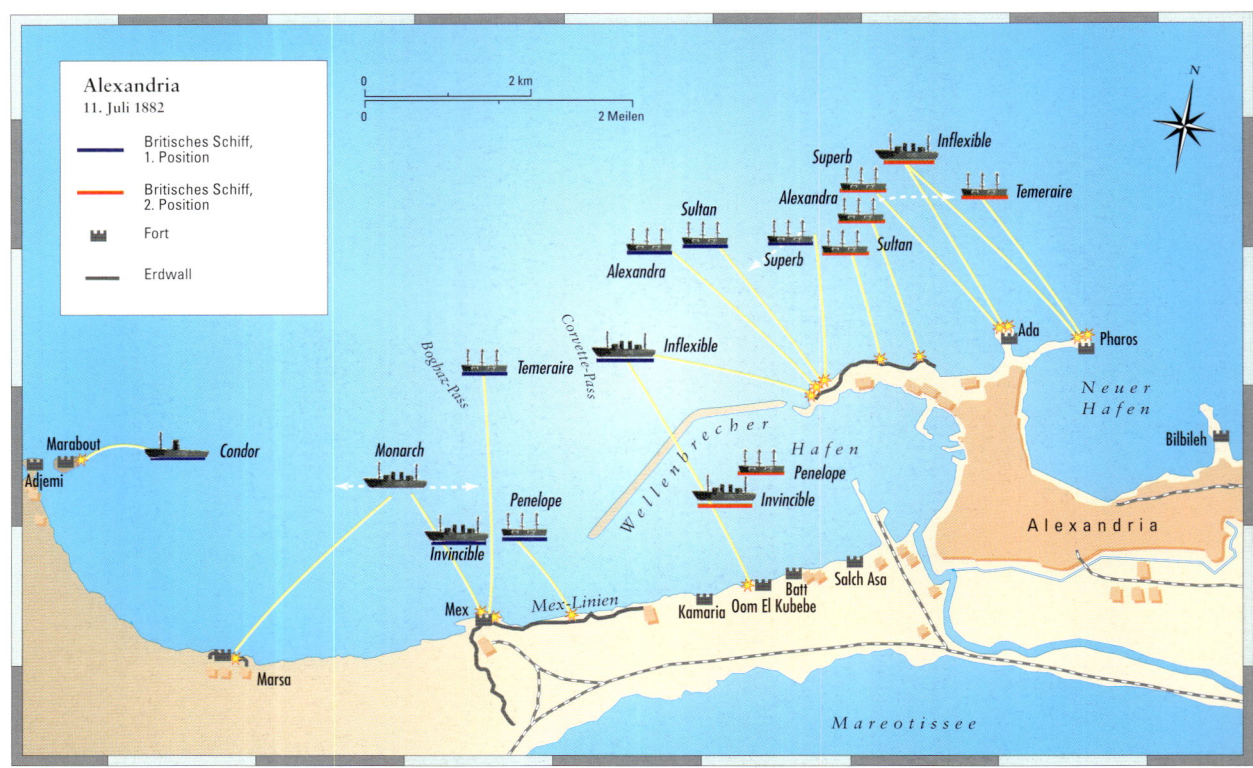

ALEXANDRIA, 11. JULI 1882

Die wichtigste Operation der mächtigen britischen Mittelmeerflotte im Zeitalter der Panzerschiffe war die Bombardierung von Alexandria mit einem gemischten Verband aus Zentralbatterie-, Turmschiffen und einigen Kanonenbooten. Nach umfangreicher Aufklärung konnte der Beschuss sorgfältig geplant werden. Das Hauptziel dieser Operation bestand in der Zerstörung verschiedener Forts, die zumeist ungenügend befestigt und ausgerüstet waren, deren mutige Besatzungen aber den ganzen Tag über zurückfeuerten. In der darauffolgenden Nacht gaben die Ägypter jedoch ihre Verteidigungsstellungen auf und so trafen die anschließenden Landungsoperationen kaum auf Widerstand.

RECHTS: *Der Kriegsheld Lord Charles Beresford als Konteradmiral. Als Kommandeur der Sloop* Condor *fuhr Beresford während der Bombardierung von Alexandria mit seinem kleinen Schiff dicht unter die Geschütze eines ägyptischen Forts und begründete damit seinen Ruf als furchtloser Offizier.*

dabei jedoch nicht die gleiche Hartnäckigkeit, mit der sich andere Festungen in der früheren und späteren Geschichte gegen Angriffe gewehrt hatten. Deshalb würde man zu weit gehen, wenn man behaupten wollte, mit Alexandria sei bewiesen worden, dass Schiffe im späten 19. Jahrhunderts Forts erobern konnten, ohne dass dafür Landungen und Angriffe notwendig waren.

Jedoch zählt auch der äußere Schein, insbesondere wenn es um Abschreckungsmaßnahmen geht. Und das dritte Beispiel britischer Seemacht in damaliger Zeit hatte viel mit diesem äußeren Schein zu tun. In den Jahren 1984/85 war das „große Spiel" der russischen Expansion in Richtung des indischen Subkontinents durch Afghanistan in vollem Gange. Im März 1885 eroberten die russischen Truppen eine wichtige afghanische Stellung in Pendjeh und drohten von dort mit weiteren Vorstößen. Die britische Antwort bestand in einer Art indirekter Abschreckung. Hornby, der inzwischen nach Großbritannien zurückgekehrt war, erhielt den Befehl eine Flotte in die Ostsee zu bringen und zwar mit Kurs auf den russischen Marinestützpunkt in Kronstadt. Im Juni führte man Manöver in Berehaven durch und zwar unter Bedingungen, die offensichtlich der Situation vor Kronstadt entsprachen. Dabei spielte auch das mit den modernsten technischen Einrichtungen ausgestattete Particular Service Squadron eine besondere Rolle. Russland verstand dieser Warnung. Es durfte Pendjeh behalten, aber der russische Vorstoß wurde praktisch gestoppt.

DER CHINESISCH-JAPANISCHE KRIEG (1894–1895)

Seit seiner Öffnung in den 60-er Jahren des 19. Jahrhunderts hatte sich Japan schnell den westlichen Methoden angepasst und die dortige Technik übernommen, jedoch nicht aus dem Glauben an deren Überlegenheit heraus, sondern nach dem Grundsatz, dass man sich, zumindest für eine gewisse Zeit, einer Sache anschließen sollte, die man nicht übertreffen kann. So kam es, dass sich Japan in den letzten drei Jahrzehnten des Jahrhunderts eine moderne Flotte anschaffte. Die Schiffe wurden zumeist auf europäischen Werften gebaut und mit in Europa hergestellten Waffen ausgerüstet. Im Laufe der Jahre schuf man in der kaiserlichen japanischen Marine dann auch ein systematisches Ausbildungssystem, das weit über eine einfache Unterweisung im Umgang mit der neuen Technik hinausging.

Dieser Prozess der Expansion und Modernisierung war bei weitem noch nicht abgeschlossen, als Japan 1894 einen Krieg mit China begann. Wie so oft war der Streitpunkt wieder einmal Korea – eine Halbinsel, die so sehr begehrt und umstritten war, dass man sie als fernöstliches Gegenstück zu Polen bezeichnen könnte. Mit dem letzten Vertrag von 1885 war versucht worden die Spannungen zwischen China und Japan zu schlichten. Allerdings hielt er nur bis zum Sommer 1894, als jedes der beiden Länder dem anderen vorwarf, diesen Vertrag durch Entsendung von Truppen nach Korea gebrochen zu haben. So kam es zu einem Krieg, der zunächst noch nicht einmal offiziell erklärt wurde und dessen erste Schüsse auf See fielen.

Die Seewege hatten für beide Seiten eine große Bedeutung. Japan besaß keinen Landzugang nach Korea, weshalb alle japanischen Truppentransporte auf dem Wasserweg erfolgten. China hatte zwar einen Landzugang, jedoch waren die Straßen dort schlecht und eine Eisenbahnverbindung gab es in dieser Gegend nicht. So war von Beginn an klar, dass Operationen zur See eine wichtige Rolle für den effizienten Einsatz der Militärmacht spielen würden.

Auf dem Papier war die chinesische Marine stärker als die japanische. Sie verfügte über 12 große Kriegsschiffe, darunter zwei richtige Schlachtschiffe, die in Deutschland gebaut worden waren und jeweils vier 30-cm-Geschütze und eine starke Panzerung besaßen. Die zehn Schiffe umfassende japanische Schlachtflotte hat nichts

Das „Torpedorammschiff" Polyphemus wurde für den Angriff auf Anlagen und Schiffe zur Hafenverteidigung sowie deren Zerstörung gebaut. Obwohl es sich um ein Einzelexemplar handelte, erreichte das Schiff durch seine starke Bewaffnung einen hohen Bekanntheitsgrad und sein Einsatz bei Manövern im Jahre 1885 nährte die Angst Russlands vor einem Angriff auf Kronstadt.

DER KRIEG DER PANZERSCHIFFE

DAS GEBIET AM GELBEN MEER (1894–1905)

Die Karte gibt die damalige komplizierte Situation in diesem Gebiet sowie die wichtigsten Truppenbewegungen im Chinesisch-Japanischen Krieg wieder. Der Kampf zwischen Japan, Russland und China um die strategisch wichtige Halbinsel Korea mit ihren reichen Rohstoffvorkommen und die Auseinandersetzungen zwischen den europäischen Mächten und den USA um günstige Handelsstützpunkte und -bedingungen bildeten die Ursachen für diesen Konflikt.

① Juni 1894: Einsatz chinesischer Truppen auf Bitte der koreanischen Regierung zur Niederschlagung von Unruhen.

① Einsatz japanischer Truppen (ohne Aufforderung) zur Wiederherstellung der Ordnung.

② August 1894: Entsendung chinesischer Truppen nach Nordkorea.

② Entsendung japanischer Truppen nach Nordkorea.

③ Japanischer Vorstoß über den Yalu.

④ Japanische Landung auf der Halbinsel Liaodong.

⑤ Januar 1895: Japanische Landung auf der Halbinsel Shandong und Eroberung von Wei-hai-wei.

⑥ Februar/März 1895: Japanischer Vorstoß in die Mandschurei.

Ähnliches zu bieten, obwohl die drei größten, in Frankreich konstruierten Schiffe 31,5-cm-Geschütze besaßen. Allerdings war jedes Schiff nur mit einem einzigen solchen Geschütz ausgestattet und die Panzerung war

weitaus schwächer als die der chinesischen Schlachtschiffe. Nach den Kriterien der damaligen Zeit handelte es sich nur um Kreuzer.

Jedoch zeigten die Ereignisse des Krieges, dass man durch intensive Vorbereitung und Ausbildung eine zahlenmäßige und materielle Überlegenheit des Gegners mehr als ausgleichen kann. Die Logistik auf chinesischer Seite war bestürzend. Es fehlte insbesondere an großkalibriger Munition und die vorhandene hatte viele praktische Mängel. Es heißt sogar, dass es etliche Granaten gab, die mit Zement oder Sand gefüllt waren. Auch in der Gefechtsausbildung war China den Japanern weit unterlegen und die Führung seiner Flotte blieb nur Stückwerk. Ting, der chinesische Oberbefehlshaber, zeigte zwar persönlichen Mut und hatte auch Vorstellungen, wie ein Gefecht gegen eine andere Flotte zu leiten war. Jedoch waren viele seiner Untergebenen nur wenig motiviert und für ihre Aufgaben nicht qualifiziert. Letztendlich waren die Japaner in all diesen Fragen überlegen.

Zu den ersten Auseinandersetzungen in diesem Krieg kam es, als das japanische „fliegende Geschwader" mit drei Kreuzern unter Admiral Tsuboi chinesische Truppenkonvois abfangen konnte, wobei die relativ schwachen chinesischen Begleitschiffe bis auf eines, das nach Wei-hai-wei entkam, zerstört wurden. Im Rahmen der dann folgenden Operationen gegen Truppentransporte wurde auch die *Kowshing*, ein britisches Dampfschiff, das die Chinesen gechartert hatten und das über 1000 chinesische Soldaten transportierte, nach wiederholten Warnungen durch den Kreuzer *Naniwa* versenkt. Dieser stand unter dem Befehl des damaligen Kapitäns und späteren Admirals Heihachiro Togo, der damit das erste Mal international in Erscheinung trat. Aus Großbritannien kam kein Protest, denn dort ging man davon aus, dass die britische Flotte nicht die Aufgabe hatte solche Operationen im Namen einer kriegführenden Partei zu decken.

Im September 1894 erhielt die chinesische Hauptflotte den Befehl einen großen Truppentransport bis zur Mündung des Yalu zu begleiten. Nachdem die Anlandung erfolgreich abgeschlossen worden war, tauchte am 17. September die japanische Flotte aus südlicher Richtung auf. Sie stand unter dem Befehl von Admiral Ito, der die Flotte seit Beginn des Krieges kommandiert und zu hoher Effizienz geführt hatte.

Ting zögerte keinen Moment das Schlachtangebot anzunehmen. Was sonst hätte er tun können: Die Japaner hatten sich zwischen ihn und seinen Stützpunkt geschoben und es gab kaum eine Möglichkeit zur Flucht. Ähnlich wie Tegetthoff bei Lissa wählte er für den Angriff die Keilformation und auch mit der Rammtaktik folgte er den Prinzipien seines österreichischen Kollegen. Allerdings stand er hier einem gut organisierten Gegner gegenüber, der sich in enger Kiellinie formiert hatte. Bevor Ting seine Schiffe auf Nahdistanz heranbringen konnten, hatten die Japaner sie schon schwer beschädigt und einige waren sogar in Brand geschossen worden. Als sie dann auf nächste Distanz herangekommen waren, wurden sie mit Schnellfeuergewehren unter Beschuss genommen, einer Waffenart, bei der die Japaner eindeutig überlegen waren. Aus Berechnungen, die etwas später angestellt wurden, geht hervor, dass die Japaner über 66 Geschütze mit einem Kaliber unter 15 cm, aber größer als ein Ma-

DER KRIEG DER PANZERSCHIFFE

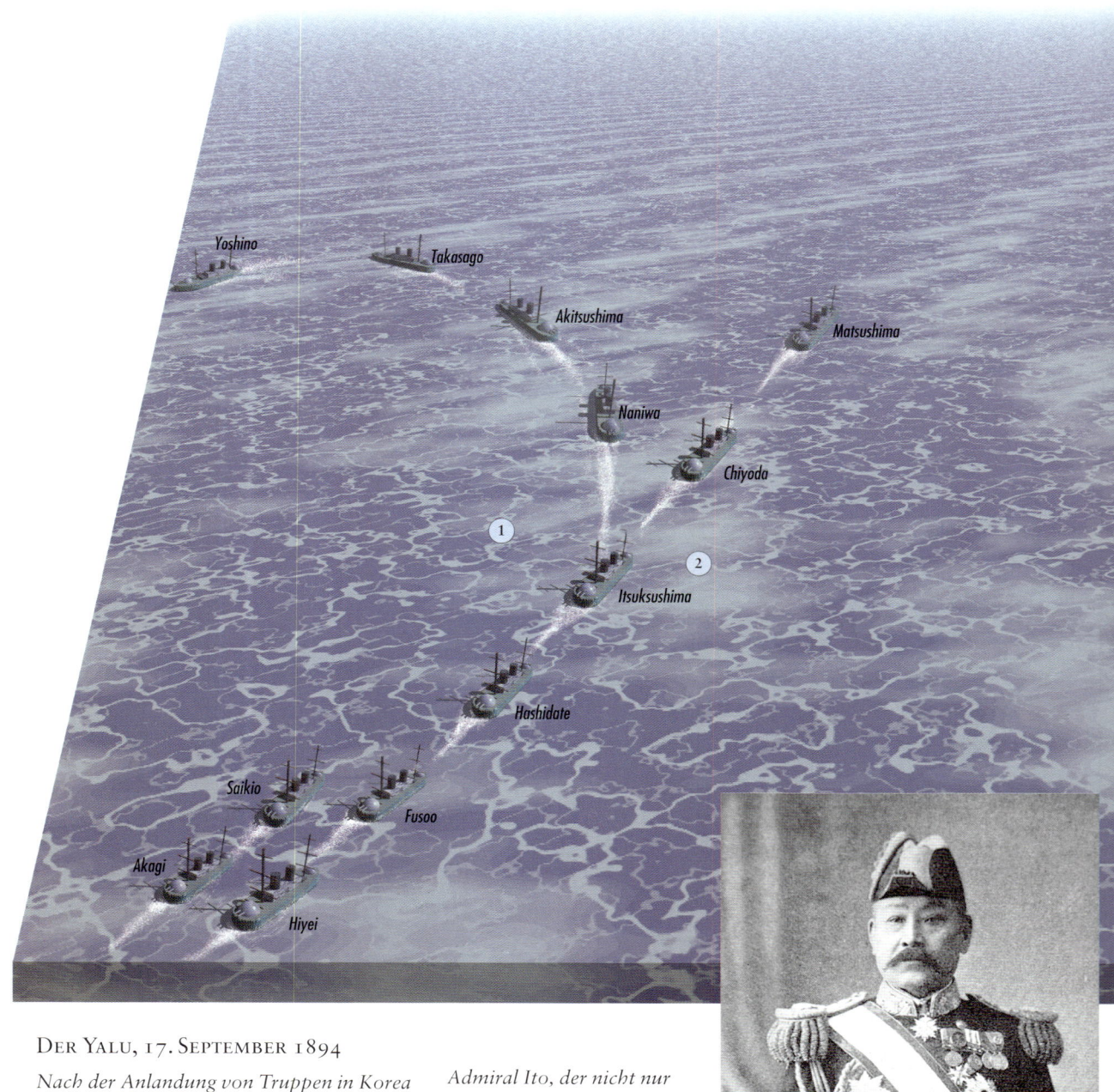

DER YALU, 17. SEPTEMBER 1894

Nach der Anlandung von Truppen in Korea wurden chinesische Schiffe unter Admiral Ting durch einen zahlenmäßig unterlegenen, aber besser vorbereiteten japanischen Verband unter Admiral Ito abgefangen. Die Chinesen gingen in Keilformation vor, was sich jedoch gegen die gut organisierte japanische Schlachtlinie als falsch erwies. Nach Ankunft des „fliegenden Geschwaders" der Japaner wurden die Chinesen vollständig eingekreist, vier ihrer übrig gebliebenen schweren Schiffe konnten im Dunkel der Nacht entkommen.

Admiral Ito, der nicht nur den japanischen Sieg in der Schlacht auf dem Yalu errang, sondern zuvor auch für die effiziente Ausbildung und Vorbereitung seiner Flotte gesorgt hatte.

FLOTTENOPERATIONEN

Admiral Ting, der die chinesischen Schiffe in der Schlacht auf dem Yalu befehligte. Auf Grund der mangelhaften Organisation seiner Flotte und der geringen Qualifikation seiner Untergebenen hatte er kaum Chancen auf einen Sieg.

Die Schlacht auf dem Yalu
17. September 1894

1. 17. September 1894: Nach der Anlandung von Truppen zum Angriff auf die Chinesen in Pjöngjang trifft der japanische Verband unter Admiral Ito Yukyo auf das chinesische Geschwader unter Admiral Ting.

2. Das japanische Geschwader besteht aus vier schweren und vier leichten, schnellen Kreuzern, wozu noch zwei alte Panzerkreuzer kommen. Die Hauptmacht fährt in Linienformation voraus, und später wird ein „fliegendes Geschwader" mit schnellen Kreuzern zur Einkreisung der chinesischen Flotte abkommandiert.

3. Der chinesische Verband umfasst zwei gepanzerte Schlachtschiffe, die von vier leichten Kreuzern und sechs Torpedobooten begleitet werden. Er greift in Keilformation an, wahrscheinlich mit der Absicht, den Rammangriff als Hauptwaffe einzusetzen.

4. Das allgemein besser kommandierte japanische Geschwader besiegt die Chinesen und fügt ihnen schwere Verluste zu. Das chinesische Geschwader wird nicht vollständig zerstört, aber Japan hat für den Rest des Krieges die Seemacht.

schinengewehr verfügten, während die Chinesen nur zwei davon hatten. Damit ließ sich der von den Befürwortern dieser Strategie so geschätzte „Feuerhagel" produzieren, der auf die noch verbliebenen einsatzfähigen chinesischen Schiffe eine verheerende Wirkung hatte.

Die Schlacht endete praktisch um 17.30 Uhr. Zu diesem Zeitpunkt waren noch vier einsatzfähige chinesische Schiffe mit Kommandeur auf dem Wasser, die jedoch gegen den übermächtigen japanischen Verband keine Chance mehr hatten. Ito wollte keine Nachtoperation riskieren und ging davon aus, dass er die restlichen chinesischen Schiffe am nächsten Tag erledigen könnte. Jedoch konnten sich diese in der Nacht aus dem Staube machen. Es kamen dann noch zwei Nachzügler hinzu und die sechs Schiffe, unter denen sich auch die beiden Schlachtschiffe befanden, erreichten Wei-hai-wei.

Die Schlacht auf dem Yalu wurde von westlichen Beobachtern, die sich bei ihren Analysen auf die Doktrin der Entscheidungsschlacht stützten, nur als Teilerfolg gewertet. Erst später wurde bekannt, dass die größten Schiffe der Chinesen fast keine Munition mehr hatten und am Abend des 17. hätten leicht erobert werden können. Auf der anderen Seite der Welt war man allgemein davon überzeugt, dass „ein entschlossener Offizier dies getan" und den Gegner nach Nelsonscher Manier vernichtet hätte.

Auf alle Fälle hatten die Japaner erreicht, was sie sich vorgenommen hatten. Ihre Seeherrschaft wurde für den Rest des Krieges praktisch nicht mehr in Frage gestellt. Sie waren damit in der Lage das Meer für Truppentransporte wirklich zu nutzen (was der einfachen Definition und dem Ziel von „Seemacht" entspricht). Und mit der Hilfe von Marinekräften eroberten sie nacheinander die chinesischen Stützpunkte in Port Arthur und Wei-hai-wei, wobei die chinesische Flotte und insbesondere deren zwei

Die in Deutschland für China gebaute Ting Yuen *diente Admiral Ting im Chinesisch-Japanischen Krieg (1894–1895) als Flaggschiff. Sie wurde als durchaus solides Schiff in Dienst gestellt, büßte aber dann durch schlechte Wartung und noch schlechtere Ausrüstung viel von ihren Qualitäten ein.*

Der japanische Kreuzer Naniwa, *der unter dem Befehl von Togo Heihachiro einen britischen Dampfer mit chinesischen Truppen an Bord nach Vorwarnung versenkte und damit die erste Kampfhandlung im Chinesisch-Japanischen Krieg durchführte.*

Schlachtschiffe hinweggefegt wurden. Der Krieg zur See war zwar nicht genau den Mahanschen Theorien gefolgt, hatte aber dennoch zum vollen Erfolg geführt.

In technischer Hinsicht ergaben sich wiederum zahlreiche Schlussfolgerungen, die jedoch nicht alle gezogen wurden. Leider sind Logistik und Qualität keine Themen, für die sich kämpfende Matrosen besonders begeistern können. Für das unvorbereitete Herangehen Chinas gab es unzählige Belege. Und schaut man etwas weiter nach vorn bis zum Ersten und Zweiten Weltkrieg, so wiederholen sich ähnliche Fehler und Unterlassungen weltweit in vielen technischen Bereichen. Auch die Gefahr von Schiffsbränden in einem Gefecht wurde erneut demonstriert und insbesondere die Amerikaner lernten daraus (während die Dunlopillo-Matratzen der Royal Navy im Falkland-Konflikt von 1982 immer noch lichterloh brannten). Auch für den Einsatz von Torpedos gab es zahlreiche Beispiele, nicht nur in der Schlacht am Yalu, sondern auch woanders, wobei jedoch nur die Waffen der kleineren Schiffe einige Wirkung verursachten. Allerdings blieben die Torpedos bis 1945 weiterhin Teil der Bewaffnung der großen Schiffe. Zu guter Letzt gab es eine Schlussfolgerung, die wohl unbestreitbar war: Der Ausbildungsstand und die Führung wirken als Multiplikatoren der Schlagkraft eines Schiffsverbandes. Zumindest diese Erkenntnis wurde in die Doktrin aller großen Marinen aufgenommen.

Der Spanisch-Amerikanische Konflikt (1898) – „Ein herrlicher kleiner Krieg"

Bis 1898 hatten sich die Mahanschen Theorien weit über die USA hinaus verbreitet, ohne dort ihre Heimstatt zu verlieren – dieser Prophet galt etwas in seinem eigenen Land. Inzwischen existierte in den USA auch eine Marineschule, unter deren Leitern sich Theodore Roosevelt, ein Politiker aus dem Lager der Demokraten und Assistant Secretary der Marine, befand. Der Bau eines Kanals durch den Isthmus von Panama sollte die strategische Position und den Einfluß der Vereinigten Staaten verbessern. Dies erforderte aber auch die stärkere Sicherung der strategischen Position der USA in der Karibik, damit der Schiffsverkehr ungehindert den Kanal passieren und weiter bis zur amerikanischen Ostküste gelangen konnte.

Eine melodramatische Darstellung der Explosion, durch welche die USS Maine *am 15. Februar 1898 im Hafen von Havanna (Kuba) zerstört wurde. Die eingefügten Bilder zeigen die Admirale Dewey und Sampson. Die amerikanische Entrüstung führte dann zwangsläufig zum Spanisch-Amerikanischen Krieg.*

Allerdings war man auf der Marineschule der Meinung, dass die Stabilität in der Karibik durch die Unruhen auf Kuba gefährdet würde. Obwohl dort seit einigen Jahren ein Aufstand im Gange war, stand die größte der Westindischen Inseln damals immer noch unter spanischer Herrschaft. Die Amerikaner empfanden große Sympathie für die Aufständischen und im Januar 1898 schickte man das amerikanische Schlachtschiff *Maine* zu einem „Besuch des guten Willens" nach Havanna, der jedoch allgemein als eine Mission zum Schutz der dortigen amerikanischen Bürger durch die Präsenz des Schiffes angesehen wurde. Als das Schiff am 15. Februar mit zahlreichen Opfern in die Luft flog und versank, wurde Spanien für das Unglück verantwortlich gemacht. Zwei amerikanische Untersuchungen kamen getrennt voneinander zu dem Ergebnis, dass die Explosion durch eine Mine verursacht wor-

Das Wrack der Maine *im Hafen von Havanna. Durch amerikanische Behörden wurden zwei getrennte Untersuchungen durchgeführt, die beide eine spanische Sabotagehandlung für die Explosion des Schiffes verantwortlich machten, was jedoch durch neuere Forschungen bezweifelt wird.*

den war. Allerdings scheint der wahre Grund bis heute ungewiß, insbesondere wenn man an die große Zahl der Kesselraumexplosionen denkt, die sich zwischen 1890 und 1917 ereigneten, und die Tatsache berücksichtigt, dass die Zerstörung der *Maine* Spanien keinerlei Vorteile brachte.

In jedem Fall war ein Krieg nun unvermeidlich und er wurde am 24. April auch offiziell erklärt. In seinem Verlauf griffen die USA alle spanischen Interessengebiete an, nicht nur Kuba, sondern auch alle anderen spanischen Besitzungen. Der zeitlich erste Angriff fand im Fernen Osten statt, was sich u. a. auch durch die große strategische Mobilität erklären läßt, die nun dank der Telegrafie vorhanden war. Sie ermöglichte es Befehle der Heimatregierung, deren Übermittlung früher Monate gedauert hätte, nun innerhalb kurzer Zeit weiterzuleiten. So verließ Commodore Dewey mit dem amerikanischen Asien-Geschwader die Gewässer vor Hongkong am 24. April und kam bereits am 30. April vor Manila auf den Philippinen an. Am 1. Mai

Das Fernost-Geschwader unter Commodore Dewey bei seiner Einfahrt in perfekter Ordnung in die Bucht von Manila, wo es die dort stationierten spanischen Schiffe zerstören konnte. Nach diesem zwangläufig vernichtenden Sieg benutzte Dewey vor allem diplomatische Mittel um die amerikanische Eroberung von Manila auf friedlichem Wege zu sichern.

vernichtete er dort mit seinem aus vier modernen Kreuzern und zwei Kanonenbooten bestehenden Verband ein spanisches Geschwader, das etwa ein Dutzend schwacher, älterer und in schlechtem Zustand befindlicher Schiffe umfasste, die im südlichen Teil der Bucht von Manila vor Anker lagen. Deutschland, das nach dem Kauf einiger spanischer Besitzungen im pazifischen Raum ebenfalls Expansionsinteressen hatte, drohte zwar mit dem Eingreifen der dort stationierten Truppen. Aber vor allem dank der britischen Abschreckungspolitik blieb diese Drohung ohne Konsequenzen und so konnte schließlich am 13. August die amerikanische Fahne in Manila gehisst werden.

Inzwischen entwickelten sich die Dinge in der Karibik eher langsam. Die USA hofften zu Beginn, dass man einen Landfeldzug auf Kuba vermeiden und die spanische Herrschaft durch eine Seeblockade bei gleichzeitiger Versorgung der Aufständischen mit Waffen stürzen könnte. Jedoch erwies sich diese Strategie schon bald als zu lang-

Das siegreiche amerikanische Geschwader der Schlacht von Santiago. Wie auf allen Bildern dieser Art befinden sich die Schiffe dichter beieinander und in besserer Ordnung als dies in Wirklichkeit der Fall war.

sam. Außerdem hatte es ein spanischer Schiffsverband unter Admiral Cervera geschafft den Atlantik zu überqueren und im Hafen von Santiago an der kubanischen Südküste vor Anker zu gehen. Admiral Sampson, der Befehlshaber der amerikanischen Hauptflotte, zögerte mit einem Angriff von der Seeseite, da es an der Küste sehr starke Verteidigungsanlagen gab und die Navigation durch den Hafeneingang kompliziert war. Dennoch war die öffentliche Meinung in den USA davon überzeugt, dass Cerveras Schiffe in Santiago eine Bedrohung für die gesamte Ostküste darstellten.

So kam es am 22./23. Juni zwanzig Meilen östlich von Santiago zur Anlandung eines amerikanisches Korps, das dann langsam auf die Stadt zumarschierte. Trotz des hartnäckigen Widerstandes der Spanier war Santiago bis zum 1. Juli praktisch eingekreist. General Shafter, der Kommandeur der amerikanischen Landstreitkräfte, war bei weitem nicht mit der Unterstützung zufrieden, die er von der Marine erhalten hatte und so bat er Sampson am 3. Juli zu einem Gespräch an die Küste.

Genau am Morgen des gleichen Tages versuchte Cervera mit vier gepanzerten Kreuzern und zwei Zerstörern zu entkommen, nachdem er entsprechende Befehle aus Madrid erhalten hatte. Allerdings entsprach dieser Ausfallversuch nicht den Befürchtungen der amerikanischen Öffentlichkeit. Bereits bei ihrer Ankunft befanden sich die spanischen Schiffe in keinem besonders guten Zustand, was sich auch auf

FLOTTENOPERATIONEN

Admiral William T. Sampson, der 1898 den amerikanischen Verband vor Kuba befehligte. Er befand sich gerade zu Gesprächen mit dem Befehlshaber der Landstreitkräfte an Land, als das in Santiago liegende spanische Geschwader einen Ausfallversuch unternahm. Deshalb wurde die amerikanische Flotte in der Schlacht von Commodore Schley kommandiert.

Admiral Pascual Cervera, der Kommandeur der spanischen Flotte in der Schlacht von Santiago. Er zeigte großen Mut in diesem Gefecht, aber sein schwächeres Geschwader hatte keine Chance auf den Sieg.

SANTIAGO (KUBA), 3. JULI 1898

Eine bunte Sammlung spanischer Kriegsschiffe unter dem Befehl von Admiral Cervera war in Santiago eingeschlossen. Von der Landseite wurden sie durch vorrückende amerikanische Truppen bedroht und der Seeweg war blockiert. Aus Madrid kam der Befehl einen Ausfallversuch zu unternehmen, bei dem die spanischen Schiffe dann jedoch durch ein weit überlegenes amerikanisches Geschwader vernichtet wurden. Wahrscheinlich war es das einseitigste Seegefecht während des gesamten Zeitalters der Panzerschiffe.

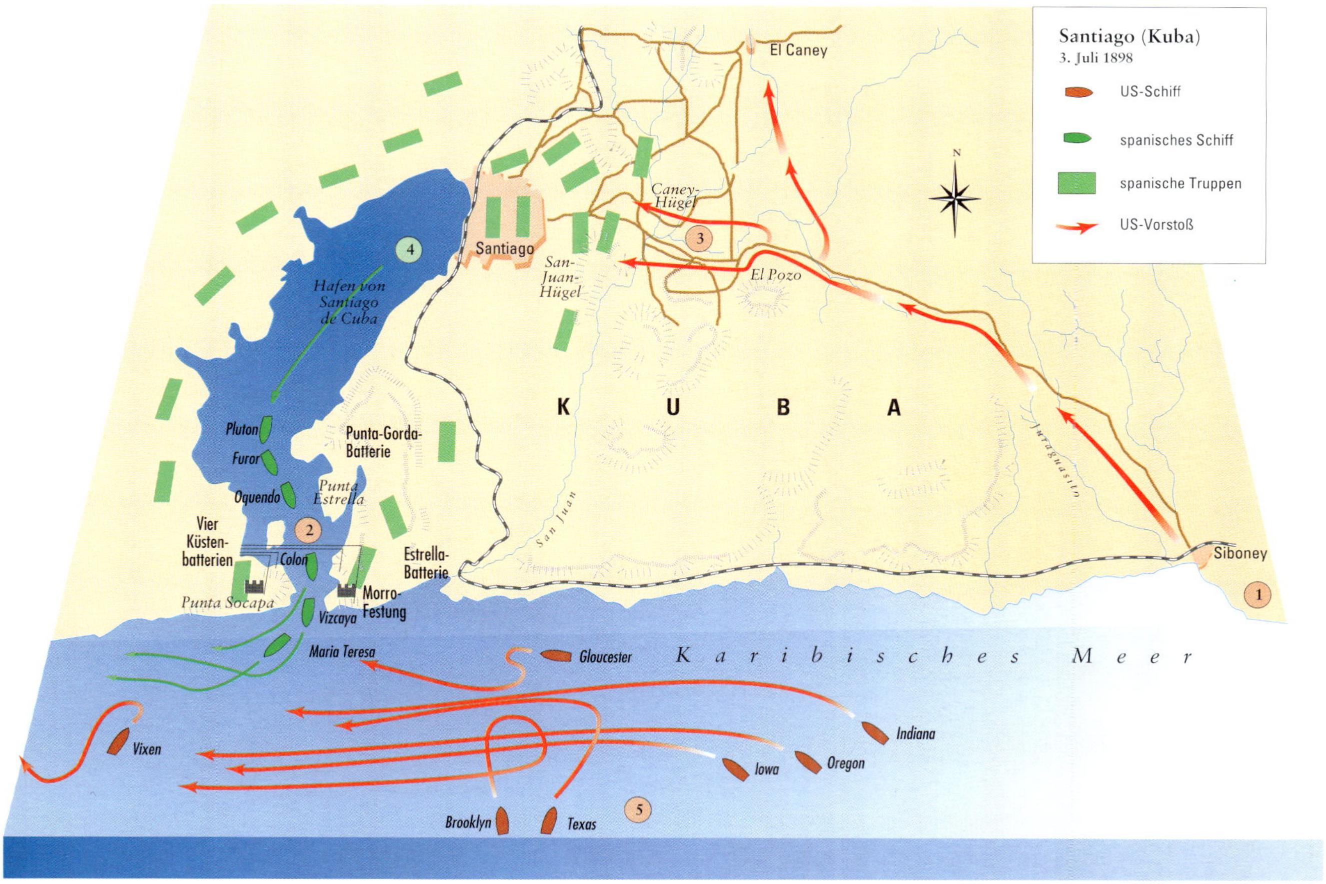

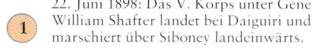

① 22. Juni 1898: Das V. Korps unter General William Shafter landet bei Daiguiri und marschiert über Siboney landeinwärts.

② In der Nacht vom 2. zum 3. Juli wird die USS *Merrimac* versenkt, um den Hafeneingang zu blockieren.

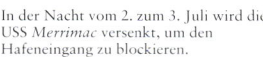

③ 1. Juli: US-Truppen erobern den San-Juan-Hügel und drängen die Spanier zurück in Richtung Santiago, das sich nun in Reichweite der amerikanischen Artillerie befindet.

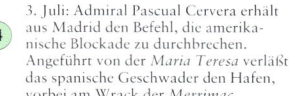

④ 3. Juli: Admiral Pascual Cervera erhält aus Madrid den Befehl, die amerikanische Blockade zu durchbrechen. Angeführt von der *Maria Teresa* verläßt das spanische Geschwader den Hafen, vorbei am Wrack der *Merrimac*.

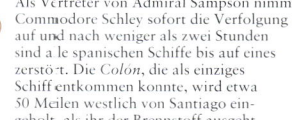

⑤ Als Vertreter von Admiral Sampson nimmt Commodore Schley sofort die Verfolgung auf und nach weniger als zwei Stunden sind alle spanischen Schiffe bis auf eines zerstört. Die *Colón*, die als einziges Schiff entkommen konnte, wird etwa 50 Meilen westlich von Santiago eingeholt, als ihr der Brennstoff ausgeht.

ihre Kampffähigkeit auswirkte. Zum Zeitpunkt des Ausfalls hatte sich ihr Zustand sogar noch verschlechtert.

Ihre Versorgung war ungenügend und die Munition hatte eine schlechte Qualität. Eine Art Verhängnis schwebte über ihnen, und die pessimistische (obgleich realistische) Einstellung des Befehlshabers machte die Sache nicht gerade besser.

Ihnen stand eine weit überlegene Flotte mit vier Schlachtschiffen und einem schweren Kreuzer gegenüber, deren Versorgungslage und Ausbildungsstand weitaus besser waren. Dies wird durch die außerordentliche Leistung eines der Schiffe, der *Oregon*, deutlich, die Mitte April von der Pazifikküste losgesegelt war und den ganzen Weg um Kap Hoorn herum zurückgelegt hatte um die Flotte in der Karibik zu verstärken. Die Schiffe standen vorübergehend unter dem Befehl von Commodore Schley.

Die spanische Ausfalloperation wurde zuerst vom Patrouillekreuzer *Brooklyn* gemeldet. Daraufhin positionierten die Amerikaner ihre Schlachtschiffe in einer halbkreisförmigen Formation vier Meilen vor dem Hafeneingang und nahmen sich von dort ein spanisches Schiff nach dem anderen vor, sobald es erschien. Das spanische Bemühen in Schlachtlinie zu bleiben, wurde durch ihre eigenen Versuche die *Brooklyn* zu rammen zunichte gemacht. Die Schlacht entwickelte sich schnell zu einem verworrenen laufenden Gefecht in westlicher Richtung. Die spanischen Schiffe wurden bald getroffen und in Brand geschossen und eines nach dem anderen musste ans Ufer steuern. Am weitesten schaffte es die *Cristobal Cólon* (50 Meilen) und mit besserer Kohle wäre sie vielleicht sogar entkommen. Auf den spanischen Schiffen kam es zu einem großen Blutbad und die Besatzungen kämpften mit großem Mut. Sie waren mit einem Feind konfrontiert, der ihnen in jeder Beziehung überlegen war und gegen den sie keine Chance hatten. Cervera, der selbst persönlichen Heldenmut gezeigt hatte, wurde nach seiner Gefangennahme höflich behandelt und schließlich von einem Kriegsgericht in Spanien freigesprochen.

Der Krieg endete mit einem vollständigen Sieg der USA. Kuba wurde unabhängig, die Philippinen kamen unter amerikanische Hegemonie und die USA erwarben Guam. Die amerikanischen Interessen waren nach außen gewandt, die Mahanschen Theorien hatten den Status einer Prophezeiung erreicht, der Panamakanal wurde gebaut und unter amerikanische Herrschaft gestellt und Roosevelt wurde schließlich Präsident. Viele dieser Dinge wären ohnehin eingetreten, denn die USA waren bereits dabei, der „offensichtlichen Vorsehung" zu folgen.

Der Russisch-Japanische Krieg (1904–1905)

Nachdem der Chinesisch-Japanische Krieg zu Gunsten Japans geendet hatte, brachte der anschließende Vertrag von Shimonoseki nicht so viele Vorteile für Japan, wie das Land vielleicht erhofft hatte. Für die strategisch wichtige Halbinsel Liaodong, von wo aus der westliche Zugang nach Korea kontrolliert werden konnte, sollten nach diesem Vertrag verschiedene andere Staaten Konzessionen erhalten. Frankreich, Deutschland und Russland durften dort Stützpunkte errichten, während Großbritannien Wei-hai-wei besetzen konnte. Und obwohl Japans Zusammenarbeit mit den europäischen Staaten bei der Niederschlagung des Boxeraufstandes durchaus Vorteile gebracht hatte (siehe Kapitel 5), fühlte sich das Land in dem Gebiet, das es als seine ureigenste Interessensphäre betrachtete, eingeengt.

Der englisch-japanische Vertrag von 1902, in dem sich Großbritannien im Falle eines externen japanischen Konfliktes zur Neutralität verpflichtete, stellte eine beträchtliche Sicherheitsgarantie für Japan dar und ermutigte das Land seine Interessen auch gegenüber Russland, dessen Besetzung von Port Arthur die ernsteste Bedrohung und das größte Ärgernis für Japan darstellte, stärker durchzusetzen. Die

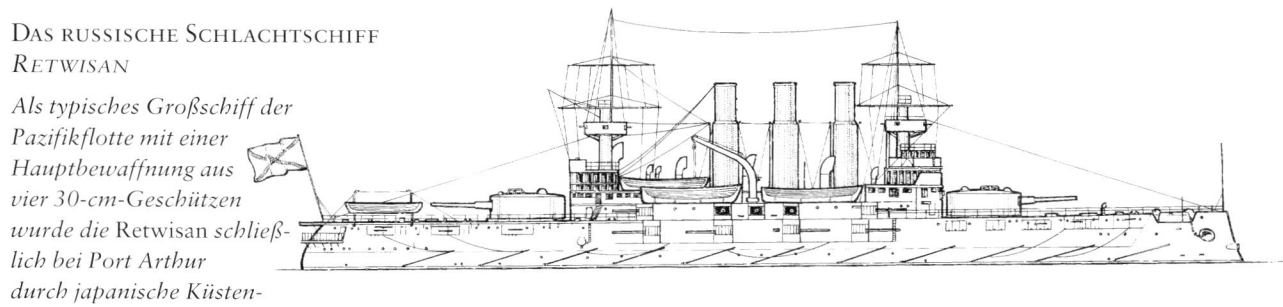

DAS RUSSISCHE SCHLACHTSCHIFF
RETWISAN

Als typisches Großschiff der Pazifikflotte mit einer Hauptbewaffnung aus vier 30-cm-Geschützen wurde die Retwisan *schließlich bei Port Arthur durch japanische Küstenartillerie versenkt.*

Das Flaggschiff der russischen Pazifikflotte, die Petropawlowsk, *lief am 13. April 1904 in der Nähe von Port Arthur auf eine Mine. Im Russisch-Japanischen Krieg wurden etliche große Kriegsschiffe beider Seiten durch Minen versenkt.*

russische Annexion der Mandschurei im Jahre 1903 steigerte das Mißtrauen in Japan noch weiter, sodass man dort Anfang Februar 1904 voll zum Krieg gerüstet war.

Russland glaubte allerdings nicht an den Ausbruch eines Krieges und die dortige Regierung erließ sogar Befehle, die den Kommandeuren in Fernost wie den Admiralen Alexejew und Stark in Port Arthur, wo die Hauptmacht der russischen Fernostflotte vor Anker lag, praktisch die Hände banden. Im Laufe des 7. und 8. Februar wurde die Lage zunehmend verworren und bedrohlich. Ohne dass eine offizielle Kriegserklärung erfolgt war, kam es zu japanischen Ultimatums, Truppenbewegungen, Demonstrationen feindseliger Absichten und Aufforderungen an neutrale Schiffe das Gebiet zu verlassen. Erst am 10. Februar wurden die Kriegsabsichten dann formell angekündigt.

Der erste offene japanische Angriff fand in der Nacht vom 8. zum 9. Februar auf Port Arthur statt, wobei drei Zerstörerdivisionen unter dem Schutz der von Admiral Togo befehligten Hauptflotte die dortigen russischen Schlachtschiffe angriffen, deren eigene Patrouillenverbände durch die Anordnungen aus Moskau in ihrer Handlungsfreiheit eingeengt waren. Insgesamt wurden bei dieser Operation etwa 18 Torpedos abgefeuert, was den bis dahin bei weitem größten Torpedoangriff darstellte. Zwei Schlachtschiffe und ein Kreuzer wurden schwer beschädigt und die russische Flotte und ihr Kommando gerieten dadurch völlig durcheinander. Da Togo erst am 11. Februar wieder mit seiner Hauptflotte nach Port Arthur zurückkehrte, konnten sich die Russen inzwischen etwas erholen. Dieses Mal kam es zu einem Feuerwechsel zwischen den Schlachtschiffen, von denen jede Seite inzwischen vier besaß, und den Küstenbatterien, der jedoch ergebnislos verlief. Außerdem ging Togo sparsam mit seinen Kräften um, denn er war sich sicher, dass er sie noch für viele andere Operationen in dem kommenden Krieg brauchen würde.

Die russische Flotte konnte sich weiter erholen und erhielt mit Admiral Makarow auch einen neuen Oberbefehlshaber, der als energischer Mann die notwendige Zuversicht unter den Mannschaften wiederherstellen konnte. Die beschädigten Schlachtschiffe wurden wieder flottgemacht, ein japanischer Blockadeversuch von Port Arthur konnte vereitelt werden und die Zahl der Ausfälle, mit denen die japanischen Seewege bedroht wurden, nahm zu. Am 13. April jedoch war das Glück nicht auf russischer Seite. An diesem Tag fuhr Makarows Flaggschiff, die *Petropawlowsk*, durch ein frisch eingerichtetes japanisches Minenfeld, lief auf eine Mine und explodierte, was viele Menschenleben kostete, darunter auch das des Admirals. Eine weitere Mine verursachte Schäden an dem Schlachtschiff *Pobjeda*, das aber weiter auf See blieb.

Die Japaner beschlossen nun Port Arthur von der Landseite her zu belagern und bei den dafür notwendigen Truppenlandungen profitierten sie von ihrer Vorherrschaft zur See. Der dann folgende lange Feldzug verlief für die Armeen beider Seiten äußerst verlustreich, während die Auseinandersetzungen auf See ebenfalls weitergingen.

Vizeadmiral Makarow, der Oberbefehlshaber der russischen Pazifikflotte während einiger Monate des Jahres 1904. Mit seiner Tatkraft hätte er Togo Paroli bieten können, aber er kam ums Leben, als die Petropawlowsk *auf eine Mine lief.*

Admiral Witgeft übernahm das Kommando der russischen Flotte und obwohl er kein so dynamischer Typ wie Makarow war, zeigte er doch großes seemännisches Können und Durchsetzungsvermögen.

Am 15. Mai 1904 sorgte er mit seiner wirkungsvollsten Operation für einen schwarzen Tag für die japanische Marine und konnte so fast die Vorteile wettmachen, welche die Japaner durch frühere Erfolge erreicht hatten. Der Tag fing schon schlecht an, als der schwere Kreuzer *Kasuga* im Nebel mit seinem Begleitschiff *Yoshino* kollidierte. Das letztere ging fast sofort unter, während der Kreuzer schwer beschädigt wurde. Später am gleichen Tag liefen die Schlachtschiffe *Hatsuse* und *Yashima* auf Minen in einem neu errichteten russischen Minenfeld und beide sanken, wobei auf der *Hatsuse* viele Menschen ums Leben kamen.

Durch diese japanischen Rückschläge ermutigt und unter dem Druck der ständigen Belagerung von Port Arthur durch japanische Landstreitkräfte unternahm Witgeft am 23. Juni einen Ausfallversuch mit sechs Schlachtschiffen, fünf Kreuzern und 16 Zerstörern. Als man Togo über Funk (dies war der erste Krieg, in dem diese Technik praktisch eingesetzt wurde) von dieser Aktion informierte, stellte er einen Ver-

FLOTTENOPERATIONEN

Admiral Togo, der Oberbefehlshaber der kaiserlichen japanischen Flotte von 1904 bis 1905. Als Meister aller Methoden der maritimen Kriegführung und mit einem soliden Sinn für Ausbildung und Organisation war Togo ein außergewöhnlich erfolgreicher Kommandeur, der zu den besten Admiralen aller Zeiten gehört.

band aus vier Schlachtschiffen, acht Kreuzern und über 20 Zerstörern und Torpedobooten zusammen. Damit waren die Bedingungen geschaffen für die größte Schlacht auf offener See seit 50 Jahren. Als Witgeft dann die japanische Flotte sichtete, die sich quer zu seiner Fahrtrichtung in einer ausgezeichneten Position und perfekten Formation in Stellung gebracht hatte, lenkte er seine Schiffe nach Port Arthur zurück. Trotz der heftigen Nachtangriffe durch japanische Zerstörer, in deren Verlauf Dutzende von Torpedos abgefeuert wurden, konnten seine Schiffe fast unversehrt wieder den Hafen erreichen.

Jedoch kamen die japanischen Truppen von der Landseite immer näher und Witgeft hatte den Befehl seine Schiffe in das relativ sichere Wladiwostok zu bringen. So verließ er Port Arthur am 10. August mit sechs Schlachtschiffen, vier Kreuzern und acht Zerstörern, gegen die Togo vier Schlachtschiffe, vier große und neun kleinere Kreuzer und etwa 40 Zerstörer und Torpedoboote aufbot. Die Japaner verfügten damit über eine zahlenmäßig größere und flexiblere Streitmacht als die Russen, und die Wahrscheinlichkeit, dass sie bei richtiger Führung gewinnen würde, war groß.

Die ersten Operationen in dieser Schlacht im Gelben Meer waren auf beiden Sei-

SEITE 206

DAS GELBE MEER,
10. AUGUST 1904

Das russische Pazifikgeschwader unter Admiral Witgeft unternahm von Port Arthur aus einen entschlossenen Ausbruchversuch und wollte um die koreanische Halbinsel herum nach Wladiwostok gelangen. Jedoch wurde es durch eine japanische Flotte unter Togo abgefangen und es kam zu einem mehrstündigen Gefecht, das allerdings zu keiner Entscheidung führte. Kurz vor Einbruch der Nacht gelang es dann den Japanern das russische Flaggschiff zweimal entscheidend zu treffen, wobei Witgeft getötet wurde und die russische Flotte in Unordnung geriet. Ihre Hauptstreitmacht kehrte nach Port Arthur zurück, während einige abgesplitterte Schiffe einzeln gefangen gesetzt oder zerstört wurden.

ten komplex und kunstvoll. Die Geschütze feuerten auf große Entfernung, oft sechs Kilometer weit oder mehr, aber mit relativ hoher Genauigkeit. Togos Flaggschiff, die *Mikasa* wurde dabei mehrmals getroffen. Dann folgte ein laufendes Gefecht in südlicher Richtung auf parallelem Kurs, wobei keine der beiden Seiten einen entscheidenden Vorteil erringen konnte. Gleichzeitig kamen die Russen ihrem Ziel der Umrundung der südlichen Spitze der koreanischen Halbinsel und damit der Flucht nach Wladiwostok immer näher. Dann, um 18.30 Uhr, als das Tageslicht bereits schwächer wurde, wendete sich das Kriegsglück entscheidend den Japanern zu. Eine Granate traf die Kommandobrücke von Witgefts Flaggschiff, der *Zarewitsch*, und tötete Witgeft selbst sowie die meisten seiner Offiziere. Durch eine weitere Granate, die mittschiffs einschlug, wurde dann auch noch das Ruder backbordseitig blockiert. Die russische Flotte geriet daraufhin kommando- und manöverseitig in Verwirrung und die Japaner konnten sich auf ihre Opfer stürzen. Das Gros der russischen Flotte wurde durch den stellvertretenden Oberbefehlshaber vereinigt und nach Port Arthur zurückgeführt, was unter den gegebenen Umständen eine beachtliche Leistung war. Jedoch hatte man das Ziel der Operation nicht erreicht und in den folgenden Monaten wurden die Schiffe durch die Artillerie der japanischen Landstreitkräfte, die den Stützpunkt immer enger umklammerten, zerstört. Die *Zarewitsch* selbst erreichte Kiaochow, wo sie jedoch gemeinsam mit einigen Zerstörer gefangen gesetzt wurde. Der Kreuzer *Nowik* versuchte nach Wladiwostok zu entkommen, wurde jedoch vor Sachalin zur Strecke gebracht.

Die Schlacht im Gelben Meer
10. August 1904

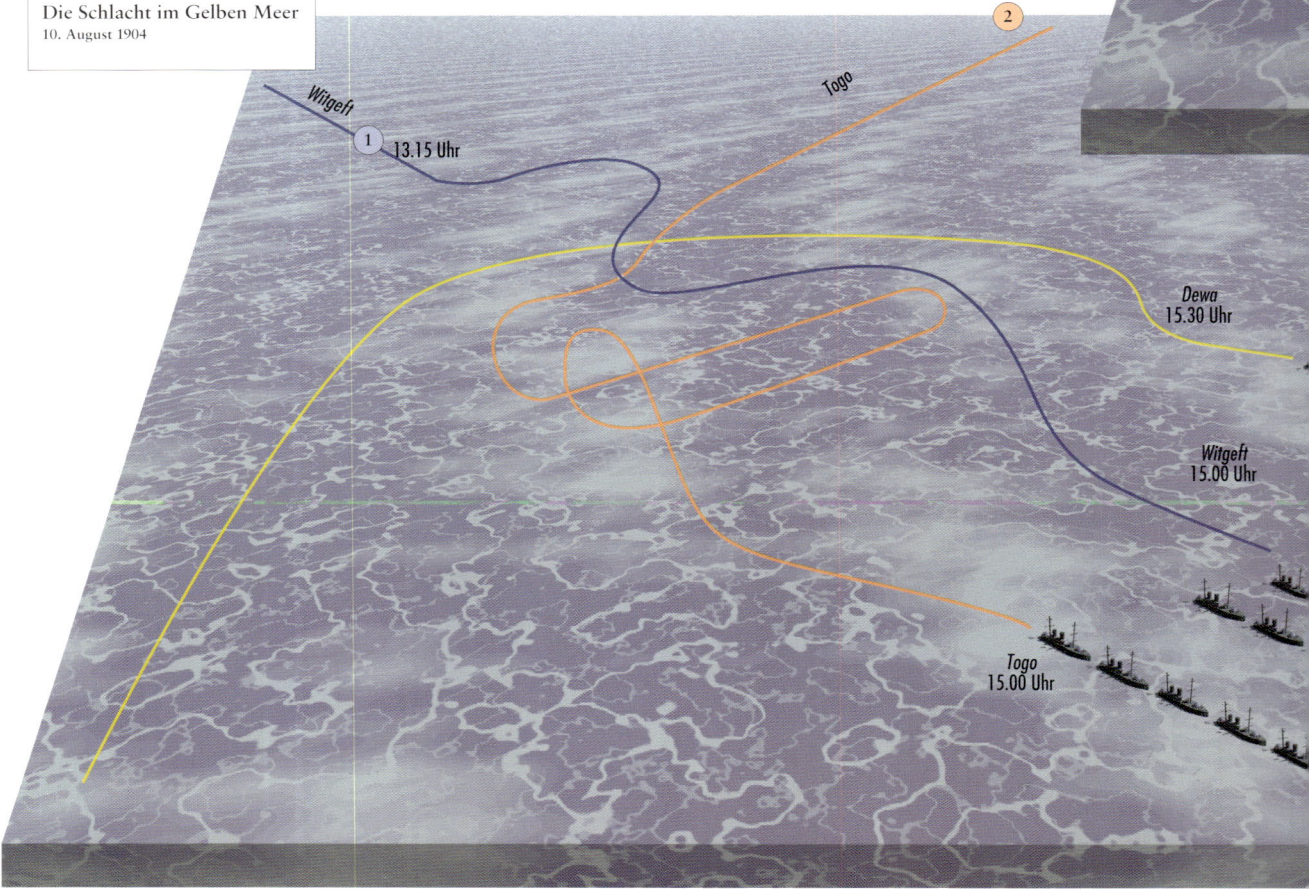

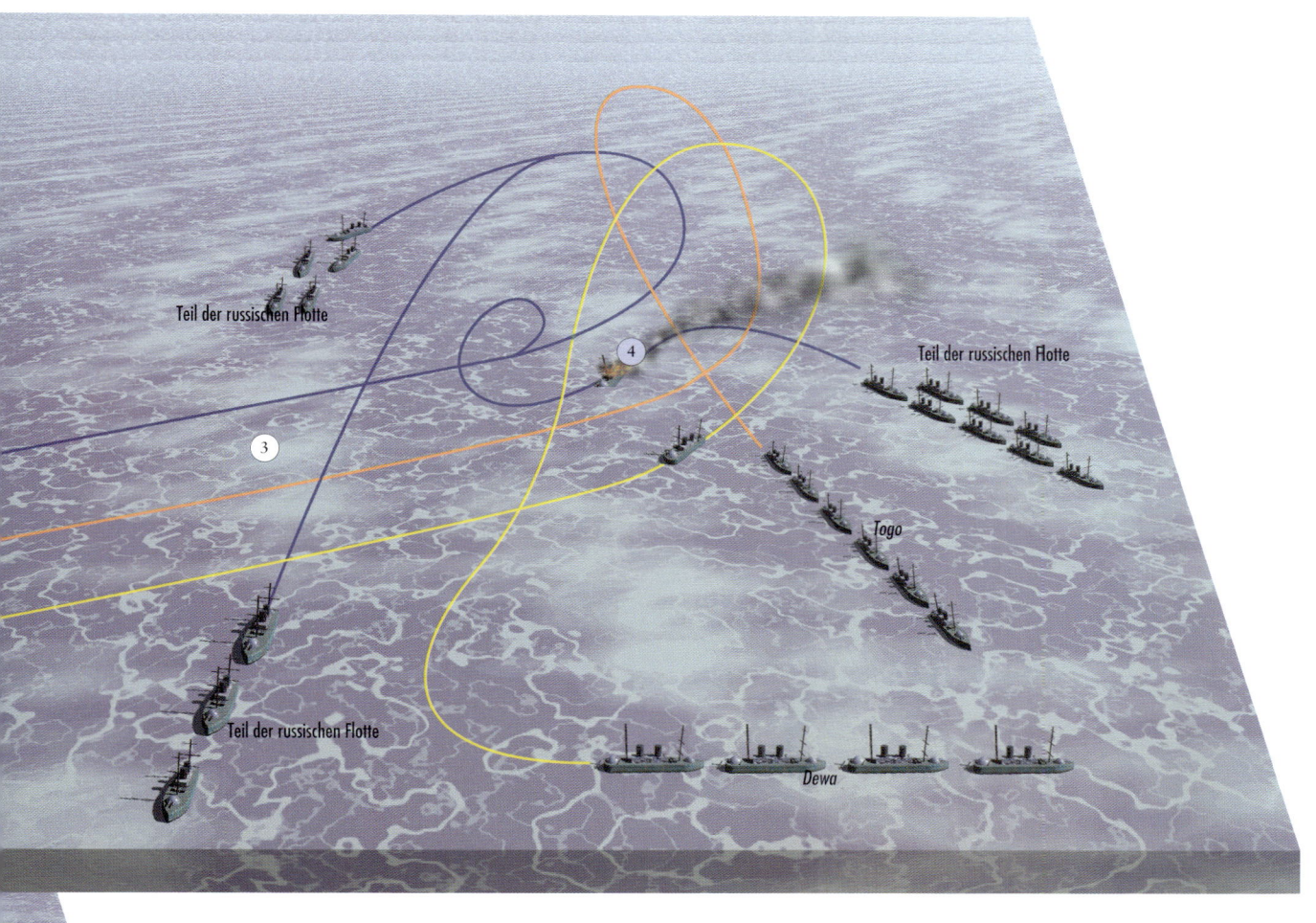

Als nächstes sollte nun der in Wladiwostok stationierte russische Kreuzerverband, der auf den japanischen Seewegen in den vorangegangenen drei Monaten mit einigem Erfolg für Störungen gesorgt hatte, den Ausfall der Schiffe von Port Arthur unterstützen. Er traf am 14. August im südlichen Teil des Japanischen Meeres auf eine überlegene Flotte unter Admiral Kamimura und in dem anschließenden Gefecht wurde der dreizehn Jahre alte russische Kreuzer *Rurik* versenkt, während die beiden modernen und hochwertigen Schiffe *Rossija* und *Gromoboi* auf ihrer Flucht nach Wladiwostok schwer beschädigt wurden.

Bis Mitte August 1904 konnte damit die Seemacht Russlands im Fernen Osten fast vollständig zersetzt werden. Das russische Oberkommando stand nun vor dem Dilemma entweder den Japanern Handlungsfreiheit zur See zu lassen, mit allen Konsequenzen, die dies für die Stärkung der japanischen Positionen auf dem Kontinent haben würde, oder einen weiteren Angriffsversuch zu unternehmen. Man entschied sich für letzteres und tat etwas, was selbst zum damaligen Zeit als Verzweiflungsakt angesehen wurde. Das Gros der russischen Ostseeflotte sollte über den halben Erdball fahren und dann die japanische Marine angreifen. Tatsächlich begaben sich die Schiffe am 15.10.1904 auf diese Fahrt.

① 10. August 1904: Der Zar erteilt Admiral Witgeft den Befehl, die Pazifikflotte von Port Arthur nach Wladiwostok zu bringen und mit dem dortigen Geschwader zu vereinen.

② Um die Mittagszeit trifft Admiral Togo auf den russischen Verband und eröffnet das Feuer. Dewas Kreuzer manövrieren um die Russen einzuschnüren.

③ Nach einem durchgehenden Gefecht von eineinhalb Stunden sind beide Flotten schwer beschädigt.

④ 18.37 Uhr: Zwei schwere Granaten treffen die *Zarewitsch* und töten Admiral Witgeft. In der anschließenden Verwirrung fällt die russische Flotte auseinander und ein russischer Kreuzer wird versenkt. Die meisten Schiffe der Pazifikflotte kehren nach Port Arthur zurück.

Die dann folgende Reise ähnelte dem Geschehen eines monumentalen Romans. Nichts Gleichartiges war jemals zuvor von einer Marine versucht worden. Der Flottenverband setzte sich aus unterschiedlichen Schiffstypen, sowohl älteren als auch neueren, zusammen und stand unter dem Befehl eines Admirals namens Roschestwenskij, der schon einiges geleistet hatte, aber dessen Naturell man nicht genau kannte. Seine Offiziere und Mannschaften besaßen unterschiedliche Qualität, hatten aber insgesamt einen geringeres Niveau als jene der bereits geschlagenen Fernost-Flotte.

Ein Alptraum aber war die Logistik. Die Kohlebeschaffung bereitete ständig große Sorgen. Für die gesamte Fahrt brauchte man eine halbe Million Tonnen, für deren Bereitstellung eine britische Firma zu sorgen hatte, die ihre Verpflichtungen auch erfüllte. Jedoch musste dabei ständig improvisiert und umorganisiert werden. Um nicht so oft bunkern zu müssen wurde die Kohle teilweise auf den oberen Decks gelagert, was allerdings zu Verschmutzung und anderen Unannehmlichkeiten auf den Schiffen führte. Auch die Versorgung mit Proviant und geeigneter Kleidung gestaltete sich kompliziert und nicht in allen Häfen, in denen die Flotte vor Anker ging, war man freundlich und hilfreich.

Die anfängliche Begeisterung in der Flotte begann allmählich sich zu verflüchtigen. Dies zeigte sich in einem außergewöhnlichen Zwischenfall in der Nordsee, als die Schiffe eine britische Fischereiflotte in der Nacht angriffen, weil die Russen dachten, es würde sich um dort lauernde japanische Torpedoboote handeln (japanische Diplomaten hatten fleißig das Gerücht in Umlauf gebracht, dass eine solche Gefahr entgegen aller Logik existierte). In den folgenden Monaten griff eine düstere Stimmung zunehmend um sich. Auch während eines zweimonatigen Aufenthalts in Nossi-Bé (Madagaskar) konnte die Moral der Besatzungen nicht wiederhergestellt werden. In der Cam-Ranh-Bucht vor Vietnam wurde die Flotte im Mai 1905 schließlich noch durch ein Geschwader von noch zweifelhafterer Qualität unter Admiral Nebogatow „verstärkt". Aber zu diesem Zeitpunkt hatte sich die Vorahnung der drohenden Niederlage bereits allgemein auf den Schiffen verbreitet.

Dennoch fuhr Roschestwenskijs Verband weiter. Port Arthur war gefallen, sodass es für die Schiffe dort nichts mehr zu verteidigen gab. Dennoch hoffte man mit einer in Wladiwostok stationierten Flotte weiter die japanischen Seewege bedrohen und so bessere Bedingungen für einen Friedensvertrag erreichen zu können. Roschestwenskij hatte die Wahl zwischen verschiedenen Routen und entschied sich schließlich für den direkten Weg durch die Straße von Tsushima. Dies hatte Togo erwartet und entsprechende Vorkehrungen getroffen.

Das neblige Wetter am 27. Mai ließ die Russen durchaus hoffen, dass an diesem Tag kein Kontakt mit japanischen Kriegsschiffen stattfinden würde. Allerdings wurden ihre Schiffe von einem japanischen Hilfskreuzer beim ersten Tageslicht gesichtet und an Togo gemeldet. Von einer idealen Position aus konnte dieser seine Hauptkräfte dann quer zur russischen Fahrtrichtung verteilen. Zwar waren die Flotten auf dem Papier ungefähr gleich stark (11 Schlachtschiffe auf jeder Seite), doch verfügten die Japaner über frische, kampfgestählte Besatzungen und die Schiffe waren in gutem technischen Zustand, während sich die russischen Schiffe in schlechter materieller Verfassung befanden und die Mannschaften mutlos waren.

Togo gestaltete die Schlacht einfach. Er blieb mit seinen Schlachtschiffen die ganze Zeit in Linienformationen voraus, führte schließlich ein gewagtes Wendemanöver durch, womit er seine Schiffe auf Parallelkurs zu den russischen in einer Entfernung von etwa 5400 Metern brachte. Sein Flaggschiff eröffnete erst das Feuer, nachdem das Wendemanöver abgeschlossen war, das bei einem Gegner mit genauen Geschützen vielleicht katastrophal verlaufen wäre, wenn diese ihr Feuer auf den Wendepunkt

FLOTTENOPERATIONEN

Admiral Roschestwenskij, der Kommandeur des zum Scheitern verurteilten Ostseegeschwaders, das 1904/1905 von Russland in den Fernen Osten abkommandiert wurde. Seine hier dargestellte entschlossene Haltung entsprach nicht immer seinen Handlungen im Gefecht. Die Weltumsegelung seines Geschwaders war allerdings schon eine bemerkenswerte Leistung.

gerichtet hätten. Aber Togo war optimistisch. Er kannte seinen Feind und die Ereignisse gaben ihm Recht. Außerdem hatte Roschestwenskij seine eigene Flotte durch eine Veränderung der Formation zu einem ungünstigen Zeitpunkt in letzter Minute in Verwirrung gebracht.

Der Ausgang der Schlacht ergab sich zwangsläufig. Die Japaner feuerten schneller, kontinuierlicher und genauer. Nach einer dreiviertel Stunde sank das erste russische Schlachtschiff, die *Osliabia*, und etliche andere waren in großen Schwierigkeiten. In späteren Augenzeugenberichten war immer wieder von dem Feuerhagel die Rede, der nun auf die Russen niederprasselte. Das Blutbad ging weiter. Die Russen versuchten eine gewisse Ordnung und Linienformation zu wahren, während eines ihrer Schiffe nach dem anderen vernichtet wurde. Roschestwenskij selbst wurde dreimal verwundet und schließlich auf einen Zerstörer gebracht. Als Nebogatow dann das Kommando der Flotte übernahm, war eine Wiederherstellung der Ordnung praktisch schon nicht mehr möglich.

Den nächsten Tag verbrachten die Japaner damit die russischen Schiffe, welche die

DER KRIEG DER PANZERSCHIFFE

ROUTE DES OSTSEEGESCHWADERS BIS IN DEN FERNEN OSTEN (1904–1905)

Die Karte zeigt die Orte, wo die drei Verbände des russischen Ostseegeschwaders auf ihrer epochalen Reise zur Niederlage bei Tsushima ihre Kohlevorräte auffüllten. Kohle und anderer Proviant wurden durch Privatfirmen geliefert. Zur Übernahme musste die Flotte oft weit vor der Küste vor Anker gehen, weil ihre Präsenz den jeweiligen Hafenbehörden nicht genehm war. Trotz der guten Organisation der Unternehmung und der Versorgung der Schiffe war die Expedition durch die Strapazen der langen Fahrt, die geringe Moral der Besatzungen, die ungenügende Gefechtspraxis und die materiellen Mängel zum Scheitern verurteilt.

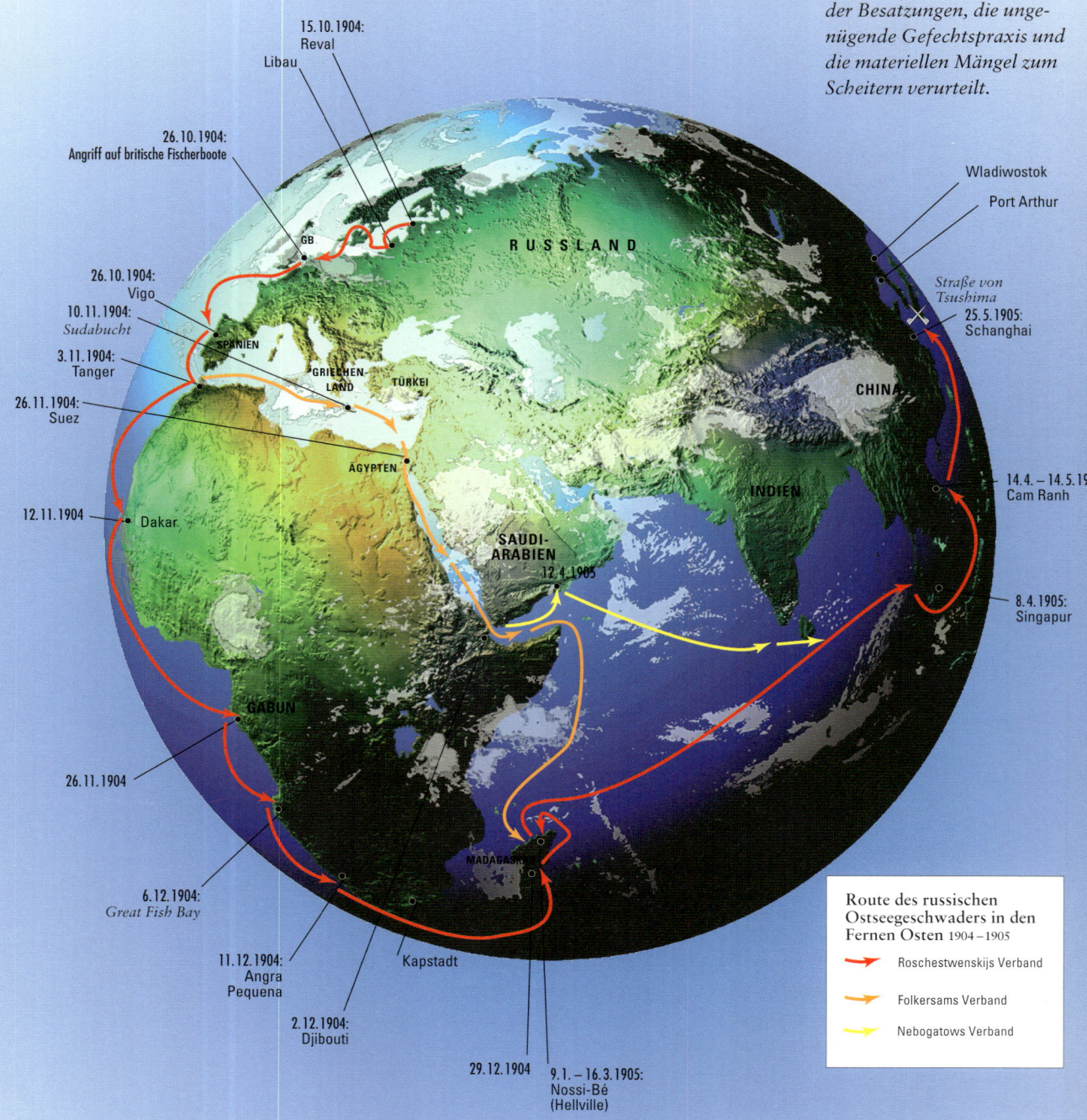

FLOTTENOPERATIONEN

RUSSISCH-JAPANISCHER KRIEG (1904–1905)

Diese Karte zeigt den maritimen Kriegsschauplatz, die japanischen Vorstöße zu Land und die von Roschestwenskij gewählte Route. Seine theoretischen Alternativen wie die Fahrt um die Nordspitze von Hokkaido waren so umständlich, dass sie angesichts der mangelhaften Versorgungslage des Geschwaders und der schlechten moralischen Verfassung der Besatzungen als unrealistisch gelten können.

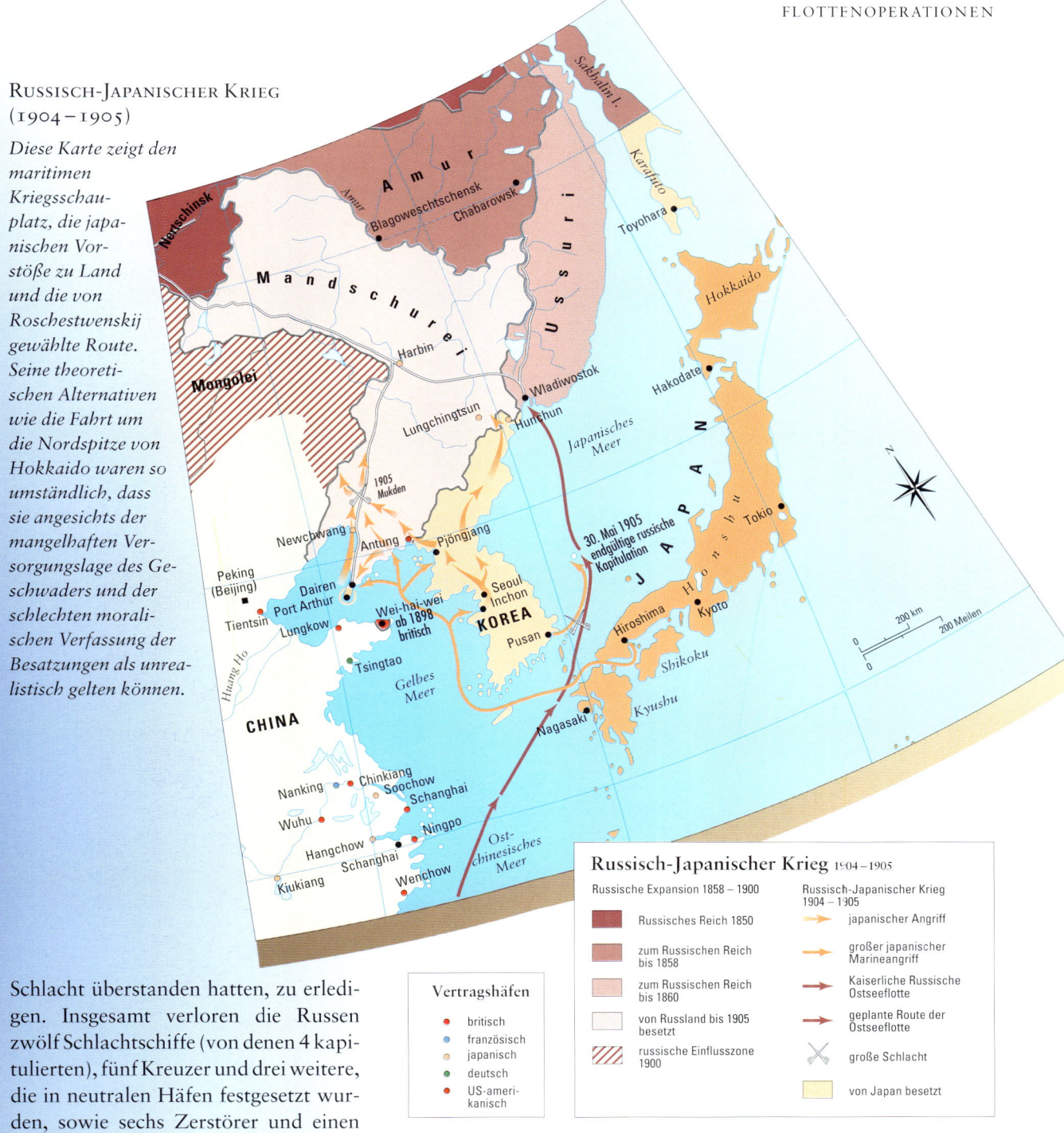

Schlacht überstanden hatten, zu erledigen. Insgesamt verloren die Russen zwölf Schlachtschiffe (von denen 4 kapitulierten), fünf Kreuzer und drei weitere, die in neutralen Häfen festgesetzt wurden, sowie sechs Zerstörer und einen weiteren, der gefangen gesetzt wurde. Etwa 5000 russische Matrosen kamen in der Schlacht ums Leben und 6000 gerieten in Gefangenschaft.

In taktischer Hinsicht war die Schlacht von Tsushima die entscheidendste während des Zeitalters der Panzerschiffe. Den Sieg trug die Flotte davon, die über den höheren Ausbildungsstand und die besseren materiellen Bedingungen verfügte und die von einem Kommandeur geführt wurde, der vor allem seinen Gegner richtig eingeschätzt hatte. Ähnlich wie Togo hatte auch Admiral Nelson stets nach dem Prinzip eines gewagten und kalkulierten Risikos gehandelt.

Bei eingehender Analyse zeigt sich aber, dass die Richtigkeit der Doktrin der Seemacht und der Theorie der Entscheidungsschlacht durch Tsushima nicht so eindeutig nachgewiesen wurde. Zumindest lässt sich darüber streiten, ob das russische Geschwader in der dann gegebenen strategischen Situation für Japan nicht nur ein kleines Ärgernis gewesen wäre, wenn es seinen Marsch bis nach Wladiwostok geschafft hätte ohne unterwegs einen entscheidenden Sieg über die japanische Hauptflotte zu erringen, was unter Berücksichtigung der moralischen und materiellen Verfassung der russischen Schiffe aber äußerst unwahrscheinlich war.

In strategischer Hinsicht hatte die Schlacht im Gelben Meer im August 1904 größere Bedeutung als jene von Tsushima. Wenn Witgefts Flotte es geschafft hätte als kampffähiger Verband in jener Phase des Krieges nach Wladiwostok zu gelangen, wäre von dort eine Bedrohung der japanischen Seewege ausgegangen. Der Umstand, dass die Japaner die Flotte zur Rückkehr nach Port Arthur zwingen konnten, führte schließlich dazu, dass die landgestützten Haubitzen die Schiffe vernichteten und Roschestwenskijs monumentaler Marsch zu einem hoffnungslosen Unternehmen wurde.

Allerdings sind dies alles Erwägungen, die sich erst im Nachhinein anstellen lassen. Im Sommer von 1905, als Eduard VII. in Großbritannien regierte, stellte die Schlacht von Tsushima den Inbegriff der Seemacht dar. Schon seit langem hatte man vorausgesehen, dass es zu einem solchen Aufeinandertreffen großer Schlachtflotten mit weitreichenden Auswirkungen kommen würde. Nun war dieses Ereignis wirklich eingetreten und es stellte das deutlichste Signal des Zeitalters der Panzerschiffe dar. Allerdings wurde genau im selben Monat die *Dreadnought* auf Kiel gelegt, Großbritannien verfügte bereits über ein Dutzend Unterseeboote und die Gebrüder Wright hatten im Dezember 1903 ihre ersten Motorflüge durchgeführt. Die Zeiten sollten sich in rasender Geschwindigkeit ändern. Das Zeitalter der Panzerschiffe war vorbei.

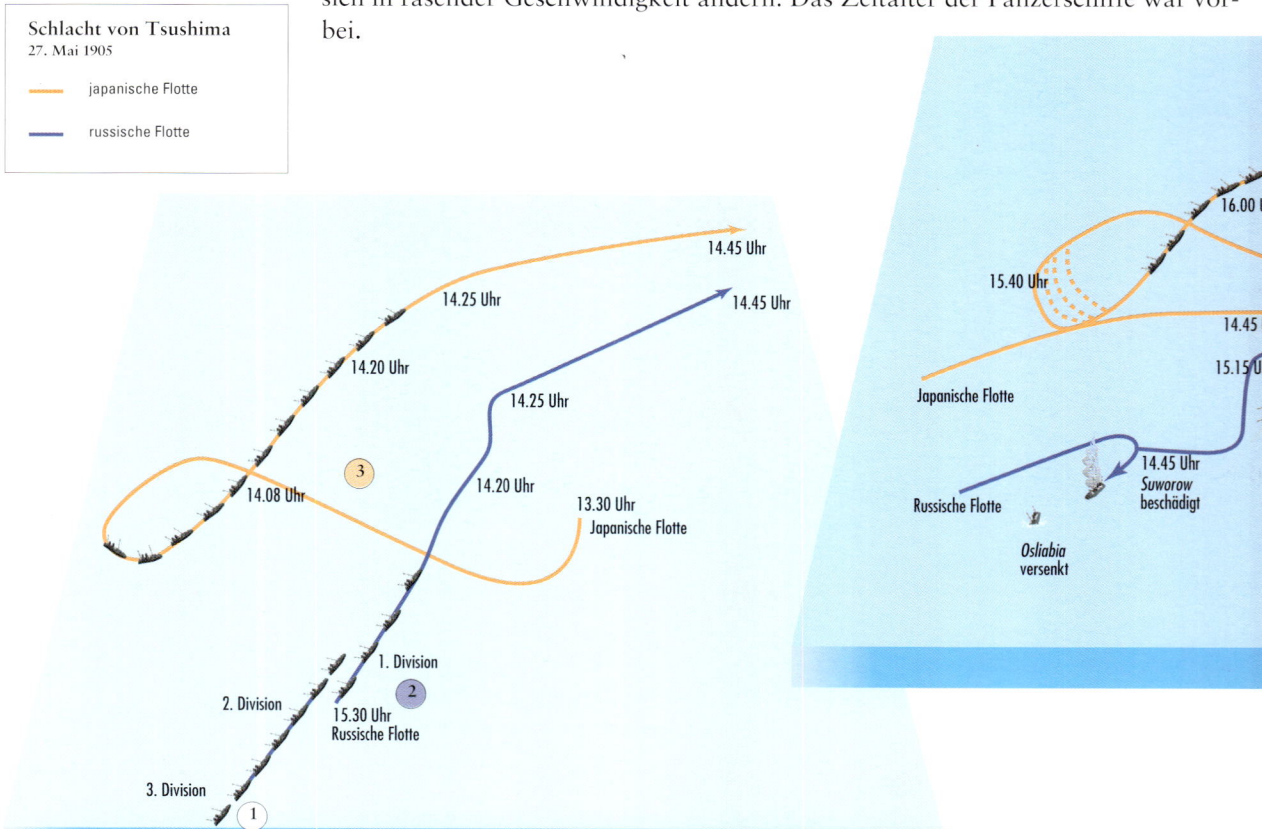

FLOTTENOPERATIONEN

Das russische Schlachtschiff Osliabia, *ein typisches Beispiel für die heterogene Zusammensetzung des Ostseegeschwaders und das erste Opfer in der Schlacht von Tsushima am 27. Mai 1905.*

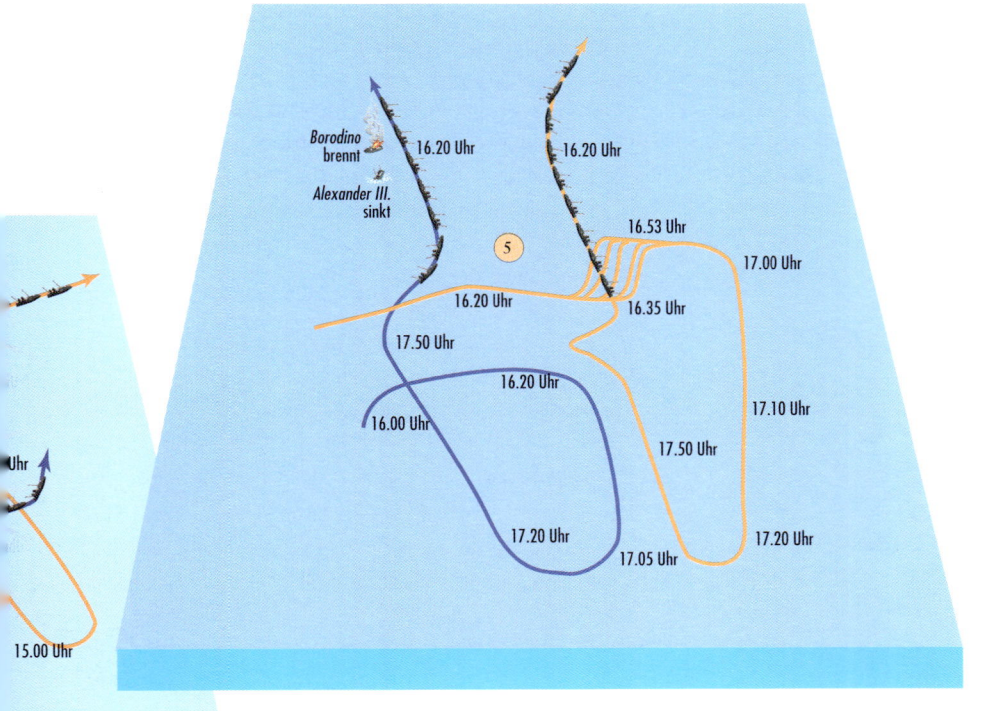

Tsushima, 27. Mai 1905

Nach richtiger Einschätzung der russischen Pläne und gestützt auf die Informationen einer effizienten Aufklärung konnte Admiral Togo mit seiner Hauptstreitmacht eine ideale Position einnehmen, um das Feuer eröffnen zu können. Inzwischen hatte Roschestwenskij mit seinen Schiffen zwei Kolonnen gebildet, was allerdings eine ungünstige Gefechtsformation darstellte. Togo, der sich nun den russischen Schiffen backbord voraus befand, führte ein gewagtes Wendemanöver aller Schiffe nacheinander durch, was gegen einen starken Gegner vielleicht verhängnisvoll ausgegangen wäre. Hier allerdings konnten die Japaner ihr Manöver unversehrt beenden und sich damit auf einen Parallelkurs in guter Feuerentfernung zu den russischen Schiffen bringen, die dann dank der überlegenen Genauigkeit und Schießgeschwindigkeit der japanischen Geschütze fast alle zerstört wurden.

① 27. Mai 1905: Admiral Roschestwenskij fährt in Linienformation in nordwestlicher Richtung in die Straße von Tsushima. Togo steuert auf Abfangkurs, nachdem er durch einen Hilfskreuzer alarmiert wurde.

② Roschestwenskij befiehlt ein unkluges Manöver, wodurch seine Flotte in zwei Kolonnen aufgeteilt wird, wobei die 1. Division die anderen beiden überlappt.

③ Togo fährt quer zur russischen Flotte, ist aber zu weit entfernt, um zu feuern. Dann führt er ein kühnes Wendemanöver durch, um parallel zum Kurs der russischen Schiffe zu kommen.

④ Durch japanische Manöver sowie hohe Schießgenauigkeit und -geschwindigkeit werden dem russischen Hauptverband schwere Verluste zugefügt.

⑤ Unter Ausnutzung der höheren Geschwindigkeit der japanischen Schiffe kann Togo die Russen ausmanövrieren. Die meisten feindlichen Schiffe werden versenkt und zerstört. Nur drei erreichen Wladiwostok. Drei Zerstörer entkommen nach Manila, der Rest wird versenkt oder erobert.

BIOGRAFIEN

AUBE, HYACINTHE-LAURENT-THÉOPHILE (1826–1890)
Als Berufsoffizier der Marine war Aube zu Beginn seiner Karriere größtenteils im Ausland stationiert. Dies beeinflusste wahrscheinlich sein Denken, das in den Theorien der *Jeune École* zum Ausdruck kam, die einen eines rücksichtslosen Handelskrieg mit vor allem leichten Schiffen sowie deren Einsatz in Friedenszeiten für die koloniale Expansion zum Inhalt hatten. Aube war von Januar 1886 bis Mai 1887 Marineminister und setzte seine Theorien schnell in konkrete Programme um, deren spätere Annullierung die französische Marine um Jahre zurückwarf.

BARNABY, SIR NATHANIEL (1829–1915)
Schiffskonstrukteur, der zunächst als technischer Zeichner auf der Schiffswerft in Woolwich arbeitete und dann von 1870 bis 1885 das britische Schiffsbauprogramm leitete. Während seiner Amtszeit wurden die ersten Turmschiffe in Dienst gestellt, Segel als Hauptantriebsmittel für große Kriegsschiffe aufgegeben und die Panzerung bestimmter Schiffsteile als Teil der Konstruktion eingeführt.

BERESFORD, LORD CHARLES (1846–1919)
Beresford war ein charismatischer britischer Marineoffizier der alten Schule und wurde während der Ägypten-Feldzüge von 1882 und 1885 als Vertreter des Kanonenbootkrieges bekannt. Er gehörte fast zwanzig Jahre lang mit Unterbrechungen dem Parlament an und publizierte Schriften über die Marine. Sein Streit mit Fisher nach der Jahrhundertwende war für die britische Marine äußerst schädlich.

BRIN, BENEDETTO (1833–1898)
Bekanntester italienischer Schiffskonstrukteur, der sich auf schnelle, relativ leicht gepanzerte, aber schwer bewaffnete Kriegsschiffe mit geringer Freibordhöhe spezialisiert hatte, wofür die „Duilio"- und „Italia"-Klassen typische Beispiele sind. Brin stieg in den 90-er Jahren des 19. Jahrhunderts zum Marineminister auf und gemeinsam mit dem französischen Ingenieur Émile Bertin ist er der einzige Schiffsbauer, nach dem ein Schlachtschiff benannt wurde.

CERVERA Y TOPETE, PASCUAL (1839–1909)
Als hoher Offizier der spanischen Marine befehligte er 1898 ein Geschwader, das von Spanien nach den Westindischen Inseln entsandt wurde um die Blockade Kubas durch überlegene amerikanische Verbände zu brechen. Er konnte seine Schiffe nach Santiago bringen, aber ein Ausfallversuch am 3. Juli (den die Madrider Regierung angeordnet hatte) endete, wie vorauszusehen war, mit der Vernichtung des spanischen Verbandes. Cervera war ein mutiger Kommandeur, dessen Pessimismus jedoch Anteil an der spanischen Niederlage hatte.

COLOMB, SIR JOHN CHARLES READY (1838–1909)
Nach dem Dienst in der Königlichen Britischen Marineinfanterie ging er im Alter von 31 Jahren in Pension, wirkte aber weiter ohne Unterlass für die britische Seemacht. Er war fast zwanzig Jahre lang Parlamentsmitglied und verfasste zahlreiche Schriften, in denen er eine Verbindung zwischen der Marinedoktrin und aktuellen Fragen herstellte und so die stärker historisch orientierten Arbeiten seines Bruders Philip ergänzte.

COLOMB, VIZEADMIRAL PHILIP (1832–1899)
Wie sein Bruder diente auch er in der Navy, verbrachte jedoch den Großteil seines Lebens im aktiven Dienst als Marineoffizier. Als er 1886 in den Ruhestand ging, wurde er Dozent für Marinetaktik am Royal Naval College in Greenwich. Seine autoritäre Einstellung spiegelte sich in seiner Vorliebe für ausgefeilte Manöver und Signalsysteme sowie in seinen doktrinären Ansichten über die Frage der Beherrschung der Meere wider.

CORBETT, SIR JULIAN STAFFORD (1854–1922)
Nach seiner Ausbildung zum Anwalt wandte er sich in den 90-er Jahren des 19. Jahrhunderts der Marinegeschichte zu. Ab 1895 veröffentlichte er zahlreiche Schriften und wurde 1902 Dozent am Royal Naval War College in Greenwich. Seine Theorien unterschieden sich erheblich von den Mahanschen und Colombschen Lehren, da sie die Grenzen der Seemacht erkannten und die Bedeutung von kombinierten Land- und Seeoperationen unterstrichen.

DEWEY, GEORGE (1837–1917)

Als Berufsoffizier der Marine der Vereinigten Staaten nahm Dewey an vielen Kämpfen des Bürgerkrieges teil. Während des Ausbaus der US-Navy in den späten 80-er und den 90-er Jahren des 19. Jahrhunderts sorgte er für die Einführung moderner Technik. Beim Ausbruch des Spanisch-Amerikanischen Krieges befehligte er das Asien-Geschwader, das er schnell in Bewegung setzen konnte, um die spanische Flotte schon eine Woche später in der Bucht von Manila zu vernichten. Dafür wurde er als Held gefeiert und bekleidete für den Rest seines Lebens hohe Ämter.

DUPUY DE LÔME, STANILAS CHARLES (1816–1885)

Er stammte aus der Bretagne und hatte das Polytechnikum absolviert. 1858 übernahm er die Leitung der Abteilung für technische Ausrüstung im französischen Marineministerium. Zu dieser Zeit hatte er bereits die *Napoléon* konstruiert, die als Höhepunkt des Linienschiffsbaus gilt. Seine größte Leistung war die *Gloire*, das erste Panzerschiff der Welt. Allerdings konnte die französische Technik nach dem Bau der britischen *Warrior* nicht mehr mit Großbritannien mithalten. De Lôme wandte sich dann dem Handelsschiffsbau zu und war maßgeblich am Aufbau der erfolgreichen *Messageries Maritimes* beteiligt. Er unterstützte auch Gustave Zédé bei dessen U-Boot-Projekten.

FARRAGUT, DAVID GLASGOW (1801–1870)

Farragut wurde im Südstaat Tennessee geboren und nahm schon 1812 am Krieg gegen Großbritannien teil. Zum Zeitpunkt des Ausbruchs des Bürgerkrieges war er Captain. Er ging zur Union und wurde als amtierender Konteradmiral zum Befehlshaber des Western Gulf Squadron ernannt. Die Operationen gegen New Orleans und Mobile Bay begründeten seinen Ruf als mutiger und taktisch kluger Kommandeur und er wurde als erster Offizier der US-Navy zum Admiral befördert.

FERRY, JULES (1832–1893)

Nach seiner Ausbildung zum Anwalt und seiner Karriere als Journalist ging Ferry in die Politik und war zweimal französischer Premierminister (1880–1881, 1883–1885). Er bewirkte Fortschritte in vielen Bereichen und setzte sich stark für die koloniale Expansion Frankreichs ein, die damals eng mit der Arbeit des Marineministeriums verbunden war. Seine Idee ein weltweites Netzes von Stützpunkten und Kohlenlagern aufzubauen entsprach ähnlichen Plänen in Großbritannien.

FISHER, „JACKY", JOHN ARBUTHNOT, LORD FISHER OF KILVERSTONE (1841–1920)

Während seiner Karriere, die er als Flottenadmiral der Royal Navy beendete, konnte er sich in mehreren Schlachten während des Zeitalters der Panzerschiffe auszeichnen. Fisher war ein dynamischer, barscher Typ, der aber auch gewinnende Züge hatte. Von Mitte der 70-er Jahre des 19. Jahrhunderts an stand er als treibende Kraft hinter den Fortschritten auf den Gebieten der Geschütz- und Torpedotechnik, der Mobilität der Flotten und der Erziehung und Ausbildung in der Marine. Während er mit seinen Methoden die traditionelleren Mitglieder des Offizierskorps oft brüskierte, waren seine Leistungen für die Royal Navy insgesamt äußerst positiv.

HORNBY, SIR GEOFFREY PHIPPS (1825–1895)

Hornby trat im Alter von 12 Jahren in die Royal Navy ein und war zunächst vor allem im Ausland stationiert. Er war ein Pionier der „Dampftaktik", insbesondere als Oberbefehlshaber im Mittelmeer von 1877 bis 1880. Mit großem Geschick bewältigte er die Krise im Zusammenhang mit der „orientalischen Frage". Als strenger, aber gütiger Lehrmeister wurde er in der Marine bewundert und verehrt, insbesondere auch von „Jacky" Fisher.

ITO YUKYO (1843–1914)

Als Oberbefehlshaber der japanischen Flotte im Chinesisch-Japanischen Krieg errang Ito einen wichtigen Sieg über die chinesische Flotte unter Admiral Ting in der Schlacht auf dem Yalu im September 1894. Später kritisierte man ihn, weil er das Gefecht nach Einbruch der Dunkelheit nicht fortgesetzt und die Chinesen nicht vollständig vernichtet hatte. Allerdings war deren Flotte danach keine ernsthafte Bedrohung mehr für Japan, das für den Rest des Krieges über die Seeherrschaft verfügte.

KNOX LAUGHTON, SIR JOHN (1830–1915)

Laughton absolvierte das Caius College in Cambridge und wurde danach Marineinstruktor. Nach bahnbrechenden Arbeiten auf dem Gebiet der Meteorologie widmete er sich der Geschichte und führte auf diesem Gebiet an den Royal Naval Colleges und später am King's College in London präzise Forschungsarbeit und akademische Disziplin ein. 1893 gründete er die

Navy Records Society. Er hatte wesentlichen Einfluss auf andere Marinepublizisten.

Luce, Stephen Blucker (1827–1908)
Luce trat im Alter von 14 Jahren in die US-Navy ein und nahm als Wachoffizier und Befehlshaber am Bürgerkrieg teil. Später gehörte er zu den Befürwortern einer Marineausbildung auf höchstem Niveau. Auf sein Drängen hin wurde 1884 das Naval War College in Newport (Rhode Island) gegründet, dessen erster Präsident er war. Er bekleidete dieses Amt fünf Jahre und machte während dieser Zeit Alfred T. Mahan bekannt.

Mahan, Alfred Thayer (1840–1914)
Mahan, der bekannteste Theoretiker der Seemacht, diente als Offizier in der US-Navy und wurde als Captain 1886 zum US Naval War College berufen. Dort schrieb er seine Bücher, von denen des erste mit dem Titel „*The Influence of Sea Power upon History*" in den 90-er Jahren des 18. Jahrhunderts weltweit großen Einfluss hatte. Er plädierte vor allem für die Doktrin der Erringung der Seemacht durch einen entscheidenden Sieg in der Schlacht über die Hauptkräfte des Gegners.

Makarow, Stepan Ossipowitsch (1848–1904)
Makarow zeichnete sich im Russisch-Türkischen Krieg von 1877 durch Torpedoangriffe mit leichten Schiffen aus. Er war ein Pionier der Erforschung der Arktis. 1904 befehligte er die russischen Schiffe in Port Arthur und führte aggressive Ausfälle gegen die Japaner durch. Er wurde getötet, als sein Flaggschiff, die *Petropawlowsk*, im April 1904 auf eine Mine lief. Der Tod des charismatischen bärtigen Riesen war ein großer Verlust für die russische Marine.

Persano, Graf Carlo Pellion di (1806–1883)
Persano war ursprünglich Offizier der sardinischen Marine und wurde beim Beschuss von Ancona 1859 bekannt. Er war Marineminister im vereinigten Italien von 1862. Bei der Schlacht von Lissa 1866 befehligte er den italienischen Verband. Dabei zeigten sich seine praktischen Schwächen und seine Unentschlossenheit, die dazu führten, dass die zahlenmäßig überlegene italienische Flotte vernichtend geschlagen wurde.

Porter, David Dixon (1813–1891)
Porter wurde in Pennsylvania geboren und trat 1841 in die US-Navy ein. Während des Bürgerkrieges kämpfte er zunächst unter Farragut im Feldzug gegen New Orleans und zog dann weiter den Mississippi hinauf um an der Belagerung und Eroberung von Vicksburg teilzunehmen. Gegen Ende des Krieges befehligte er den letzten Angriff auf Fort Fisher an der Mündung des Cape Fear River. Nach dem Krieg war er viele Jahre lang der berühmteste Mann in der Marineverwaltung der USA.

Reed, Sir Edward James (1830–1906)
Als Schiffskonstrukteur und Chief Constructor der britischen Marine von 1863 bis 1870 entwarf Reed die meisten Breitseitenpanzerschiffe und die ersten Zentralbatterieschiffe. Nach Verlassen der Admiralität wegen Differenzen in technischen Fragen arbeitete er in der Whitworth-Organisation und übte weiterhin großen Einfluss auf viele Gebiete der Marineentwicklung aus.

Roschestwenskij, Sinovij Petrowitsch (1849–1909)
Roschestwenskij diente als Geschützspezialist in der zaristischen russischen Marine. Er war ein noch relativ junger Admiral, als er 1905 die unter einem ungünstigen Stern stehende Fahrt des Ostseegeschwaders um die halbe Welt zu seiner Niederlage bei Tsushima leitete. Nachdem er mit dem Marsch bis nach Fernost eine bemerkenswerte Leistung vollbracht hatte, waren seine taktischen Entscheidungen am Tag der Schlacht falsch und beschleunigten nur, was wahrscheinlich ohnehin zwangsläufig zu einer Katastrophe geführt hätte.

Sampson, William Thomas (1840–1902)
Sampson wurde in New York geboren und nahm am Bürgerkrieg teil. Danach bekleidete er eine Reihe wichtiger Ämter und war u. a. Superintendent of the Naval Academy. Im Spanisch-Amerikanischen Krieg von 1898 befehligte er das Atlantikgeschwader. Seine Maßnahmen und Operationen trugen wesentlich zur Blockade von Kuba bei und der Sieg über das spanische Geschwader vor Santiago war weitestgehend seinen Vorbereitungen zu verdanken.

Schley, Winfield Scott (1839–1911)
Schley stammte aus Maryland und kämpfte im Bürgerkrieg auf Seiten der Union. Er hatte den Ruf eines waghalsigen Draufgängers. 1898 befehligte er als Commodore das „Flying Squadron" und gewann die

Schlacht von Santiago, da sich Sampson vorübergehend einer anderen dienstlichen Mission widmete. Nach der Schlacht wurde Schley vor ein Kriegsgericht gestellt und hauptsächlich wegen nachlässigen Verhaltens in den vorangegangenen Monaten, aber auch wegen Feigheit in der Schlacht angeklagt. In Bezug auf die letzte Anschuldigung wurde er freigesprochen, für das andere Vergehen erhielt er einen Tadel.

TEGETTHOFF, WILHELM VON (1827–1871)
Tegetthoff wurde in der Steiermark im Österreichisch-Ungarischen Kaiserreich geboren. Nach verschiedenen anderen Aufgaben und Funktionen übertrug man ihm im Krieg von 1864 das Kommando über ein Geschwader vor der dänischen Küste, wo seine Schiffe in einem Gefecht mit den Dänen allerdings den Kürzeren zogen. Dennoch wurde er 1866 zum Oberbefehlshaber der österreichischen Verbände in der Adria ernannt und schlug dort die italienische Flotte bei Lissa im August des gleichen Jahres. Diese Schlacht wurde wegen des ersten (und einzigen) Rammangriffs in einem Gefecht auf offener See bekannt.

TIRPITZ, ALFRED VON (1849–1930)
Tirpitz wurde 1865 Mitglied der preußischen Marine, trat jedoch bis zur Machtergreifung von Kaiser Wilhelm II. im Jahre 1888 kaum in Erscheinung. 1897 wurde er als Konteradmiral zum Staatssekretär des Reichsmarineamtes ernannt. Gestützt auf die Wilhelminische Flottenbegeisterung baute er die kaiserliche deutsche Marine zügig zu einer großen Streitmacht aus. Allerdings handelte es sich um eine „Risikoflotte", deren Aufgabe darin bestand die zahlenmäßig überlegene Royal Navy mit Vernichtung zu bedrohen und so Großbritannien von einem Krieg gegen Deutschland abzuhalten.

TOGO, HEIHACHIRO (1846–1934)
Togo gehörte dem seefahrenden Satsuma-Klan an und zeichnete sich im Chinesisch-Japanischen Krieg von 1894/95 aus. Zu Beginn des Russisch-Japanischen Krieges war er Oberbefehlshaber der Gemeinsamen Flotte der kaiserlichen japanischen Marine. Er errang in diesem Krieg zwei wichtige Siege in der Schlacht im Gelben Meer und bei Tsushima, wobei sein unablässiger Angriffselan der Hauptfaktor für den japanischen Erfolg darstellte.

TRYON, SIR GEORGE (1832–1893)
Tryon war Executive Officer und Zweiter Kommandeur der *Warrior* bei deren erster Indienststellung. Anschließend bekleidete er noch viele andere einflussreiche Ämter. Als Befehlshaber der Mittelmeerflotte ab 1891 ertrank Tryon auf tragische Weise bei der Kollision zwischen der *Victoria* und der *Camperdown* im Juni 1893. Er war ein Befürworter schneller Schlachtmanöver mit wenigen Signalen. Sein Unfall ereignete sich ironischerweise bei einem Standardmanöver, das missglückte, weil Tryons Absichten falsch verstanden wurden oder er einfach einen Fehler machte.

WITGEFT, WILGELM (1847–1904)
Ohne einen besonders großen Ruf in der russischen Marine zu haben übernahm Witgeft nach Makarows Tod im April 1904 das Kommando über die Pazifikflotte. Im August erhielt er den Befehl seine Flotte nach Wladiwostok zu bringen, wurde aber auf dem Weg dorthin von Togo zur Schlacht im Gelben Meer gezwungen. Nach Witgefts Tod in diesem Gefecht kehrten die meisten russischen Schiffe in überstürzter Flucht nach Port Arthur zurück, wo sie später dem Beschuss der auf den nahe gelegenen Hügeln stationierten Batterien zum Opfer fielen.

WHITE, SIR WILLIAM HENRY (1845–1913)
White, der von einigen als „der größte Schiffskonstrukteur aller Zeiten" bezeichnet wird, war von 1886 bis 1902 Director of Naval Construction in Großbritannien. Seine Schiffe von der „Royal Sovereign" – über die „Majestic" – bis hin zur „King Edward VII."-Klasse sind typische Beispiele für die Schiffe der Royal Navy im ausgehenden viktorianischen Zeitalter – solide, homogen, zuverlässig und effizient. White hatte entscheidenden Einfluss auf das auf seinen Vorschlag hin 1884 geschaffene Royal Corps of Naval Constructors und die Royal Institution of Naval Architects.

Weiterführende Literatur

Breyer, Schlachtschiffe und Schlachtkreuzer,
1905–1970;
München, 1970.

Breyer, Die Panzerschiffe
der Kriegsmarine;
Friedberg 1995.

Chesneau, R./Kolesnik, E. M.,
Kriegsschiffe der Welt
1860–1905, Band 2: USA, Japan,
Russland;
Koblenz 1984.

Goto, Rokuya,
Die japanische Seeschifffahrt;
Berlin, 1901.

Gröner, Erich,
Die deutschen Kriegsschiffe;
1815–1945,
Bonn 1998.

Jensen, Gustav,
Japans Seemacht. Der schnelle
Aufstieg im Kampf um Selbstbehauptung und Gleichberechtigung in den
Jahren 1853–1937,
Berlin 1938.

Jentschura/Jung/Mickel,
Die japanischen Kriegsschiffe 1869–1945;
München 1970.

Knorr, Wolfram von,
Der Japanisch-Russische Seekrieg
1904/1905;
Berlin 1911.

Pemsel, Helmut,
Seeherrschaft. Eine maritime
Weltgeschichte.
Von den Anfängen der Seefahrt
bis zur Gegenwart;
Koblenz 1985.

REGISTER

Kursiv gedruckte Seitenzahlen weisen auf Abbildungen hin.

Admiralität:
    Bewaffnung, 55
    Corbettsche Theorien, 97
    Dampfantrieb, 49, 52
    Fregatten, 30
    Handelsschifffahrt, Schutz der, 102–103
    Test der Ausrüstungen, 65–66
    Torpedoboote, 61
    Turmschiffe, 37, 45
    siehe auch Royal Navy
„Admiral"-Klasse, 40
Affondatore, *172–173*, 173, 175, 176
Afghanistan, 189
Agadir-Krise (1911), 95
Agincourt, 44
Ägypten, 154, 155, 183–189, *186*
Alabama, CSS, 126–127, *127*–128
Albemarle, 133
Albini, 176
Alexander II., Zar, 181
Alexandra, HMS, 58, *76–77*, *182*, *184–185*
Alexandria, Schlacht von (1882), 58, 154, 183–189, *186*
Alexejew, Admiral, 203
Algerien, *157*
Almirante Cochrane, *178*, 179, 180, *180*
Amerikanischer Bürgerkrieg, 21, 31–34, 65, 73, 92, 113–137, 170
    Blockadebrecher, 31, *128*, 129
    Blockade, 115, 116, *128*, 129–137
    Hampton Roads, *32–33*, 117–120, *118*
    Kap Angamos, Schlacht vor (1879), *178–181*, 179–180
    Kaperschiffe, 31, 125–129, *126*
    Minen, 62, 64, *132*
    Mississippi-Feldzug, 120–125, *124–125*
    Rammschiffe, 31–35
    Rumpfkonstruktionen, 31
    Spierentorpedos, *61*, 63
    Strategien der Kriegsgegner, 114–117

Antrieb, 44–54
Arabi Pascha, 154, 183, 186
Arkansas, 124, *124*
Armstrong-Hinterlader, 54–55
Aschanti-Krieg, Zweiter (1873–74), 151–153, *152–153*
Aube, Konteradmiral Théophile, 91–92, 97, 99, 160, 214
Ausbildung, 70–75, *71*, 80–81, *86–87*
Australia, HMAS, *104*
Australien, 104, 105, 142

Bahamas, 129
Balkan, 181
Barnaby, Sir Nathaniel, 38, 40, 45, 214
Barracouta, 151
Barry-Dock, *98–99*
Bearcroft, Captain, 164
Beatty, Sir David, 97
Bellerophon, 44
Belleville, 51
Belmont, Schlacht von, 164
Beresford, Lord Charles, 155, *155*, 156, 184, *187*, 214
Bewaffnung, 54–64, *54–57*, *60–63*
Bismarck, Prinz Otto von, 41, 170, 172
Bizerte, 156, 160
Black Prince, 44
Blanco Encalada, *178*, 179, 180
Blockadebrecher, 31, *128*, 129
Blockaden (Amerikanischer Bürgerkrieg), 115, 116, *128*, 129–137
Bolivien, 177
Boxeraufstand (1900), *140*, 166–167, 202
Brady, Able Seaman H., *140*
Brin, Benedetto, 38, 214
Britannia, HMS, 74, *74–75*
Brooklyn, USS, 202
Buchanan, Captain Franklin, 119, *119*, 134
Bulgarien, 181, 183
Buller, General, 162
Bulloch, James D, 116
Bureau of Ships (USA), 65
Burenkriege, 160–164, *161–165*
Butler, General Benjamin, 136–137, *136*

Calypso, HMS, 52
Camperdown, HMS, 35, *35*, 107
Cape Fear River, 136
Captain, HMS, *36–37*, 37, 45
Carondelet, 124
Catesby Jones, Lieutenant, 119
Cervera, Admiral Pascual, 200, *201*, 202, 214
Charleston, 129–133, *131*, 136
Charmes, Gabriel, 91
Cherbourg, 127–128, *127*
Chicora, 130
Chile, 177–180, *178*
China, 38
    Aufrüstung, 41
    Boxeraufstand, 166–167, 202
    britische imperiale Expansion, 143–147
    Chinesisch-Japanischer Krieg, 189–195, *190*, *192–195*, 202
    französischer Imperialismus, 157, *158–159*
    Marineausbildung, 73
    Taiping-Aufstand, 145–147
Chinesisch-Japanischer Krieg (1894–1895), 189–195, *190*, *192–195*, 202
Clausewitz, Karl von, 20
Colenso, Schlacht von (1899), 162, 164, *164–165*
Coles, Captain Cowper, 37, *37*
Colley, General, 160
Colomb, Sir John, 90–91, 95, 99, 181, 214
Colomb, Vizeadmiral Philip, 90, *90*, 91, 93, 95, 99, 181, 214
Commerell, Commodore John, 152
Condor, HMS, 184
Congress, 117
Connecticut, USS, *43*
Conqueror, HMS, 147
Corbett, Sir Julian, 96–97, 99, 214
Courbet, Admiral, *157*, 160
Couronne, 128
Covadonga, 179
Cristobal Colón, 202
Cumberland, 117
Cushing, Lieutenant, 133

Dahlgren, Konteradmiral, 132
Dahomey, 157
Dampfkraft, 45–52, *48–51*, 83–84, 105–107, *106*, 142

Dänemark, 73, 170–171, *170*
Dardanellen, 182–183
Darwin, Charles, 20
David, 133
Davis, Jefferson, 137
Deadman, Henry, 61
Deerhound, 128
Defence, 44
Derwische, 154, 156
Deutschland, 20, 38, 85
    Bewaffnung, 62
    Expansion der Marine, 41, 76
    Französisch-Preußischer Krieg, 73, 170–172
    Offiziere, 77
    Schlachtschiffe, *43*
    Theorien der Kriegführung zur See, 93, 94–95
Dévastation, 25
Devastation, HMS, 37, 38, 45, 50
Dewey, Admiral George, *168*, 196, 198–199, *198–199*, 214–215
Diego Suarez, 157, 160
Disraeli, Benjamin, 181
Doktrin der Seeherrschaft, 170, 212
Doris, 163
Dreadnought, 41, 50, 212
„Dreadnought"-Klasse, 20
Du Pont, Konteradmiral, 130, 132
Dupuy de Lôme, Stanislas Charles, 25, *28*, 215
Durban, 161
Durston, Sir John, 50

Eisenpanzerplatte, 25
Elfenbeinküste, 157
Ericsson, 31, 37
Erster Weltkrieg, 20, 81, 95, 97, 195
Esmeralda, 177–179
Excellent, HMS, 54, 60, 71

Fame, HMS, *140*, 166
Fanti-Stamm, 151
Farragut, Admiral David, 121, 122–125, *123*, 132, 134, *135*, 215
Fashoda, 157
Ferdinand Max, *34*, 35, 175, 176
Ferry, Jules, 160, *160*, 215
„Feuerhagel"-Konzept, 59
Fisher, Admiral Sir John („Jacky"), 60, 80, *80*, 85, 98, 186, 215
Fisher-Selborne-Programm, 80–81

Florida, 128
Flottenoperationen, 170–212
    britische Überlegenheit zur See, 181–189
    Chinesisch-Japanischer Krieg, 189–195
    Kriege in Europa, 170–177
    Russisch-Japanischer Krieg, 202–212
    Salpeterkrieg, 177–181
    Spanisch-Amerikanischer Krieg, 196–202
Flugzeuge, 25, 97–98, 212
Formidabile, 173
Fort Fisher, 136, *136*, 138–139
Fort Sumter, 114
Forte, HMS, 162
Foshan-Bucht, Schlacht in der (1857), 144–145
Frankreich:
    Ausbildung, 70–71, 73
    Bewaffnung, 57, 59, 61, 64
    China-Feldzug, 143–145
    Dampfkraft, 51
    imperiale Expansion, 142, 156–160, *158–159*
    Jeune École, *14*, 41, 61, 91, 96, 160
    Kreuzer, 54
    Offiziere, 68, 77
    Panzerschiffe, 17, 24, 25, *26–28*, 38, 40, 41, *42*
    Rumpfkonstruktion, 64
    Taktik, 109, *110–111*
    Theorien der Kriegführung zur See, 91–92, 95–96
    Torpedoboote, *14*
Französisch-Preußischer Krieg (1870), 73, 94, 170, 171–172, *171*
Fremantle, Edmund, 151
Froude, 6
Fulton, Robert, 64

Gambia, 157
Garratt, Philip, 98
Gelben Meer, Schlacht im (1904), 206, *206–207*, 212
Gelbes Meer, *190*
Georgia, 128
Georgij Pobedonosee, *42*
Geschütze:
    Geschützdeckaufbau, *54*
    Geschütztürme, 55, 58
    Hinterladergeschütze, 55, 56–57, *57–58*
    Reichweite, 109

    Vorderladergeschütze, mit gezogenem Lauf, 55–57, *55*
    Geschützturmaufbau, *55*
Geschwindigkeit, 44
Gilbert und Sullivan, 76
Gladstone, William, 76–77, 154, *154*, 155
Goldküste, 151–153, 1557
Gordon, Andrew, 77, 107
Gordon, Charles G., 154–156, *154*
Graham, Major General, 155, 156
Grande Guerre, 92, 95–96
Grant, General Ulysses S., 121, 124, 125, *125*
„Grant's Guns", 164
Graspan, Schlacht von, 164
Grau, Admiral, 179, 180
Great Eastern, SS, 28, 65
Greenwich Hospital, 70
Grivel, Baron Richard, 91
Gromoboi, 207
Großbritannien:
    Amerikanischer Bürgerkrieg, 116–117, *116*
    Aschanti-Kriege, 151–153, *152–153*
    Boxeraufstand, 166–167
    China-Feldzug, 143–147
    Empire-Verteidigung, 104–105
    Englisch-Japanisches Abkommen (1902), 202–203
    Expansion, imperiale, 20, 142
    Flottenoperationen, 181–189
    Handelsschifffahrt, 66, 98–99, 102–103, 142
    Meuterei, indische, 142–143
    Neuseeländischer Krieg, 150
    Schlacht in der Straße von Shimonoseki, 147, *148–149*
    Sudan-Feldzug, 154–156
    Theorien der Kriegführung zur See, 90–91, 96–97
    siehe auch Royal Navy
Guam, 202
Guinea, 157

Hafenverteidigung, 62–63
Hampton Roads, Schlacht von (1862), *32–33*, 117–120, *118*
Handelsrouten, *100–101*
Handelsschifffahrt, 20
    Blockaden, 115, 116, *128*, 129–137
    britische, 66, 98–99, 102–103, 142
    Kaperei, 125–129

Konvois, *102–103*, 103–104
Testbereich für Marineschiffe, 66
Hartford, USS, 134, *135*
Harvey-Verfahren, 41
Hatsuse, 204
Havanna, *196–197*, 197–198
Hector, 44
Heizer, 78, 80
Heneage, Admiral „Pompo", 85, *85*
Henri IV, 42
Herzhorn-Minen, 62, 64, *132*, 134
Hinterladergeschütze, *55*, 56–57, *57–58*
Holland, John, 98
Hongkong, 142, 143, *166–167*, 198–199
Hope, Admiral Sir James, 144, *145*
Hornby, Admiral Sir Geoffrey Phipps, 107, 181–183, *183*, 189, 215
Hornet, HMS, 60
Housatonic, 133
Huascar, *150–151*, 177–180, *177, 178, 180*
Hubpropeller, 44, *44*
Humphrys, 49

Iena, 58
Illustrious, HMS, 72
imperiale Expansion, 142–167
Implacable, HMS, 72
Independencia, 179
Indien, 104, 142, 154, 189
indische Meuterei (1857–1858), 142–143
Indischer Ozean, 157
Indochina, 157
Inflexible, HMS, 38, *39*, 56
Inscription Maritime, 70
Institute of Marine Engineers, 66
Institution of Naval Architects, 66
Iron Duke, 35
Isandhlwana, 153
Italien, 20, *34*, 38, 57, 61–62, 73, 172–177, *172–174*
Ito Yukyo, Admiral, 191, *192*, 194, 215

Japan, 6, 85
Ausbildung, 73, 74
Bewaffnung, 59–60, 61–62
Chinesisch-Japanischer Krieg, 189–195, *190, 192–195*, 202
Kreuzer, 54
Russisch-Japanischer Krieg, 64, 66, 202–212, *203, 206–207, 210–213*
Schlacht in der Straße von Shimonoseki, 147, *148–149*
Taktik, 109
Wiederaufrüstung, 41
Jeune École, *14*, 41, 61, 91, 96, 160
Jones, Captain, 162
Jütland, Schlacht von (1916), 58, 77

Kagoshima, 55, 47
Kaiser, 176
Kaiserliche Deutsche Marine, 41
Kamimura, Admiral, 207
Kanada, 104, 105, 142
Kanonenboote, 53
Kanton, 143–144, *144–145*
Kaperei von Handelschiffen (Amerikanischer Bürgerkrieg), 31, 125–129, *126*
Kapprovinz, 160
Karibik, 196–197, 199–202
Kasuga, 204
Kearsarge, USS, 127–128, *127*
Keelung, *158–159*, 160
Keppel, Commodore Henry, *144*
Kessel, Babcock- und Wilcox-, 52
Keyes, Lieutenant Roger, *140*, 166
Khartoum, 154, 155, 156
Kimberley, 163, 164
Kinburn, 17, *24*, 25, *26–27*
King, William, 150
Knox Laughton, Sir John, 91, 93, 181, 215
Kofi, König der Aschanti, 151, 152–153
Kohle, 52–53, 78, 82–84, *82–83*, 208, *210*
Kommunikationseinrichtungen, 66–67
Konföderation *siehe* Amerikanischer Bürgerkrieg
Kongo, 157
Königliche Artillerie, 163
Königliche Britische Marineinfanterie:
Aschanti-Feldzug, 151, 152, 153
Ausbildung, 80–81
Boxeraufstand, 167
Marinebrigaden, 143
Sudan-Feldzug, 155
Konstantinopel, 181–183
Konvois, *102–103*, 103–104
Korea, 189, 202, 206
Kowshing, 191

Kreuzer, 41, 53–54, 59, 92, 103–104
Kronstadt, 189
Krüger, Paulus, 160
Krupp, 41, 94
Kuba, *196–197*, 197–198, 199–202, *200–201*
Kumasi, 153, *153*
Kuper, Vizeadmiral Augustus, 147, *147*

La Gloire, 25, 28
Ladysmith, Belagerung von (1899–1900), 161–163, *162*
Laing's Nek, 160
Laird's, 37, 127
Lamb, Colonel, 136
Lambton, Captain Hedworth, 161
Lave, 25
Liaodong, Halbinsel, 202
Lightning, HMS, 60–61
Lincoln, Abraham, *112*, 114, 115, 137
Lissa, Schlacht von (1866), *34*, 35, 172–177, *174*, 191
Long, Colonel, 162
Luce, Stephen Blucker, 92, 216

Mackinder, Sir Halford, 171
Madagaskar, 157, 208
Magersfontein, Schlacht von (1899), 164, *165*
Mahan, Alfred Thayer, 41, 75, 92–93, *92*, 95, 99, 102, 171, 181, 202, 216
Mahdi, 154, 155
Maine, USS, 58, *196–197*, 197–198
Majuba Hill, 160
Makarow, Vizeadmiral Stepan Ossipowitsch, 204, *204*, 216
Malakka, 142
Manila, Bucht von, *198–199*, 199
Maoris, 150
Marinebrigaden, 143, 167
Maschinen, 44, 45–52, *48–51*
Maschinisten, 78–80, *79*
Matrosen, 70–73
Maudslay, 49
Messageries Maritimes, 51
Methuen, Lieutenant General Lord, 63, *165*
Mikasa, 6, 206
Minen, 62–63, 63–64, 91, *132*
Minnesota, USS, 119
Mississippi-Feldzug, 120–125, *121*, 137

Mobile Bay, Schlacht von (1864), *130–131*, 133–136, *133*
Mobile, 129–130
Modder River, Schlacht am (1899), 164, *165*
Moltke, Helmuth von, 172
Monarch, HMS, 37, 45, *45*, 55
Monitor, USS, 31, *32–33*, 55, 117–120
Monroe-Doktrin, 73
Montauk, 130
Munition, 58

Naniwa, 191, *195*
Napier, 49
Napoleon III., Kaiser, 25, 91
Napoleonische Kriege, 64, 70, 91
Natal, 142, 160
Nebogatow, Admiral, 208, 211
Nelson, Admiral Horatio, *88*, 93, 212
Neuseeland, 105, 150
New Ironsides, USS, 31, 132–133, *132*
New Orleans, 122, 124
Niederlande, 142
Nigeria, 157
Nil, 155–156, *155*, 157
Nordsee, 208
Nowik, 207
Numancia, 40

Offiziere, *68*, 70–71, 73–78
operative Fähigkeiten, 67
Opiumkrieg (1840–1841), 143
Oranjefreistaat, 160, 163
Oregon, 202
„orientalische Frage", 181
Osliabia, 209, *213*
Osman Digna, 155, 156
Osmanisches Reich, 181–183
Österreich, *34*, *35*, 59, 73, 170–171, 172–176, *174*, 181
Ostsee, 189

Paget, Vizeadmiral Lord Clarence, 60
Palestro, 176
Palmetto State, 130
Panamakanal, 202
Panzerschiff (Definition), 17
Pariser Deklaration (1856), 99
Parsons, Charles, *49*, 50
Patrouillestationen, *100–101*
Pearl, 142–143
Peel, Captain William, 143
Peiho, 144, *146*, 166

Penn, 9
Perry, Commodore Matthew, 147
Persano, Graft Carlo di, 172–176, *172*, *175*, 216
Peru, *150–151*, 177–180, *177*, *178*
Petropawlowsk, *203*, 204
Philippinen, 199, 202
Philomel, HMS, 164
Pobjeda, 204
Polyphemus, 60, *188*
Port Arthur, 203–205, 206–207, *206*, 208, 212
Porter, Admiral David Dixon, 121, *121*, 122, 124–125, 136–137, *139*, 216
Powerful, HMS, 41, 51, 160, 161, *163*
Prah River, 152, 153
Prat, Captain, 177–179
Pretoria, 163
Preußen, 73, 170–172
Propeller, 44, *44*
Prothero, Captain, 163–164

Rammschiffe, 31–35, *34–35*, 58, 60, 109
Rattlesnake, 50, 152
Ravenhill, 49
Re d'Italia, *34*, 35, 175–176, *177*
Reed, Sir Edward, 30, 37, 38, *38*, 44, 216
Resistance, 44
Retwisan, 203
Richmond, Virginia, 115
Rimac, 179
„Risikogedanke", 94–95
Riveros, Commodore Galvarino, 79
Roberts, Lord, 164
Robinson, Spencer, 45
Rolf Krake, 37, *170*, 171
Roosevelt, Theodore, 41, 196–197, 202
Roschestwenskij, Admiral Sinovij Petrowitsch, 208–211, *209*, *211*, 212, *213*, 216
Rossija, 51, 207
Rotes Meer, 154, 155, 156
Rowcroft, Colonel, 143
Royal Corps of Naval Constructors, 66
Royal Naval College, 74, 85, *86–87*
Royal Naval Engineering College, 80
Royal Navy, 16, *18–19*, 170
Abschreckungspotential, 25
Antriebssysteme, 44–52, *44*, 66

Ausbildung, 70, 71–73, 74–75, *74–75*, 80–81
Bewaffnung, 54–58, 60–61, 66
Burenkriege, 160–164, *161–165*
Erprobung der technischen Ausrüstung, 65–66
Falklandkrieg, 195
Mittelmeerflotte, 76–77, 84–85, 107, 181–182
Offiziere, 70, 75, 77–78
Panzerschiffe, 28–30
Rumpfkonstruktionen, 28–30, *28–31*, 35–39, *37–41*
Taktik, 107–109
technisches Personal, 78–81, *79*
Verteidigung des Empire, 105
Royal School of Naval Architecture, 6
Royal Sovereign, 37
Rumpfbau und -konstruktion, 24, 25–41
Rurik, 51, 53, 207
Russell, John Scott, 28
Russischer Krieg (1854–1856), 24, 25, *26–27*, 64, 114
Russisch-Japanischer Krieg (1904–1905), 21, 64, 202–212, *203*, *206–207*, *210–213*
Russland, 181
Aufrüstung, 41
„Großes Spiel", 189
imperiale Expansion, 142
Kreuzer, 54
Matrosen, 73
Offiziere, 77
Schlachtschiffe, *42*
Sveaborg, *46–47*
Torpedoboote, 61–62

Safieh, 155, 156
Salpeterkrieg (1879–1883), 177–181, *177*
Sampson, Admiral William T., 196, 200, *201*, 216
San Jacinto, USS, 116–117, *116*
Sans Pareil, 50
Sanspareil, 142
Santiago, Schlacht von (1898), 200–202, *200–201*
Sartorius, Admiral Sir George, 35
Schanghai, 145–146
Schlachtschiffe, 40–41, *42–43*, 58–59, 91
Schley, Commodore Winfield Scott, 202, 216–217
Schutz des Handels, 102–104

Schwaben, 43
Schwarzes Meer, 16–17
Scotch-Kessel, 50, 52
Scott, Admiral Sir Percy, 85, *108*, 109, 160–161, 186
Segelschiffe, 44–45, 53, 84, 176
Selborne, Lord, 80
Select Committee on Ordnance, 55
Semmes, Captain Raphael, 126–128, *126*
Senegal, 156
Seymour, Admiral Sir Michael, 143, *144*
Seymour, Vizeadmiral, 183–184
Shafter, General, 200
Shah, HMS, *150–151*, 180
Shannon, 142–143
Shenandoah, 128
Shimonoseki, Straße von, 147, *148–149*
Shoeburyness Range, 66
Simoon, 152
Sims, Lieutenant, 162
Singapur, 142
Sotheby, Captain, 143
Spanien, *40*
Spanisch-Amerikanischer Krieg (1898), 58, 73, *168*, 196–202, *196–201*
Spierentorpedos, *61*, 62–63, 132–133, 137
Spithead, *18–19*, 50
Stark, Admiral, 203
Stead, W. T., 40
Sterneck, Kapitän Baron, 176
Südafrika, 160–164
Südamerika, 177–181
Sudan, 154–156
Sumter, CSS, 126–127
Sveaborg, Schlacht von (1855), 46–47

Taiping-Aufstand, 145–147
Taiwan, *158–159*, 60
Taktiktheorie, 105–109, *106*
Taku forts, 144–145, *46*, 66
technisches Personal, 78–83, *79*
Tecumseh, 134
Tegetthoff, Kapitän Wilhelm von, 171, 173–176, *175*, 191, 217
Telegrafie, *65*, 104, 105
Temeraire, 38
Tennessee, CSS, *130–131*, 134, *134–135*
Terrible, HMS, 41, 51, 160
Terry, General Alfred H., 137, *139*
Thames Ironworks, 28

Theorien der Kriegführung zur See, 90–109
Thornycroft, 61
Thunderer, HMS, 50, *57*
Tientsin, 166
Ting Yuen, 194
Ting, Admiral, 191, *192–194*
Tirpitz, Großadmiral Alfred von, 41, 94–95, *94*, 96, 98, 217
Tofrek, Schlacht von (1885), 156
Togo Heihachiro, Admiral, 191, *195*, 204, 205–206, *205*, *206*, 208–212, *213*, 217
Tonnante, 25
Torpedoboote, 60–62, *60*, *62–63*, 92
Torpedos, 22, 59–63, *61*, 66, 91, 195
Transvaal, 160
Trent, 116, *116*
Tryon, Sir George, 35, *35*, 106, 107, 217
Tsuboi, Admiral, 191
Tsushima, Schlacht von (1905), 21, 66, 208–212, *212–213*
Tugela (Fluss), 163
Tunesien, 156–157
Turbinen, 49, 50
Turbinia, 49, 50
Türkei, 181–183
Turmschiffe, 35–37, *36*, 45, *45*, 170, 177

Unterseeboote, 25, 91, 92, 96–97, 97–99, 133, 137, 212
US Naval Academy (Annapolis), 80–81

Vacca, Admiral, 176
Vanguard, 35
Venedig, 172, 177
Vereinigte Staaten von Amerika:
   Aufrüstung, 41
   Ausbildung, 71, 74, 81–82
   Bewaffnung, 59–60
   China-Feldzug, 144–145
   Kreuzer, 54
   Marinepersonal, 72–73, *73*
   Schlachtschiffe, *43*
   Spanisch-Amerikanischer Krieg, 85, *168*, 196–202, *196–201*
   Taktik, 109
   technisches Personal, 81–82
   Theorien der Kriegführung zur See, 92–93
   siehe auch Amerikanischer Bürgerkrieg

Vernon, HMS, 60
Vicksburg, 122, 124–125, *124*
Victoria, HMS, 35, *35*, 50, 107
Vignot, J. H., 91
Viktoria, Königin von England, 20, 50, *84*, 181
Virginia, CSS, 31, *32–33*, 117–120, 134
Vorderlader, mit gezogenem Rohr, 55–57, *55*

„warrant officers", 78
Warrior, HMS, 28, *28–31*, 44, *44*, 45, 51, 54–55, *54*
Washington, DC, 115
Watts, Isaac, 28
Weehawken, 120
Wells, H. G., 35
Westindische Inseln, 129
White, Sir George, 161
White, Sir William, 39, 40–41, 217
Whitehead, Robert, 22, 59
Whiting, HMS, 166, *166–167*
Wilhelm II., Kaiser, 76, 77, 93, 94–95
Wilhelm IV., König von England, 76
Williams, Admiral, 179
Wilmington, 129–130, 136–137
Wilson, Colonel Sir Charles, *155*, 156
Wilson, Sir Arthur, 98
Winslow, Captain, 127
Witgeft, Admiral Wilgelm, 204–206, *206*, 212, 217
Wladiwostok, 205, 206, 207, 208, 212
Wolseley, Major General Sir Garnet, *152*, 153, 155, 156
Worden, Lieutenant, 119, 120

Yalu (Fluss), 191–194, *192–193*
Yarrow-Kessel, 52
Yashimo, 204
Yeh, Gouverneur, 143
Yoshino, 204

Zédé, Gustave, 98
Zentralbatterieschiffe, 30, 38, 44, 58
Zerstörer, 41, 60, *61*, 62
Zarewitsch, 206, 207
Zulu-Krieg (1878–1879), 153
Zwangsrekrutierung, 70
Zweiter Weltkrieg, 195

BILDNACHWEIS

Wir haben auf jede erdenkliche Art versucht uns mit den Eigentümern der Urheberrechte der in diesem Buch enthaltenen Abbildungen in Verbindung zu setzen. Der Verlag ist für jegliche Hinweise auf Fehler oder Auslassungen dankbar.

National Maritime Museum, Greenwich: Einbandinnenseite und S. 6, 22, 29, 36, 42 (oben), 43, 45, 48–49, 51, 52, 53, 56, 57, 61, 62–63, 65, 71, 72, 74–75, 76, 77, 78, 79, 82–83, 90, 95, 98–99, 104, 110–111, 116, 120, 123, 126, 130–131, 132, 147, 148–149, 150–151, 155, 163, 164–165, 166–167, 170, 171, 172–173, 175, 177, 180, 182, 183, 187, 188, 194, 195, 205. Peter Newark's Military Pictures: S. 14, 18–19, 24, 30, 34, 42 (unten), 60, 68, 94, 95, 121, 127, 128, 131, 135, 136 (oben), 144, 168, 192, 193, 196–197, 198–199, 200, 203, 204, 209, 213. Corbis: S. 32–33, 80–81, 112 Bettmann, 119 Medford Historical Society Collection, 124, 125 Bettmann, 134, 136 (unten), 138–139. Mary Evans Picture Library: S. 38, 39, 160, 184–185. Museo Naval, Madrid: S. 40. Science & Society Picture Library: S. 44. Hulton Getty Picture Collection: S. 80, 84, 85, 92, 96, 97, 102–103, 153, 201. Royal Naval Museum, Portsmouth: S. 86–87. Bridgeman Art Library: S. 88. Guildhall Art Library, Corporation of London. Bretts, London: S. 108. Reproduktion aus: Flottenadmiral Sir Roger Keyes, Adventures Ashore and Afloat (Harrap, 1939): S. 140. Imperial War Museum: S. 145 (Q.69838). Fotomas Index: S. 154. The Art Archive: S. 157. A.K.G.: S. 158–159.

Die Zeichnungen auf den Seiten 48 und 50 sind Reproduktionen aus „A Short History of Naval and Marine Engineering" von Edgar C. Smith (Cambridge University Press, 1937).

Die Zeichnungen auf der Titelseite und auf den Seiten 28, 29, 36, 39, 44, 54, 55, 56, 62, 106, 180 und 203 wurden von Peter Smith und Malcolm Swanston von Arcadia Editions angefertigt. Die Zeichnungen auf Seite 54 wurden nach Vorlagen aus „The Immortal Warrior" von Captain John Wills (Royal Navy, verstorben) (Kenneth Mason, 1987) und jene auf Seite 106 nach Vorlagen aus „The Royal Navy: A History from the Earliest Times to 1900" von Sir William Laird Clowes (Sampson Low, Marston and Co., 1903) und „The Rules of the Game" von Andrew Gordon (John Murray, 1996) neu angefertigt.

VOR-/NACHSATZ: *Beschuss des Island No. 10 im Mississippi durch Panzerschiffe und Mörserboote der Union (März 1862).*